Strategisches Informationsmanagement in Großprojekten der Industrie

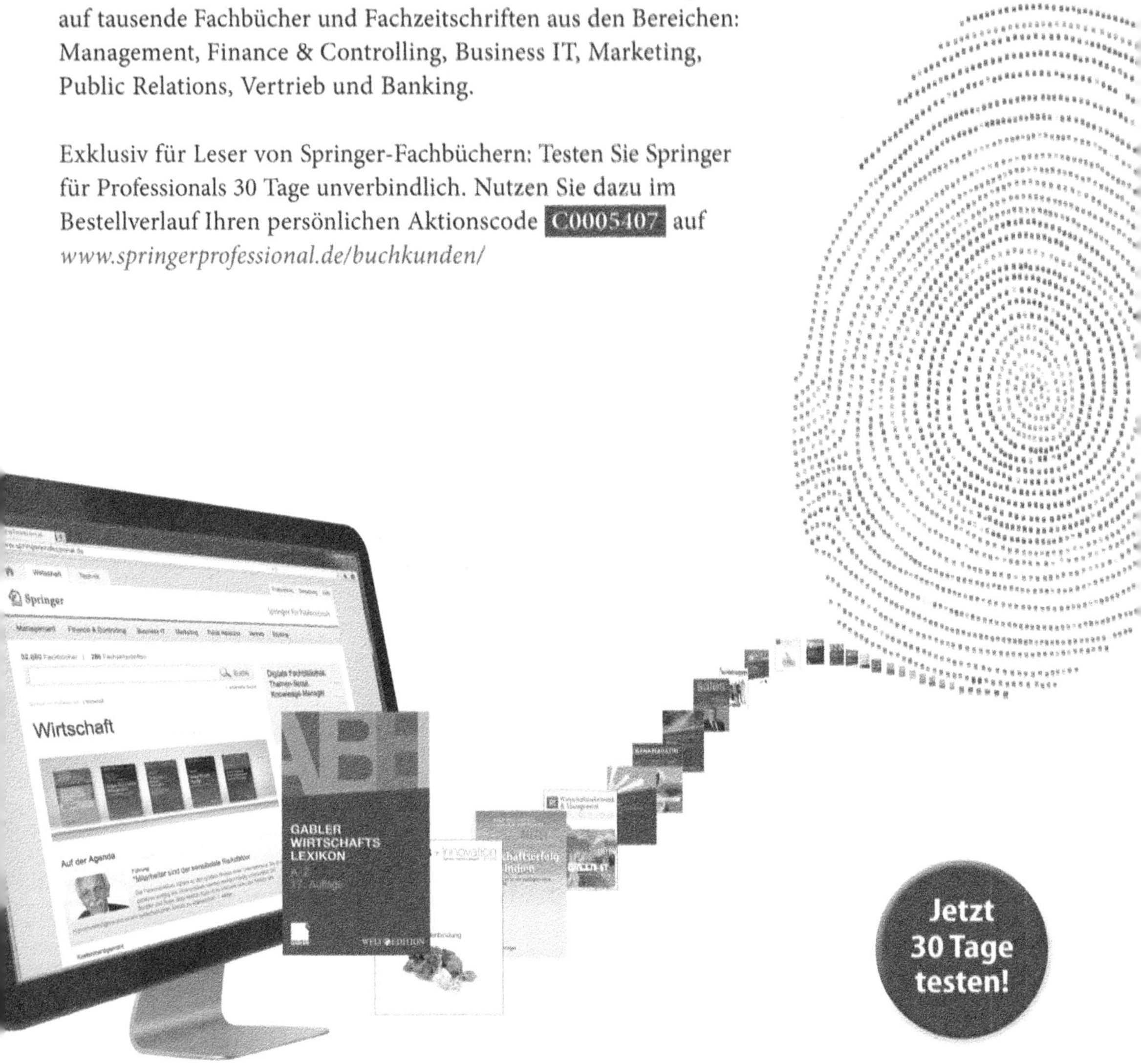

Gunter Gemmel

Strategisches Informationsmanagement in Großprojekten der Industrie

 Springer Gabler

Dr. Gunter Gemmel
Berlin
Deutschland

ISBN 978-3-662-43422-2   ISBN 978-3-662-43423-9 (eBook)
DOI 10.1007/978-3-662-43423-9

Die Deutsche Nationalbibliothek verzeichnet diese Publikation in der Deutschen Nationalbibliografie; detaillierte bibliografische Daten sind im Internet über http://dnb.d-nb.de abrufbar.

Springer Gabler

Lektorat: Michael Bursik, Assistenz: Janina Sobolewski

Gedruckt auf säurefreiem und chlorfrei gebleichtem Papier

Springer Gabler ist eine Marke von Springer DE. Springer DE ist Teil der Fachverlagsgruppe Springer Science+Business Media
www.springer-gabler.de

Geleitwort

Industrielle Großprojekte stellen alle Beteiligten vor große Herausforderungen. Hohe Komplexitätsgrade, lange Laufzeiten und erhebliche Kosten sind nur einige der typischen Merkmale, die das Projektmanagement erschweren. Es verwundert daher nicht, dass zahlreiche Großprojekte den Zeit- und Kostenrahmen sprengen oder gar ganz scheitern, wie man in regelmäßigen Abständen der Tagespresse entnehmen kann.

Obwohl Informationstechnologien und -systeme in industriellen Großprojekten häufig als reine Unterstützungsfunktion betrachtet werden, spielt das Informationsmanagement eine wichtige Rolle. Denn eine funktionierende IT und effiziente IT-Prozesse tragen neben der operativen Unterstützung des Projektgeschäfts auch maßgeblich zu reibungslosen Kommunikationsprozessen im Projektteam und zu einem umfassenden Risikomanagement bei.

Auch das Informationsmanagement steht in industriellen Großprojekten vor einigen besonderen Herausforderungen. Häufig fehlen auf Grund der Ausgliederung in eigenständige Projektgesellschaften oder Joint Ventures das Know-How und der Zugriff auf bestehende IT-Strukturen mit erprobten Prozess- und Systemlandschaften. Vielmehr muss die IT in der Regel für das Projekt von Grund auf neu aufgebaut werden. Dies unterscheidet die Situation deutlich vom typischen Unternehmenskontext, in dem das Informationsmanagement eine kontinuierliche Daueraufgabe darstellt und nur selten neue Lösungen „auf der grünen Wiese" geplant werden können.

Es verwundert daher nicht, dass die in der betrieblichen Praxis verbreiteten Konzepte und Modelle des Informationsmanagements für den Einsatz in industriellen Großprojekten angepasst und ergänzt werden müssen. Daher freut es mich sehr, dass dieses wichtige Thema in diesem Buch aufgegriffen wird.

Besonders hervorheben möchte ich die aus meiner Sicht sehr gelungene Symbiose aus fundiertem theoretischem Wissen mit praktischen Fallbeispielen und handfesten Praxisempfehlungen. Der Leser erhält auf diese Weise nicht nur einen guten Überblick über die aktuellen Modelle und Konzepte des Informationsmanagements, sondern auch tiefe Einblicke in die Praxis des Informationsmanagements in industriellen Großprojekten. Die fünf Fallstudien beschreiben in strukturierter Form reale Projekterfahrungen und ermöglichen es dem Leser, unmittelbar von diesen Erfahrungen zu profitieren. Das vorgestellte Referenzmodell für das Projektinformationsmanagement beinhaltet alle relevanten Hand-

lungsfelder und die dazugehörigen Aufgaben, Rollen, Einflussfaktoren, Herausforderungen und Erfolgsfaktoren.

Der Autor versteht es, die komplexe Thematik in kompakter Form zusammenzufassen
und die relevanten Sachverhalte verständlich darzustellen, ohne dabei an inhaltlicher Tiefe
zu verlieren. Der Leser erhält auf diese Weise einen sehr guten Überblick über den aktuellen Stand und die Besonderheiten des Projektinformationsmanagements.

Prof. Dr. Rüdiger Zarnekow
Technische Universität Berlin
Fachgebiet Informations- und
Kommunikationsmanagement

Vorwort

Das vorliegende Fachbuch ist neben meiner beruflichen Tätigkeit als Unternehmensberater für Fragen des Informationsmanagements entstanden. Es basiert auf der Beratungspraxis und meiner Promotion als externer Doktorand am Lehrstuhl für Informations- und Kommunikationsmanagement (IKM) der TU Berlin. Im Verlauf der fast dreijährigen Entstehungszeit hatte ich Gelegenheit, in einem kollegialen Arbeitsumfeld zu forschen und meine Abhandlung in den gemeinsamen Gesprächen weiterzuentwickeln. Die Doktorandenseminare des Lehrstuhls ermöglichten mir einen Blick auf weitere Forschungsgebiete und halfen mir, das entwickelte Referenzmodell auch im Kontext weiterer Innovationsthemen zu betrachten. Ich möchte mich bei allen bedanken, die zur Veröffentlichung dieses Buches beigetragen haben.

Mein besonderer Dank gilt Herrn Prof. Dr. Rüdiger Zarnekow, Leiter des Lehrstuhls Informations- und Kommunikationsmanagement der TU Berlin, für seine wissenschaftliche Betreuung und sein persönliches Engagement in der Anfrage der beteiligten Unternehmen. Die idealen fachlichen Rahmenbedingungen waren Grundlage für die Promotion und Weiterentwicklung zu diesem Fachbuch. Ich blicke auf die gemeinsame Zusammenarbeit sehr gerne zurück.

Bedanken möchte ich mich bei Herrn Prof. Dr. Lutz Kolbe, Leiter des Lehrstuhls für Informationsmanagement der Universität Göttingen, für sein konstruktives Feedback insbesondere in der Endphase der Entwicklung des Referenzmodells.

Die praxisorientierte Forschung und das Gelingen des Fachbuches wären ohne die offene Zusammenarbeit und vertrauensvolle Unterstützung der Forschungspartner nicht möglich gewesen. Ich bedanke mich daher bei allen Interviewpartnern der beteiligten Unternehmen und Projekte Cassidian (Digitalfunk BOS), HOCHTIEF (Elbphilharmonie Hamburg), Siemens (Fossiles Kraftwerk), Nord Stream (Nord-Stream-Pipeline) und Linde (Polyethylenanlage SHARQ). Ich danke ferner Herrn Dr. Armin Urban, Direktor Informationstechnologie der GAZPROM Germania, für seine Unterstützung in der Validierung des Referenzmodells.

Ein ganz besonderer Dank gilt schließlich meinen Eltern und Großeltern. Ihnen widme ich dieses Buch.

Berlin, im April 2014   Dr. Gunter Gemmel

Zusammenfassung

Unternehmen gründen Projekte, um einmalige, zeitlich begrenzte Vorhaben effizient zu realisieren. Gerade in der Industrie zeigt sich diese Vorgehensweise häufig in Form von Großprojekten. Das IT-Management zur Unterstützung dieser Industrieprojekte steht dabei vor besonderen, charakteristischen Herausforderungen.

Dieses Buch beantwortet die Frage, wie die bestehenden Konzepte des strategischen Informationsmanagements im speziellen Kontext von Großprojekten der Industrie angewendet werden können. Zielsetzung ist die Definition eines allgemeinen Referenzmodells zur Anwendung in zukünftigen Großprojekten durch die IT.

Grundlage für das Modell bilden fünf Großprojekte der Industrie, die mit der Methodik der Fallstudienerhebung einheitlich analysiert wurden: Digitalfunk BOS (Cassidian/ EADS), Elbphilharmonie Hamburg (HOCHTIEF), Generisches Kraftwerk (Siemens), Nord-Stream-Pipeline (Nord Stream), Polyethylenanlage SHARQ (Linde).

Das Referenzmodell des Projektinformationsmanagements gliedert sich entlang der drei Gestaltungsebenen des Business Engineerings Strategie, Prozesse und Umsetzung. Es zeigt auf Basis der Literatur und der Fallstudien Handlungsempfehlungen, Erfolgsfaktoren und charakteristische Herausforderungen:

Die Strategie der IT sollte am Gesamtprojektmanagement ansetzen. Die IT-Strategie ist Hilfsmittel zur projektinternen Positionierung als Prozessintegrator für die Fachbereiche. Die Lösungsfindung der IT sollte erprobte Technologien fokussieren und realisierte Erfahrungen sollten möglichst auf weitere Projekte übertragen werden.

Zur Gestaltung der Prozesse sind die Industrieframeworks und -standards auf die Projektanforderungen zu reduzieren und der Aspekt des zeitlichen Projektverlaufs zu integrieren. Mit steigender Erfahrung eröffnet sich die Möglichkeit, sie zu einer projektübergreifenden Prozessvorlage zu bündeln. Die IT sollte je nach Anforderungsprofil eine differenzierte Rolle von IT-zentral, über Business-drives-IT zu IT-enables-Business im projektinternen Business-IT-Alignment einnehmen.

Die Umsetzung ist geprägt von der hohen Relevanz der Informationssicherheit, die in Form einer Richtlinie und Trainings die Projektmitarbeiter und -dienstleister für Risiken sensibilisieren sollte. Die Mitarbeiter der IT sollten die Arbeitsmethodik fremder Kulturkreise verstehen und in ihrer IT-Planung und Projektumsetzung berücksichtigen. Vorteilhaft zeigt sich die Kooperation mit erprobten Preferred Suppliern als IT-Dienstleistern.

Die Ausgestaltung des Referenzmodells ist durch sechs charakteristische Einflussfaktoren geprägt: Projektvolumen, Zeitdruck aus Sicht der IT, anwendbare IT-Vorerfahrungen, Internationalität des Projekts, Eigenständigkeit des Projekts und IT-Bezug des Projekts.

Abstract

Organisations establish projects to realise unique time-limited enterprises efficiently. Particularly in industry this practice is common for large-scale projects. The IT management supporting such industry projects often faces special, characteristic challenges.

This book addresses how existing concepts of strategic IT management can be applied in the context of large-scale industry projects. A general reference model is defined for future application by IT departments in large-scale industrial projects.

This model is based on five large-scale industry projects that were analysed consistently through a case study methodology: Digital mobile radio BOS (Cassidian/EADS), Elbphilharmonie Hamburg (HOCHTIEF), Genetic power plant (Siemens), Nord Stream Pipeline (Nord Stream), Polyethylene Plant SHARQ (Linde).

The reference model for project IT management is structured along the three Business Engineering design layers: strategy, processes and realisation. Base on scientific literature and case studies the model provides practical recommendations, success factors and common pitfalls.

The IT management strategy should integrate with overall project management. As such, IT strategy is a tool to position IT management internally as a process integrator for other operational departments. The identification of technical solutions should focus on proven technologies with prior experience transferred to future projects wherever possible.

To design IT management processes, the existing industry frameworks and standards are aligned to a specific project's needs, taking account of the planned time constraints and then consolidated into a comprehensive process template. With regard to the requirement profile, IT management should adopt a role differentiated going from IT-central, over Business-drives-IT to IT-enables-Business in the internal project Business-IT alignment.

Information security has a high impact on successful project delivery, so employees and contractors should be aware of the risks, e.g. via guidelines and trainings. IT management employees must also be able to relate to the working methods of foreign partners, and account for cultural differences in their IT project planning and realisation. Cooperation with proven "preferred suppliers" is beneficial, enabling relationships, trust and understanding to develop.

The reference model design is determined by six influential factors: Project volume, time constraints from an IT perspective, applicable existing IT experience, project internationality, project independence and the relationship or impact of IT to the project.

Inhaltsverzeichnis

Abkürzungsverzeichnis

AG	Aktiengesellschaft
BDBOS	Bundesanstalt für den Digitalfunk der Behörden und Organisationen mit Sicherheitsaufgaben
BE	Business Engineering
BOD	Board of Directors
BOS	Fallstudie Digitalfunk BOS (Behörden und Organisationen mit Sicherheitsaufgaben)
BPM	Business Process Management
BPMN	Business Process Model and Notation (Standard)
CEO	Chief Executive Officer (GF/Projektleiter)
CFO	Chief Financial Officer (Leiter Finanzen)
CIO	Chief Information Officer (IT-Leiter)
CMDB	Configuration Management Database
COBIT	Control Objectives for Information and Related Technology
COSO	Committee of Sponsoring Organizations of the Treadway Commission
CRM	Customer Relationship Management
DMS	Dokumentenmanagement-System
ELB	Fallstudie Elbphilharmonie Hamburg
ERP	Enterprise Ressource Planning
FOS	Fallstudie Fossiles Kraftwerk
FTE	Full-time equivalent
GDPdU	Grundsätze zum Datenzugriff und zur Prüfbarkeit digitaler Unterlagen
GF	Geschäftsführer
GIS	Geoinformationssystem
GmbH	Gesellschaft mit beschränkter Haftung
GU	Generalunternehmer
HR	Human Resources
HSE	Health, Safety and Environment
IEC	Internationale Elektrotechnische Kommission
IIM	Integriertes Informationsmanagement
IKT	Informations- und Kommunikationstechnologie

IM	Informationsmanagement (Fokus auf Wirtschaftsinformatik)
IMS	Integrated Management System
IS	Informationssystem
ISO	Internationale Organisation für Normung
IT	Informationstechnologie (Fokus auf Technologie)/Abteilung des IMs innerhalb der Unternehmensorganisation
ITIL	IT Infrastructure Library
KMU	Kleine und mittlere Unternehmen
KPI	Key Performance Indicator
MIS	Management-Informationssystem
NOS	Fallstudie Nord-Stream-Pipeline
OLA	Operational Level Agreement
PM	Projektmanagement
PMS	Projektmanagementsystem
PROMET	Projektmethode
PT	Personentage
PTS	Pipe-Tracking-System
QSE	Quality Software Engineering
SCM	Supply Chain Management
SHA	Fallstudie Polyethylenanlage SHARQ
SLA	Service Level Agreement
TETRA	Terrestrial Trunked Radio (Standard für digitalen Bündelfunk)
TGA	Technische Gebäudeausrüstung
TK	Telekommunikation
WAN	Wide Area Network
WI	Wirtschaftsinformatik

Abbildungsverzeichnis

Tabellenverzeichnis

Einleitung

1

1.1 Ausgangslage und Thema

Vorhaben im Bereich der IT finden meist erst dann große Beachtung, wenn sie in Schief-lage geraten oder bereits gescheitert sind. Abhängig von ihrer Projektgröße überziehen 72 bis 80 % der IT-Projekte ihren Zeitrahmen, ihr gesetztes Budget oder erfüllten nicht die gewünschten Anforderungen – dies zeigte eine Studie von Gartner (s. Mieritz 2012).

Gerade in Branchen, die IT typischerweise nicht als ihre Kernkompetenz, sondern als Mittel zum Zweck verstehen, ist das Risiko hierfür besonders hoch. Der Anlagenbau, der Hoch- und Tiefbau oder die klassische Energieerzeugung können als Beispiele und typi-sche Vertreter für traditionelle Branchen angesehen werden. Unternehmerische Vorhaben werden hier auf Grund ihrer Einmaligkeit, ihrer zeitliche Befristung und ihrer finanziellen Anforderungen typischerweise in Form eines Großprojekts zusammengefasst. Den orga-nisatorischen Rahmen bildet häufig eine für das Projekt gegründete Projektgesellschaft, als Ausgründung aus ihrem Mutterkonzern oder in Partnerschaft mit weiteren Unternehmen in Form eines Joint Ventures (s. Gemmel 2010).

Die auf diese Weise entstandenen Projektumfelder verschärfen die Situation der IT in-nerhalb des Projekts zusätzlich:

- Erstens ist in den Fachabteilungen häufig ein IT-Verständnis etabliert, das IT auf ihre Technik reduziert, aber gleichzeitig auf eine IT-Funktion und IT-Mitarbeiter trifft, die sich als Wertschöpfungsfaktor der Gesamtunternehmung und interner Berater auf Au-genhöhe verstanden wissen möchten. Mit diesen gegensätzlichen Ansprüchen ist die Kommunikation zwischen beiden Welten problematisch und sind Konflikte unaus-weichlich.
- Zweitens kann nicht auf ausgewachsene Prozess- und Systemlandschaften, wie sie nor-malerweise im Mutterkonzern gegeben sind, zurückgegriffen werden. Zusammen mit dem Zeit- und Ergebnisdruck aus den Fachbereichen führt dies zu inhaltlichen Fehl-

G. Gemmel, *Strategisches Informationsmanagement in Großprojekten der Industrie*,
DOI 10.1007/978-3-662-43423-9_1, © Springer-Verlag Berlin Heidelberg 2014

entscheidungen, die im Projektverlauf zu erfolgskritischen Konflikten heranwachsen. Es mangelt an einer integrierten Gesamtlösung.

Die Ursachen hierfür reichen bis in die frühe Projektplanung zurück und sind weniger eindeutig, als es ein erster Blick vermuten lässt. Auch dies mag erklären, warum ohne scheinbaren Erfahrungsgewinn IT-Projekte im gleichen Unternehmen oder Projekt wiederholt erfolglos bleiben.

Die genannten Probleme, genauer ihre Auswirkungen wie z. B. Budgetüberschreitungen, verspätete Inbetriebnahme oder Systemausfälle, sind im Projektalltag erfahrbar und klassifizierbar, jedoch fehlt es an Lösungsansätzen, die gerade für die spezielle Herausforderung konservativer Projektgesellschaften erfolgreich sind.

1.2 Umfang, Zielsetzung und Adressaten

Strategisches Informationsmanagement im betriebswirtschaftlichen Kontext wird einheitlich von verschiedenen Autoren als Planen, Gestalten, Überwachen und Steuern von Information und Kommunikation im Unternehmen zur Erreichung der strategischen Unternehmensziele bezeichnet (s. Heinrich 2009; Pietsch 2004; Krcmar 2010; Zarnekow 2004).

Die bestehenden Konzepte bilden den Ausgangspunkt zur Formulierung der Kernfrage dieser Abhandlung:

Wie können die bestehenden Konzepte des strategischen Informationsmanagements im speziellen Kontext von Großprojekten der Industrie angewendet werden?

Zielsetzung ist es, einen Gestaltungsrahmen und -vorschlag für das Informationsmanagement in Großprojekten der Industrie zu entwickeln und insbesondere folgende Detailaspekte zu berücksichtigen:

- Analyse der typischen Projekterfahrungen hinsichtlich der IT
- Entwicklung eines allgemeinen Referenzmodells unter Bezugnahme auf die bestehenden Konzepte
- Ableitung von typischen Herausforderungen, Erfolgsfaktoren und konkreten Handlungsempfehlungen auf Grundlage des Modells

Das Buch fußt auf der wissenschaftlichen Disziplin der Wirtschaftsinformatik, insbesondere des Informationsmanagements und des Business Engineerings (s. Österle 1995, S. 13–31).

Abzugrenzen hiervon ist die Informatik, welche die technische Umsetzung in den Mittelpunkt stellt. Der Aspekt der Technologie wird in diesem Beitrag jeweils nur aus der strategischen, geschäftsorientierten Perspektive betrachtet.

Dieses Buch und sein Referenzmodell richten sich an Entscheidungsträger aus Konzernen und Projektgesellschaften, Unternehmensberater im Bereich des Informationsmanagements, Wissenschaftler und Studenten:

- **Entscheidungsträger aus Konzernen und Projektgesellschaften:**
  Sie erhalten Struktur- und Prozessvorlagen, Handlungsempfehlungen und Erfolgsfaktoren für den konkreten Projekteinsatz. Insbesondere in der Phase der Projektplanung unterstützt der Vergleich mit den untersuchten Fallstudien bei der Entscheidung, welche Aspekte des Informationsmanagements wann und wie hoch zu priorisieren sind.
- **Unternehmensberater im Bereich des Informationsmanagements:**
  Dieses Fachbuch liefert mit dem Referenzmodell und den Praxisbeispielen einerseits eine Grundlage zur Beratung von Industrieprojekten im Bereich des Informationsmanagements, andererseits eine Basis zur Beratung von Konzernen hinsichtlich ihrer übergeordneten Projektdurchführungsprozesse.
- **Wissenschaftler:**
  Das Buch zeigt, wie die theoretischen Konzepte des klassischen und integrierten Informationsmanagements auf die spezielle Projektsituation übertragen werden können. Die entwickelten Strukturen und Inhalte können als aktueller Stand angesehen werden und sind damit Ausgangspunkt für die weitere Forschung.
- **Lehrende undStudierende:**
  Sie erhalten durch das Referenzmodell Beispiele zur Übertragung der theoretischen Konzepte in die Praxis, die in ihren Lehrveranstaltungen zur Anwendung kommen können. Die Fallstudien geben einen Einblick in die Umsetzung und Anforderungen des Informationsmanagements von bekannten Großprojekten der Industrie.

1.3   Angewandte Methodik

Die Entwicklung des Referenzmodells für das strategische Informationsmanagement in Großprojekten der Industrie wendet die Methodik der Referenzmodellierung im Bereich des Business Engineerings an. Bei Referenzmodellen handelt es sich um Informationsmodelle, welche in anderen Anwendungskontexten Verwendung finden sollen als in den ihrer Konstruktion zugrunde liegenden. In dieser Funktion enthalten Referenzmodelle in der Regel Soll-Aussagen bezüglich eines eingegrenzten Sachverhalts (Becker und Delfmann 2004, S. 1). Die aus dem Modell folgenden Aussagen und Handlungsempfehlungen sind in der Praxis in ihrem Anwendungskontext überprüfbar (s. Gutzwiller 1994; Brenner 1995, S. 7 f.). So ist gewährleistet, dass die Forschungsergebnisse einen Mehrwert für die Wissenschaft und die zukünftige Projektpraxis haben.

Die Literaturanalyse und die quantitativ-empirische Forschung sind für sich genommen noch nicht ausreichend, um valide Aussagen für die Praxis zu entwickeln (Benbasat und Zmud 1999, S. 5 f.; Brenner 1993). Der für das Referenzmodell angewandte Forschungsprozess schließt eine Lücke der Praxis unter Einbezug bestehender Theorien und leistet für beide Disziplinen einen Mehrwert.

Hinsichtlich des Beitrags für die Praxis liefert das Modell eine Vorlage zum Aufbau des Informationsmanagements in Großprojekten der Industrie und nennt Handlungsempfehlungen, Erfolgsfaktoren und charakteristische Herausforderungen. Unter Berücksichtigung der Einflussfaktoren bietet es Unternehmen einen strategischen Entwicklungsplan, um mit zunehmender Erfahrung die eigene IT von einer projektinternen Abteilung zu einem Multiprojektdienstleister auf Konzernebene zu entwickeln und Synergieeffekte nutzbar zu machen.

Theoretische Beiträge liegen in der Adaption bestehender, klassischer, wie integrierter Informationsmanagementansätze auf den Spezialfall von Großprojekten der Industrie. Die Theorie findet durch die untersuchten Projektbeispiele eine praxisnahe Anwendung und Validierung. Das entwickelte Modell stellt Erkenntnisse zu den charakteristischen Einflussfaktoren auf die Projekt-IT zur Verfügung. Das zugrundeliegende Bewertungsraster bietet eine Vorlage zur Einordnung der eigenen IT und definiert weitere Evolutionsstufen, die durch die Anwendung der Handlungsempfehlungen und Beachtung der Erfolgsfaktoren erreicht werden können (Abb. 1.1).

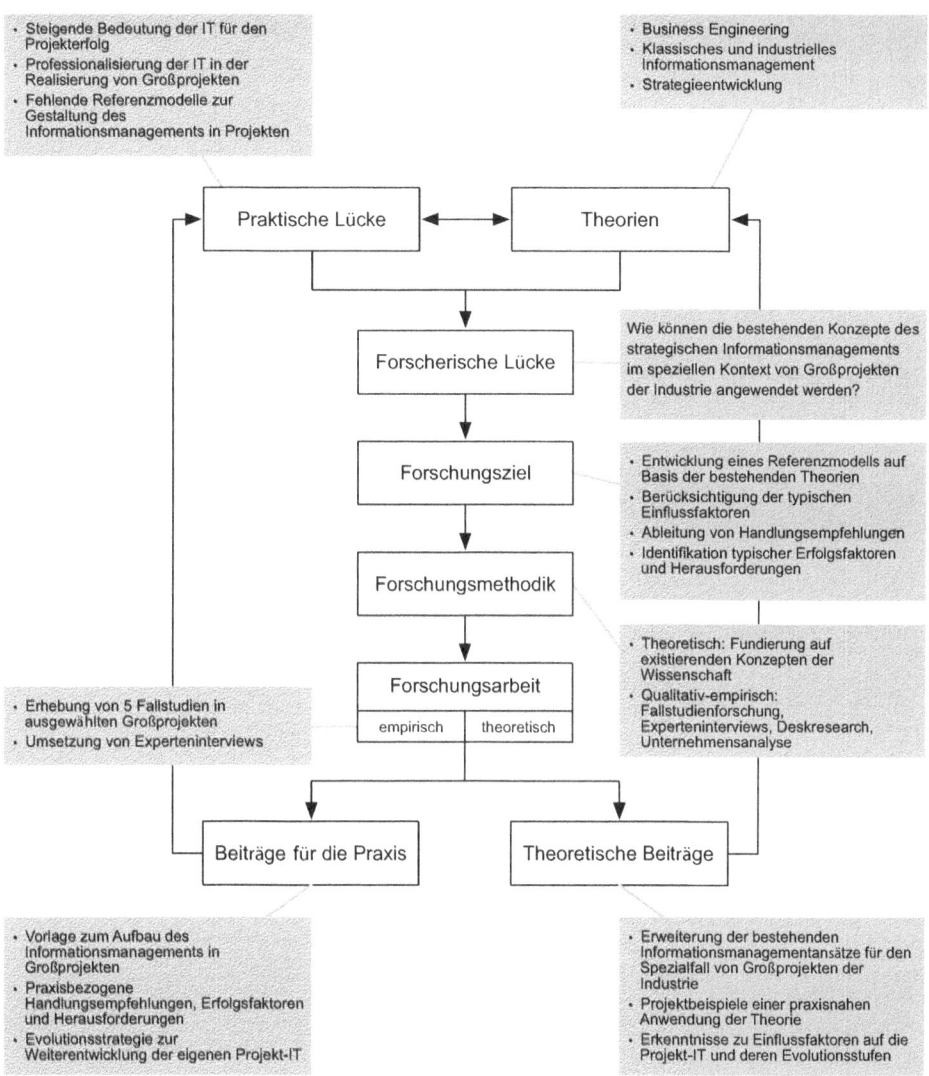

Abb. 1.1 Angewandte Methodik. (nach Fleisch 2001, S. 289 f.; Österle et al. 1992; Riempp 2004, S. 316)

Konzeptionelle Grundlagen

Die konzeptionellen Grundlagen bilden die grundlegende, wissenschaftliche Theorie zur Entwicklung eines Referenzmodells des Informationsmanagements in Großprojekten der Industrie. Das Referenzmodell bezieht sich dabei im Kern auf die folgenden Forschungsgebiete:

- Die Fallstudienforschung bildet das methodische Grundgerüst zur strukturierten Identifikation der Projekterfahrungen aus der Praxis.
- Das Modell des Business Engineerings (BE) bildet den theoretischen Rahmen für das Referenzmodell. Seine praxisnahe Vorgehensweise bildet die Grundstruktur zur Modellierung der Referenzhandlungsfelder und -inhalte. Sie stellt sicher, dass die Inhalte gemäß den vorgeschlagenen Gestaltungsebenen Strategie, Prozesse und Informationssysteme (IS) kategorisiert sind.
- Die Grundlagen des Informationsmanagements stellen die bestehenden theoretischen Konzepte vor und benennen und begründen die für das Referenzmodell relevanten Teilaspekte. Zielsetzung ist ein breiter Überblick von klassischen Ansätzen über das industrialisierte Informationsmanagement zur IT-Dienstleistersicht als Wertschöpfungseinheit.

2.1 Fallstudienforschung

Eine Vielzahl der Erkenntnisse der Wirtschaftsinformatik basiert auf Praxiserfahrungen, die beispielsweise in Form von Fallstudien qualitativ-empirisch gewonnen werden (s. Eisenhardt 1989; Stake 1995; Yin 2003).

G. Gemmel, *Strategisches Informationsmanagement in Großprojekten der Industrie*,
DOI 10.1007/978-3-662-43423-9_2, © Springer-Verlag Berlin Heidelberg 2014

2.1.1 Eigenschaften der Fallstudienforschung

Der Kern einer Fallstudie, also die zentrale Gemeinsamkeit aller Fallstudien, ist, dass sie eine Entscheidung oder eine Menge an Entscheidungen beleuchtet: Warum wurde sie getroffen, wie wurde sie implementiert und mit welchem Ergebnis (Schramm 1971)?

Wesentliche Eigenschaften einer Fallstudie sind die folgenden vier Kriterien (s. Stake 1995, S. 47 f.; Österle 2004, S. 3):

- Sie ist ganzheitlich: Der Kontext ist umfassend entwickelt und die Grenzen zwischen untersuchtem Phänomen und Kontext sind nicht offenkundig.
- Sie ist empirisch: Sie basiert auf einer Erhebung aus der Praxis.
- Sie ist interpretativ: Ihre Ergebnisse fußen auf der Interaktion zwischen Forscher und Forschungsgegenstand.
- Sie ist empathisch: Trotz vorangegangener Planung entwickelt sich ihr Design im Verlauf des Forschungsprozesses weiter.

Abzugrenzen ist die Fallstudienforschung dabei von „qualitativer Forschung", die a) Detailbetrachtungen in den Vordergrund stellt und b) auf einen theoretischen Bezug zu einem vorhandenen Modell verzichtet (Yin 2004, S. 14; s. Denzin und Lincoln 1994).

Die Fallstudienforschung ist neben der Referenzmodellierung die zentrale Methodik, um Praxiserfahrungen in ein allgemeingültiges Modell zu transferieren. Sie unterscheidet zwischen Einzel- und Mehrfach-Fallstudien (s. Yin 2003, S. 13). Der Ansatz der Mehrfach-Fallstudien erscheint für die vorliegende Aufgabenstellung der Analyse des Informationsmanagements in Großprojekten der Industrie passend, da insbesondere die Einflussfaktoren auf das Informationsmanagement und Replikationseffekte identifiziert werden sollen, die sich aus unterschiedlichen Projektszenarien ergeben (s. Yin 2003, S. 45 f.).

2.1.2 Prozess der Fallstudienforschung (Abb. 2.1)

Die Fallstudienmethodik basiert auf einer theoretischen Prämisse, die durch ausgewählte Fälle (cases) und ein systematisches Vorgehen (design data collection protocol) zu bestätigen ist. Die Analyse jeder Fallstudie (conduct) wird in Form eines individuellen Fallstudienberichts dokumentiert (case report).

Ergebnis der Methodik ist in der Phase Analyse & Conclude ein über alle Fallstudien hinweg gültiger, generalisierter Fallstudienbericht (s. Yin 2003, S. 50). Dieser ist zusammen mit der bestehenden wissenschaftlichen Theoriebasis Grundlage für das Referenzmodell.

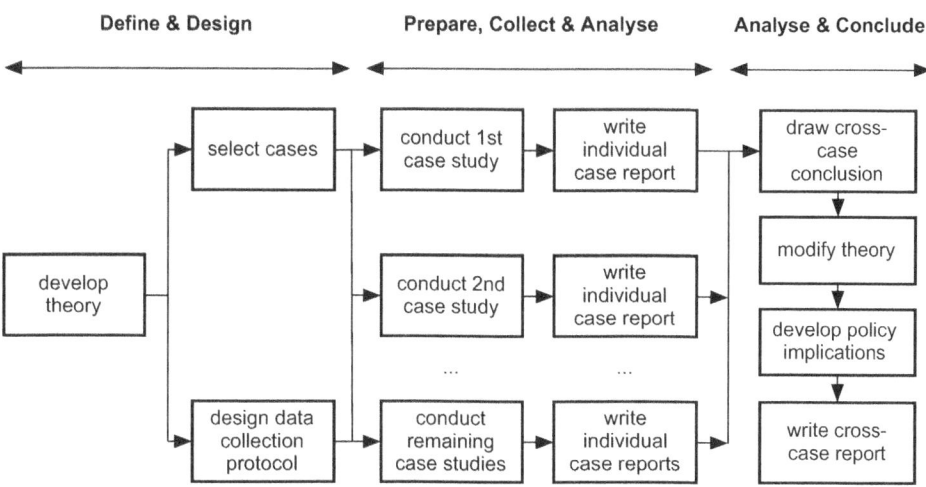

Abb. 2.1 Fallstudienmethodik (vereinfacht). (nach Yin 2002; Cosmos Corporation)

2.1.3   Transfer auf das Referenzmodell

Die Fallstudienmethodik ermöglicht eine zielgerichtete, strukturierte und sozialwissen-
schaftliche Erhebung einer Datenbasis zur Ableitung eines allgemeingültigen Referenzmodells. Sie erscheint für die vorliegende Fragestellung in besonderem Maß geeignet, da
Erkenntnisse aus der Projektpraxis mit existierenden Theorien zu verknüpfen sind (s. Yin
2003, S. 13). Hilfsmittel ist ein über alle fünf Fallstudien identischer Fragebogen als Ausgangspunkt für Experteninterviews, die inhaltlich durch Präsentationen, Projekthandbücher, Statistiken und weiterführende Unterlagen der Projekte ergänzt werden.

Die hier angewandte, vereinfachte Methodik verzichtet bewusst auf eine zweite Aus-
wahlrunde (feedback loop (s. Yin 2002, S. 50)) an Fällen nach den ersten gewonnenen
Ergebnissen, da mit der aus der Beratungspraxis zur Verfügung stehenden Erfahrung des
Nord-Stream-Projekts eine zielgerichtete Auswahl und Abfrage von Beginn an möglich
waren.

2.2   Modell des Business Engineerings

Die Wirtschaft befindet sich inmitten der Transformation vom Industrie- zum Informati-
onszeitalter. Insbesondere Innovationen aus dem Bereich der Informations- und Kommunikationstechnik („IT-Innovationen") ermöglichen neue Geschäftslösungen (Österle und
Winter 2003, S. 4).

Die Transformation mit all ihren technischen und sozioökonomischen Aspekten ist
zu komplex, um von Einzelpersonen unkoordiniert und ohne Methode „erschaffen" zu
werden. Die Existenz und Nutzung von Vorgehensmodellen, Methoden und Werkzeugen

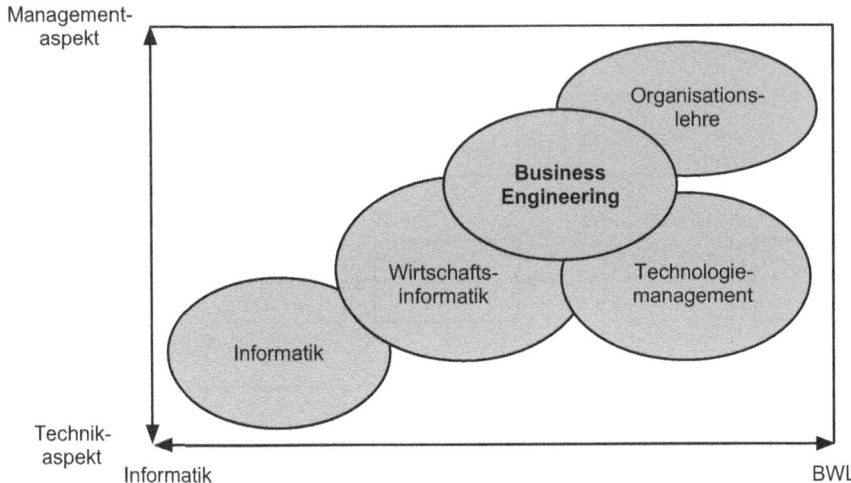

Abb. 2.2 Einordnung des Business Engineerings. (nach Österle und Winter 2003, S. 14)

kennzeichnen ingenieurmäßige Disziplinen. „Business Engineering" definiert sich damit als methoden- und modellbasierte Konstruktionslehre für Unternehmen des Informationszeitalters (s. Österle und Winter 2003, S. 7).

Da sich Business Engineering auf Veränderungsprozesse (einschließlich Strategieentwicklung) fokussiert und damit nicht das Tagesgeschäft (z. B. Informationsversorgung, Projektabwicklung) im Vordergrund steht, ist es eher den Führungsprozessen als den Unterstützungsprozessen zuzuordnen (Österle und Winter 2003, S. 13). Dies entspricht dem Anspruch dieses Referenzmodells, strategisches Informationsmanagement in den Mittelpunkt zu stellen.

Als wissenschaftliche Disziplin bestehen enge Verbindungen mit der Wirtschaftsinformatik, dem Technologiemanagement und der Organisationslehre. Business Engineering lässt sich von den genannten Disziplinen wie folgt abgrenzen (Abb. 2.2):

- Gegenstand der Wirtschaftsinformatik sind der Entwurf, die Entwicklung und der Einsatz computergestützter, betriebswirtschaftlicher Informations- und Kommunikationssysteme in Wirtschaft und öffentlicher Verwaltung (Mertens 1999, S. 1; Ferstl und Sinz 1998, S. 1; Scheer 1995, S. 1). Darüber hinaus sind der Gegenstand des Business Engineerings auch die (Um-)Gestaltung der Geschäftsstrategien, -prozesse, Führungssysteme und die Analyse und Veränderung von Machtverhältnissen (s. Österle und Winter 2003, S. 13).
- Gegenstand der Organisationslehre sind die Nutzung verschiedener Theorien und Modelle zur Bestimmung arbeitsteilig zu bewältigender Aufgaben und die Auswahl von Koordinationsformen (Picot et al. 1993, S. 34 f.). Im Gegensatz zur Organisationslehre werden im Business Engineering jedoch Potenziale und Restriktionen aus der Infor-

mations- und Kommunikationstechnik sehr viel stärker und früher berücksichtigt (s. Österle und Winter 2003, S. 13).

- Gegenstand des Technologiemanagements ist die Entwicklung einer Technologiestrategie, welche die systematische Verfolgung von Technologietrends oder die Bestimmung der eigenen technologischen Position (Boutellier und Völker 1992, S. 21 f.) beinhaltet. Das Business Engineering erweitert diese Technologiebewertung um die nachfolgenden Phasen der Prozess- und Systementwicklung (s. Österle und Winter 2003, S. 13).

Das Business Engineering beinhaltet die Perspektive der fachlichen Dimension und die der politisch-kulturellen Dimension. Die fachliche Dimension gliedert sich in die Ebenen Strategie, Prozess und System, während die politisch-kulturelle Dimension die menschlichen Handlungsweisen (Motivation und Führung, Verhalten, Kommunikation und Machtverhältnisse) in den Mittelpunkt stellt (s. Österle und Winter 2003, S. 11 f.).

Die Aspekte der politisch-kulturellen Dimension sind im Referenzmodell als Handlungsempfehlung der fachlichen Dimension zugeordnet, auf deren Grundlage sie sich im Projektumfeld thematisch darstellen.

Die Gestaltungsebenen der fachlichen Dimension sind wie folgt definiert (s. Österle et al. 1995, S. 3 f.; Dous 2007, S. 12):

- Strategie: Die Ebene Strategie definiert die Position des Unternehmens im Markt und die daraus abgeleiteten Schlüsselentscheidungen für das Unternehmen und seine Geschäftsfelder.
- Prozess: Die Ebene Prozess leitet aus der Strategie die Leistungen, den Ablauf, die Computerunterstützung und die Führungsmittel ab. Sie detailliert die Organisationstruktur des Transformationsobjekts.
- System/Informationssystem: Die Ebene Informationssystem konkretisiert den Prozessentwurf; sie liefert die Vorgabe für die organisatorische und die informationstechnische Implementierung.

Der dritte Aspekt System bezieht sich damit bewusst nicht ausschließlich auf Rechnersysteme, sondern berücksichtigt auch die organisatorische Umsetzung der Prozessvorgaben der zweiten Ebene. Das Business Engineering liefert durch die jeweils ineinandergreifenden, abhängigen (s. Österle et al. 1995, S. 18) Ebenen einen ganzheitlichen Ansatz zur Optimierung und Entwicklung von Geschäftslösungen (s. Brenner 1995; Österle et al. 1995, S. 16 f.).Die einzelnen Gestaltungsobjekte (z. B. Prozess, Aufgabe, Kunde, Applikation) des Business Engineerings und ihre Beziehungen untereinander sind im Metamodell als Datenmodell beschrieben (s. Österle und Winter 2003, S. 81). Abbildung 2.3 zeigt einige wichtige Objekte des Business Engineerings und ihre Zusammenhänge (vgl. zur Metamodellierung Ferstl und Sinz 1998, S. 117 f.; Scheer 1998; Becker und Delfmann 2004, S. 30 f.).

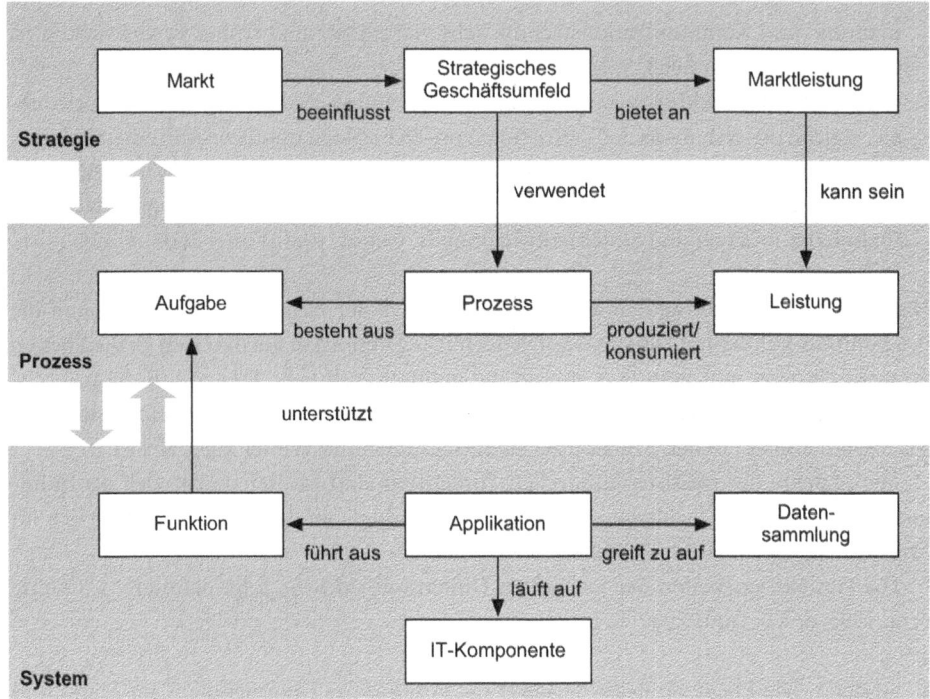

Abb. 2.3 Metamodell des Business Engineerings. (Österle und Winter 2003, S. 81)

2.2.1 Transfer auf das Referenzmodell

Mit Bezug zur wissenschaftlichen Disziplin des Business Engineerings können Industrieprojekte, wie in den folgenden Fallstudien untersucht, als ein Spezialfall eines Transformationsobjekts angesehen werden (s. Österle und Winter 2003, S. 7): Sie existieren ab einem
definierten Starttermin und sind mit Zielerreichung entweder beendet oder gehen in einen
operativen Betriebszustand über. Baumöl et al. (2005, S. 36 f.) zeigen, dass die Erkenntnisse
des Business Engineerings auch auf kleine und mittlere Unternehmen (KMU), wie sie im
hier betrachteten Kontext als Projektgesellschaft vorliegen, übertragbar sind.

Das Metamodell des Business Engineerings bildet den konzeptionellen Rahmen für das
Referenzmodell. Die Gestaltungsebenen strukturieren die zentralen Handlungsfelder im
Projektumfeld.

Die Ebene System wird im Referenzmodell zur Ebene Umsetzung, um die Abgrenzung
zur technischen IT-Systemsicht zu unterstreichen und den Fokus auf die strategische Betrachtung zu legen. Auf die Teilaspekte Markt, strategisches Geschäftsumfeld, Marktleis-
tung und Prozess stehen im Mittelpunkt des strategischen Referenzmodells, wohingegen
auf die Darstellung der IT-Komponente und der Datensammlung verzichtet wird.

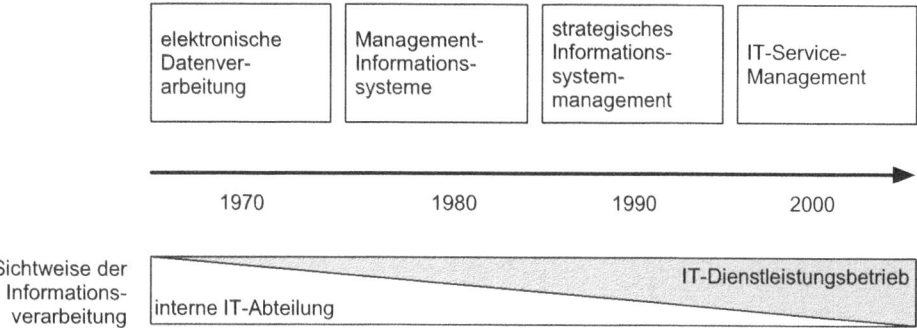

Abb. 2.4 Entwicklungsphasen des Informationsmanagements. (nach Zarnekow 2007, S. 22)

2.3 Grundlagen des Informationsmanagements

Es existiert eine Vielzahl an Konzepten und Definitionen für das Informationsmanagement. Viele der grundlegenden Konzepte gehen auf das Information Resources Management (Horton 1981) zurück. Zusätzlich haben sich die Begriffe Informationsmanagement (Szyperski und Eschenröder 1983), Informatikmanagement (Österle 1987), Management der Informationsversorgung (Horváth 2002) und IT-Management (Krcmar 2010) etabliert (s. Krcmar 2010, S. 31).

Zu unterscheiden sind die klassischen Modelle des Informationsmanagements, die IT als Abteilung zur Umsetzung von Projekten innerhalb eines Unternehmens ansehen, vom industrialisierten Ansatz der IT als IT-Dienstleister, der seine Leistungen in Produktform auf dem internen wie externen Markt anbietet.

2.3.1 Klassisches Informationsmanagement

Das Informationsmanagement entwickelte sich auf Grundlage des steigenden Bedarfs für Informationstechnik zu einer betriebswirtschaftlichen Forschungsrichtung (s. Österle 1987; Heinrich 1988; Wollnik 1988).

Das Informationsmanagement hat sich ausgehend von der Frühphase der elektronischen Datenverarbeitung den Herausforderungen einer wachsenden Zahl von IT-Anwendungssystemen gestellt und sich über die Ära der Management-Informationssysteme und der Ära des strategischen Informationssystemmanagements zum IT-Service-Management weiterentwickelt. Die IT-Leistungserstellung dominieren heute diejenigen Fragestellungen, mit denen sich die Industrie in den 1980er Jahren auseinandergesetzt hat (Abb. 2.4).

Heinrich (2002, S. 8) definiert Informationsmanagement als Leistungshandeln (Management) in einem Unternehmen in Bezug auf Information und Kommunikation. Darunter sind alle Führungsaufgaben zu verstehen, die sich mit Information und Kommunikation im Unternehmen befassten (s. Heinrich 2002, S. 8 f.).

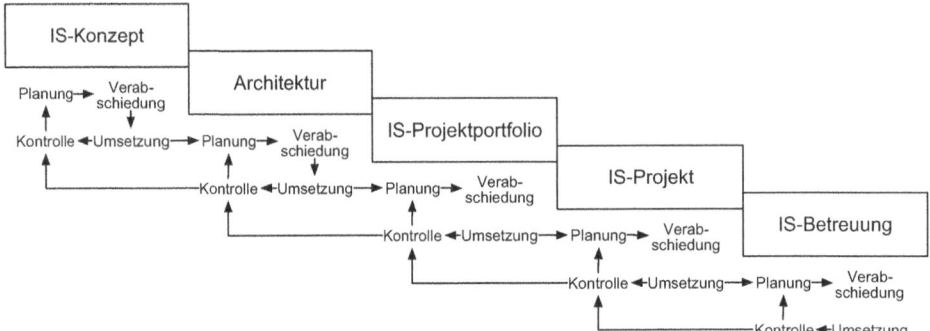

Abb. 2.5 Stufen der Ebene „Management des Informationssystems" im St. Galler Informationssystem-Management. (Österle et al. 1992, S. 44)

Nach Österle et al. (1991) gliedert sich im St. Galler Informationssystem-Management (ISM) das Informationsmanagement in drei Ebenen:

- Informatikorientierte Unternehmensführung (Bedarfsplanung der IT-Ressourcen)
- Management des Informationssystems (Planung und Einsatz der Anwendungen)
- Management der Informatik (Systementwicklung und -betrieb)

Die Ebene Management des Informationssystems unterteilt sich in die weiteren fünf Stufen IS-Konzept, Architektur, IS-Projektportfolio, IS-Projekt und IS-Betreuung. Jede Stufe der Ebene integriert jeweils einen Steuerzyklus aus Planung, Verabschiedung, Umsetzung und Kontrolle (Abb. 2.5):

Eine analoge Kategorisierung in eine Informations-, Informationssystem- und technische Infrastrukturebene nimmt Wollnik (1988) vor.

McNurlin (2009, S. 171) schlägt für das Management von Informationssystemen eine Aufteilung in essentielle Leittechnologien, Systementwicklung und -verteilung sowie Informationsaufgaben vor. Die Verantwortung der IS-Funktion innerhalb der Organisation über alle drei Bereiche wird von einem Executive Leadership (CIO, CEO, COO, CFO, BOD) übernommen (Abb. 2.6).

Das Infrastructure Management ist innerhalb des Modells Grundlage für prozessbasierte Systeme und supportbasierte Systeme. Die prozessbasierten Systeme ermöglichen die prozessbasierte Informationsarbeit (Procedure-Based Information Work), die supportbasierten Systeme sind Ausgangspunkt für die wissensbasierte Informationsarbeit (Knowledge-Based Information Work) (s. McNurlin 2009, S. 172).

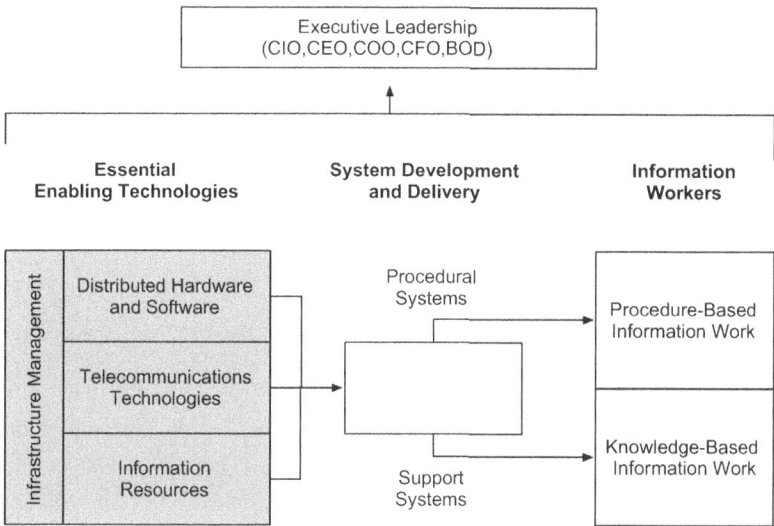

Abb. 2.6 Framework für IS-Management. (nach McNurlin 2009, S. 172)

2.3.2   Integriertes Informationsmanagement

Mit zunehmender Betrachtung der IT als Service stößt die klassische statische Gliederung nach Plan, Build, Run an ihre Grenzen (s. Zarnekow und Brenner 2003; Zarnekow 2005, S. 66). Diese stellt die IT als Abteilung zur Umsetzung von Projekten in den Mittelpunkt und nicht die Erfolgsfaktoren Serviceerbringung und Servicequalität. Weiterführende Hilfsmittel wie ein IT-Leistungs- und -Servicekatalog, der dem Unternehmen angeboten wird, fehlen folglich (s. Zarnekow 2005, S. 10 f.). Das starre Festhalten am Plan, Build, Run ist aus Sicht von Zarnekow (2005, S. 66) eine der Hauptursachen für die Effektivitäts- und Effizienzprobleme in vielen IT-Bereichen.

Organisatorisch durchläuft eine IT-Abteilung eines Unternehmens in der Entwicklung zum unabhängigen IT-Dienstleister dabei beispielhaft mehrere evolutionäre Entwicklungsstufen (s. Zarnekow 2005, S. 14):

1. Interne IT-Projekte: Die Informatik ist Teil des Unternehmens und wickelt IT-Projekte für die Geschäftsbereiche ab.
2. Full Outsourcing: Die Informatik ist aus strategischen, finanziellen und technologischen Gründen zu einem IT-Dienstleister ausgelagert. Unternehmen und IT-Dienstleister kaufen und liefern jeweils exklusiv.
3. Marktöffnung: Der IT-Dienstleister bietet seine Services weiteren Unternehmen auf dem Markt an.
4. Markt und Wahlfreiheit: Mit der letzten Entwicklungsstufe bestellt auch das Unternehmen IT-Dienstleistungen bei weiteren, externen Dienstleistern auf dem IT-Markt. Es erhält Wahlfreiheit und ist somit nicht länger exklusiv gebunden.

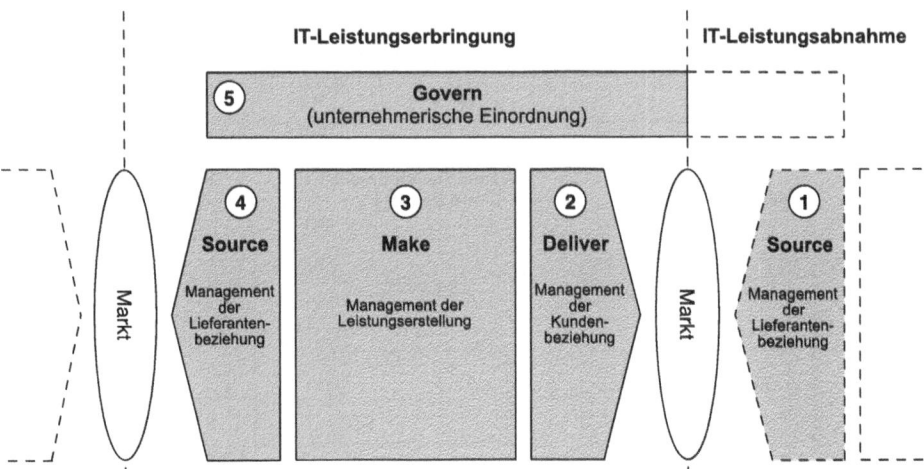

Abb. 2.7 Gesamtmodell des integrierten Informationsmanagements (IIM-Modell). (Zarnekow 2005, S. 68)

IT-Produkte bilden die Grundlage der Zusammenarbeit zwischen IT-Dienstleistern und Geschäftsbereichen (Zarnekow 2005, S. 17). Das Produkt ist per Definition eine Leistung, die Bedürfnisse befriedigt und einen Nutzen für den Kunden erzielt (Kotler 2002). Es wird beschrieben durch die Dimensionen „Art" (Funktionsumfang), „Qualität", „Preis" und „Menge". Entscheidend ist, dass das Produkt aus Sicht des Kunden, also der Geschäftsbereiche als Leistungsabnehmer, definiert ist (s. Zarnekow 2005, S. 17).

Das integrierte Informationsmanagement (IIM) beschreibt als Modell die zentralen Managementprozesse eines IT-Leistungserbringers, die zur Herstellung und Nutzung von IT-Produkten erforderlich sind. Darüber hinaus berücksichtigt es auch dessen Prozesse zum Einkauf von IT-Produkten, die er für seine Wertschöpfung benötigt (s. Zarnekow 2005, S. 66).

IT-Leistungserbringer und -Leistungsabnehmer bilden zwei Elemente einer Wertschöpfungs- und Lieferkette (Supply Chain) zur Erstellung und Nutzung von IT-Leistungen. Das Modell des integrierten Informationsmanagements basiert daher auf dem SCOR-Modell (Supply Chain Operations Reference) des Supply Chain Council (2003).

Das IIM-Modell fasst fünf zentrale Funktionsbereiche der IT-Leistungserbringung entlang der Grundstruktur des SCOR-Modells Source, Make, Deliver zusammen (s. Zarnekow 2005, S. 68 f.; Abb. 2.7):

1. Der *Source-Prozess des Leistungsabnehmers* umfasst alle zum Management der Lieferantenbeziehungen erforderlichen Aufgaben und bildet die Schnittstelle zum Leistungserbringer. Die seitens des Leistungsabnehmers eingekauften IT-Produkte fließen so in den Make-Prozess des Leistungsabnehmers ein.

2. Der *Deliver-Prozess des Leistungserbringers* umfasst alle Aufgaben des Kundenbeziehungsmanagements. Er ist die Schnittstelle zwischen der eigentlichen Leistungserstellung und dem Source-Prozess des Leistungsabnehmers.
3. Im *Make-Prozess des Leistungserbringers* sind alle Aufgaben zum Management der IT-Leistungserstellung zusammengefasst. Diese sind das Portfoliomanagement, das Entwicklungsmanagement und das Produktionsmanagement.
4. Kauft der Leistungserbringer Produkte oder Dienstleistungen bei Lieferanten ein, so übernimmt der *Source-Prozess des Leistungserbringers* das Management der Lieferantenbeziehungen und umfasst alle hierzu erforderlichen Aufgaben. Diese Leistungskette lässt sich nach beiden Seiten beliebig fortsetzen.
5. Der *Govern-Prozess* ist für die übergeordneten Führungsaufgaben, Organisationsstrukturen und Prozesse verantwortlich. Befinden sich Leistungserbringer und Leistungsanforderer im selben Unternehmen, kann eine übergeordnete Governance existieren, die für beide Seiten gültig ist.

Die Modelle des integrierten Informationsmanagements und des Business Engineerings ergänzen sich überschneidungsfrei, indem das IIM horizontal die Ebenen des Business Engineerings Strategie, Prozesse (Planung) und Umsetzung (Steuerung) integrieren kann. Beispielsweise zeigt sich innerhalb der vertikalen Source-Betrachtung die Detaillierung zu Sourcing-Strategie, Sourcing-Planung und Sourcing-Steuerung (s. Zarnekow 2005, S. 70).

Das IIM-Modell bildet das Grundgerüst eines industrialisierten Informationsmanagements. Es zeigt die wesentlichen Merkmale der Marktorientierung (Zarnekow 2005, S. 10), der Produktorientierung (Zarnekow 2005, S. 18), der industrialisierten IT-Leistungserstellung (Scheeg 2005), des integrierten Managements des Portfolios, der Entwicklung und Produktion (Zarnekow 2005, S. 37 f.) sowie der generellen Lebenszyklusorientierung eines Informationssystems von der Planung bis zur Deinstallation (Zarnekow und Brenner 2003).

Gartner entwickelt IT-Strategien im Rahmen seiner Executive Programs in den Gestaltungsebenen Demand, Control und Supply und orientiert sich damit ebenfalls am Gedanken einer IT-Wertschöpfungskette (s. Aron 2009). In der Umsetzung wird der geschäftliche Nutzen, der durch die IT erbracht wird, in den Vordergrund gestellt. Die IT-Strategie ist dabei ein integraler Bestandteil der Geschäftsstrategie und keine separate Einheit, die sich an der Geschäftsstrategie orientiert. Pearlson und Saunders (2013) erweitern die Verbindung aus Geschäfts- und IT-Strategie um die Organisationsstrategie zu einem Information Systems Strategy Triangle. Die Organisationsstrategie fasst dabei alle Fragen der Organisationsplanung zusammen.

Die Strategieentwicklung ist kein periodisches Projekt mit einem Strategiedokument als Ergebnis, sondern ein fortwährender Dialog innerhalb des Unternehmens (s. Aron 2009, S. 4; Abb. 2.8).

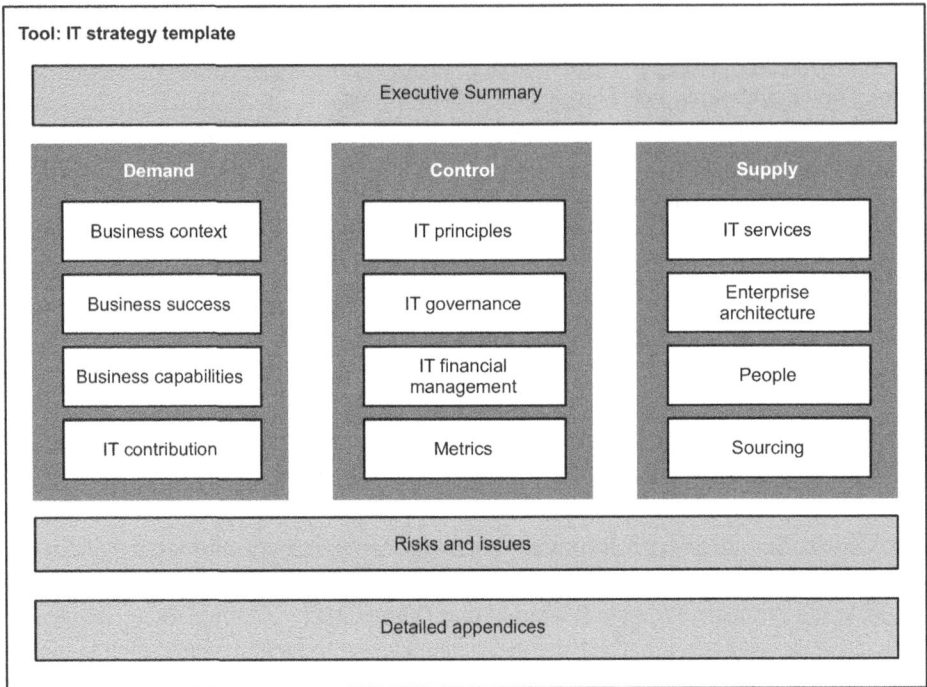

Abb. 2.8 IT strategy template. (nach Aron 2009, S. 5)

2.3.3 Transfer auf das Referenzmodell

Das Referenzmodell des strategischen Informationsmanagements für Großprojekte der Industrie basiert sowohl auf dem klassischen als auch auf dem integrierten Informationsmanagement.

Das klassische, statische Informationsmanagement nach Plan, Build, Run ist für Projekte mit kleiner, eigenständiger IT passend, da die IT-Leistungen schnell aufgebaut und direkt anwendbar sind. Die ergänzende Modellierung der Leistungen zu Services entfällt, was das IT-Management konzeptionell und zeitlich insbesondere zum Projektbeginn entlastet.

Alle Projekte der Fallstudienerhebung, die eine separate Projekt-IT losgelöst vom Konzernumfeld etablierten, arbeiteten auf IT-Projektbasis nach Plan, Build, Run [NOR, ELB, BOS].

Das integrierte Informationsmanagement mit Betrachtung der IT als IT-Dienstleister ist verstärkt für Unternehmen geeignet, die Projekte mit einer zentralisierten IT auf Konzernebene unterstützen. Der Hebel der Modellierung der IT-Leistungen zu IT-Produkten und -Dienstleistungen mit den Effekten der Effizienz- und Effektivitätssteigerung wirkt in besonderem Maß, da das IT-Leistungsportfolio jeweils auf eine Vielzahl gleichartiger Projekte anwendbar ist.

Projekte der Fallstudienerhebung [FOS, SHA], die Vorerfahrungen auf Konzernebene nutzen konnten, durch eine Konzern-IT unterstützt und somit industriell durch den Konzern umgesetzt wurden, stellten die IT-Dienstleistung gemäß dem IIM in den Mittelpunkt und arbeiteten nach IT-Produkt- und Servicekatalogen.

Hinsichtlich der untersuchten Projekte im Rahmen der Fallstudien zeigt sich analog zur Entwicklung im Unternehmenskontext eine Evolution, mit steigender Projekterfahrung seitens der Unternehmen, auch für die IT einen industrialisierten Ansatz gemäß IIM zu präferieren.

Das IT strategy template nach Aron (2009, S. 5) bildete die Grundlage zur Entwicklung des Fragebogens für die Fallstudie, der auf Basis des Modells alle Aspekte der IT erfasst und insbesondere im Bereich Anforderung/Demand einen hohen Bezug zur geschäftlichen Seite aus Gesamtprojektleitung und Fachbereichen herstellte.

Referenzmodell

Das Referenzmodell für das Projektinformationsmanagement übernimmt seine Gestaltungsebenen aus dem Modell des Business Engineerings. Seine inhaltliche Umsetzung basiert auf den klassischen Modellen des Informationsmanagements und dem integrierten Informationsmanagement (s. Zarnekow 2009). Wie die Analyse der Fallstudien zeigt, folgt aus der Industrialisierung der Projektumsetzung die Möglichkeit zur Industrialisierung der Projekt-IT zur Form eines IT-Dienstleisters für das Projekt.

Unter der Bezeichnung Projektinformationsmanagement werden gesamtheitlich alle IM-Aufgaben und -Ressourcen verstanden, die dem Gesamtprojektvorhaben zuzuordnen sind. Im Fall einer Projektgesellschaft mit eigenständiger IT entspricht dies der internen IT-Abteilung.

Das Referenzmodell für das Projektinformationsmanagement in Großprojekten der Industrie gliedert sich entlang den drei Gestaltungsebenen Strategie, Prozesse und Umsetzung (Abb. 3.1):

Die jeweils drei Teilaspekte der Ebenen fassen Erfahrungen zu projektcharakteristischen Erfolgsfaktoren zu einem zentralen Handlungsfeld für die Projekt-IT innerhalb des Großprojekts zusammen.

- Strategie: Die strategische Ebene umfasst die Unterstützung und Ergebnisse des Gesamtprojektmanagements, die Entwicklung einer Strategie für das Projektinformationsmanagement und den Ansatz zur Lösungsfindung der IT unter Berücksichtigung von Technologietrends und Risiken (Innovationsstrategie).
- Prozesse: Unter Einbezug der strategischen Aspekte sind die erfolgskritischen Handlungsfelder im Bereich der Prozesse die eigene Positionierung im Business-IT-Alignment, die Anwendung von Standards und Frameworks in der Prozessmodellierung, die Dimensionierung der IT-Budgets und die Zusammenarbeit mit der Einkaufsorganisation (Finanzmanagement).

G. Gemmel, *Strategisches Informationsmanagement in Großprojekten der Industrie*, DOI 10.1007/978-3-662-43423-9_3, © Springer-Verlag Berlin Heidelberg 2014

- Umsetzung: Die operative Umsetzung der getroffenen Strategievorgaben und Prozessvorlagen erfolgt mit dem Management der Informationssicherheit unter Einbezug der Risiken, dem Aufbau der Projektorganisation und der Integration von IT-Dienstleistern.

Auftraggeber, Anteilseigner und Projektleitung bestimmen das Gesamtprojektmanagement und wirken über dieses Handlungsfeld auf das Projektinformationsmanagement ein. Über den Aspekt Outsourcing werden IT-Dienstleister, Berater und die Konzern-IT in die IT des Projekts integriert.

Gemäß den Einflussfaktoren der Fallstudien existieren sechs charakteristische Einflussfaktoren auf das Projektinformationsmanagement. Diese bestimmen die Handlungsempfehlungen, Erfolgsfaktoren und Herausforderungen der zentralen Handlungsfelder. Dabei wird ein Handlungsfeld nicht von jedem Einflussfaktor bestimmt, sondern typischerweise nur von einer definierten Auswahl (Abb. 3.2).

Jedes Handlungsfeld wird nach einem einheitlichen Schema gemäß seiner Einordnung und Definition, seinen Aufgaben, Rollen und Standards, seinen Einflussfaktoren, seinen Handlungsfeldern und seinen Erfolgsfaktoren und charakteristischen Herausforderungen im Rahmen dieses Referenzmodells detailliert.

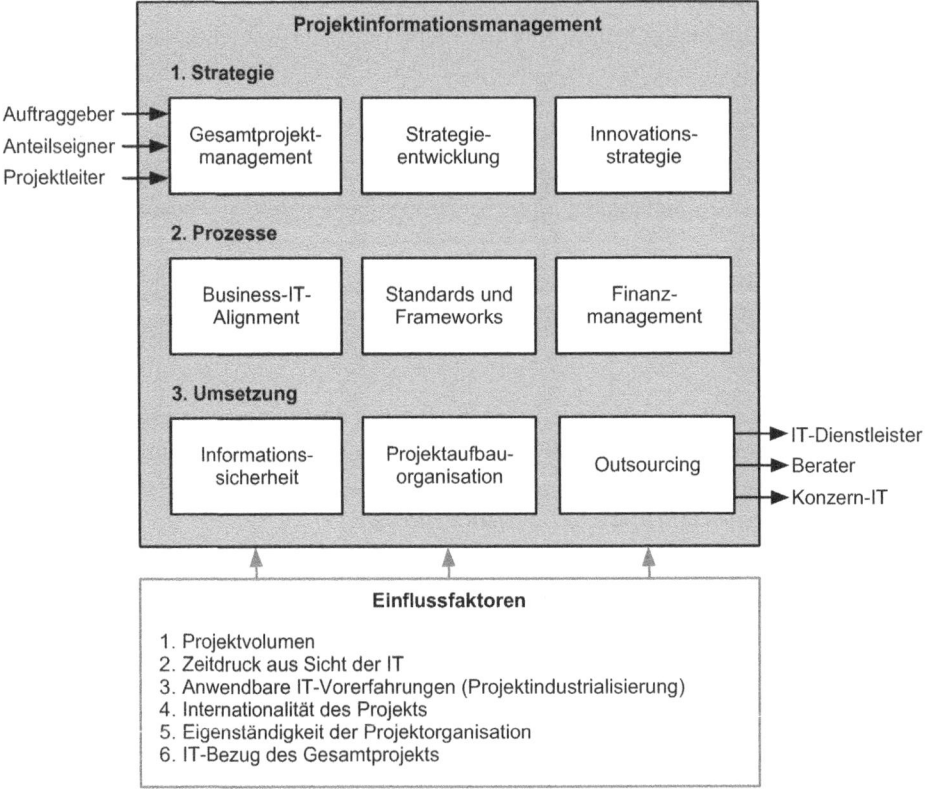

Abb. 3.1 Übersicht des Referenzmodells

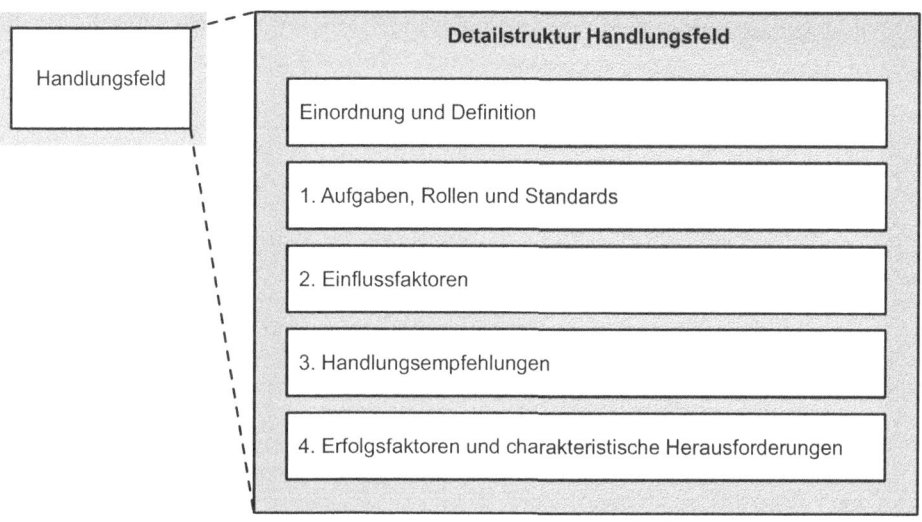

Abb. 3.2 Detailstruktur Handlungsfeld

3.1 Strategie

3.1.1 Gesamtprojektmanagement – Unterstützung und Ergebnisse des Gesamtprojektmanagements

Der geschäftliche Projektkontext definiert die Gesamtprojektzielsetzung, den organisatorischen Rahmen, in dem das Projekt agiert, und berücksichtigt dabei die Interessen der Anteilseigner und des Auftraggebers.

Die Aktivitäten in diesem Bereich sind typischerweise nur indirekt durch die IT zu beeinflussen. Die in den Abstimmungsprozessen des Gesamtprojektmanagements getroffenen Entscheidungen haben jedoch große Auswirkung auf die Inhalte, die Umsetzungsgeschwindigkeit und die Budgets der IT über den gesamten Projektverlauf hinweg. Die Erfahrungen der IT setzen daher beim Gesamtprojektmanagement als Ausgangspunkt der ersten Anforderungen an (s. Zarnekow 2007, S. 208). Unter dem Gesichtspunkt, dass jedes sechste IT-Projekt sein Budget um ca. 200 % überschreitet (Flyvbjerg und Budzier 2011) wird deutlich, dass scheiternde IT-Projekte verheerende Auswirkungen für den Gesamtprojekterfolg haben können.

Das geschäftliche Projektumfeld, in dem sich die IT bewegt, ist dabei auf Grund steigender Unsicherheit in den internationalen Finanzmärkten, schwankenden Konsumverhaltens und kürzerer Produktlebenszyklen zunehmend volatil. Unternehmen fördern daher ihre Fähigkeit, auf Veränderungen zu reagieren, die nachfolgend durch eine hohe IT-Flexibilität zu begleiten sind. Neben der Ausrichtung der IT am Gesamtprojektmanagement kommt so dem Aspekt Agilität, definiert als Fähigkeit, Chancen und Gefahren ungezwungen, schnell und gewandt zu erkennen und auf sie zu reagieren, eine vergleichbare Bedeutung zu (s. Tallon und Pinsonneault 2011, S. 464).

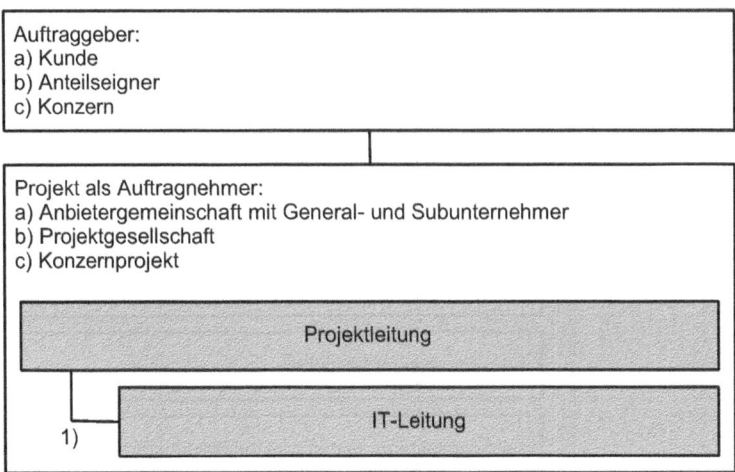

Abb. 3.3 Externe und interne Rollen des Gesamtprojektmanagements

Die Fallstudie Digitalfunk BOS zeigt, dass für den Fall, dass das Projekt selbst ein IT-Projekt ist, sich die Rollen des CIO und CEO annähern. In diesem Fall nimmt die IT am Gesamtprojektmanagement teil und ist darüber auch in die Abstimmungsprozesse mit dem Kunden eingebunden [s. BOS]. Eine analoge Organisationsstruktur ergibt sich, wenn der CEO gleichzeitig die IT-Aufgaben wahrnimmt, wie im Beispiel Elbphilharmonie Hamburg.

3.1.1.1 Aufgaben, Rollen und Standards

Hinsichtlich der Aufgaben und Rollen sind eine externe und eine interne Projektsicht zu unterscheiden (Abb. 3.3).

Auftraggeber/Auftragnehmer: Extern besteht ein Projektvertrag zwischen dem Auftraggeber und dem Auftragnehmer für das Projekt. Der Auftraggeber ist a) ein Kunde [FOS], b) Anteilseigner [NOS] oder c) die Konzernmutter [ELB]. Das Projekt besteht entweder in Form einer a) Anbietergemeinschaft aus General- und Subunternehmer [BOS], b) Projektgesellschaft [NOS, SHA (LINARCO)] oder c) als Konzernprojekt [ELB, FOS, SHA (Dresden)]. Diese Zuteilung der Fallstudien definiert sich dabei weniger durch die gesellschaftsrechtliche Projektstruktur als durch die bestehende gegenseitige Abhängigkeit (Abb. 3.4).

Anbietergemeinschaft: Ist das Projekt als Anbietergemeinschaft organisiert, existiert ein Generalunternehmer, der die alleinige Kommunikationsschnittstelle zwischen dem Kunden und mehreren Anbietern wahrnimmt. Seine Aufgabe ist es, das Gesamtprojekt zu steuern, den Kunden zu betreuen und Anforderungen und Erwartungen mit ihm abzustimmen. Diese wiederum stimmt er intern mit den Subunternehmern ab und vertritt die Interessen der Subunternehmer gegenüber dem Auftraggeber [BOS, 103].

Die projektinterne Sichtweise unterscheidet die Rollen Projektleitung und IT-Leitung. Das Referenzmodell geht in Abschn. 3.2 auf die verschiedenen Varianten der Zusammenarbeit ein.

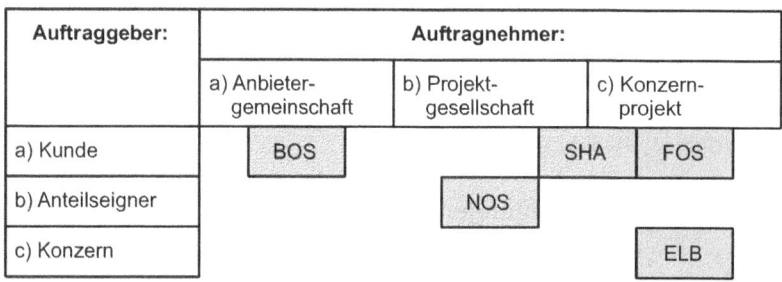

Auftraggeber:	Auftragnehmer:		
	a) Anbieter-gemeinschaft	b) Projekt-gesellschaft	c) Konzern-projekt
a) Kunde	BOS		SHA FOS
b) Anteilseigner		NOS	
c) Konzern			ELB

Abb. 3.4 Externe Rollen der Fallstudien

Projektleitung: Die Projektleitung ist für das Gesamtprojektmanagement verantwortlich und hat im Fall von mehreren Anbietern die Aufgabe, die Teamzusammenstellung zu regeln und dabei Hierarchiebarrieren zwischen General-, Subunternehmer und weiteren Projektteilnehmern abzubauen [s. BOS]. Bruhl und Meier (2011) schlagen hierfür vor, ein einheitliches Zielsystem zu verwenden, das auf die einzelnen Abteilungen des Projekts bzw. der Unterprojekte zu übertragen ist. Ist das Projekt eine rechtlich eigenständige Einheit, wie im Beispiel Nord Stream, so ist die Projektleitung gleichzeitig Geschäftsführung/CEO der Projektgesellschaft.

IT-Leitung: Neben der Projektleitung bündelt die Rolle der IT-Leitung alle Aufgaben des Informationsmanagements. Diese nimmt verantwortlich [ELB], beratend [NOS] oder informativ [NOS] am Gesamtprojektmanagement teil. Ihr Mehrwert ergibt sich durch die Bewertung von Projektanforderungen und –risiken aus informationstechnischer Sicht, die als Teil der Gesamtprojektplanung erfolgt [s. BOS, 82]. Im Fall einer Projektgesellschaft entspricht die Rolle der IT-Leitung typischerweise der eines CIOs [s. NOS].

3.1.1.2 Einflussfaktoren

Zeitdruck aus Sicht der IT
Steht das Projekt unter einem hohen Zeitdruck, kann dies schnelle Entscheidungen der Projektleitung provozieren, ohne die IT vorab einzubeziehen. Die Erfahrungen der IT zur technischen Bewertung von Vertragsoptionen (Machbarkeit, Zeitbedarf, Kosten) können so nicht die erforderliche Berücksichtigung finden. Abweichungen von der Projektplanung werden in Zukunft, mit zunehmendem Projektfortschritt, wahrscheinlich.

Anwendbare IT-Vorerfahrungen (Projektindustrialisierung)
Sind wenige oder keine IT-Vorerfahrungen vorhanden, müssen Annahmen getroffen werden, die erwartungsgemäß bei wenig Erfahrungen einer höheren Fehlerquote unterworfen sind.

Eine frühe Zusammenarbeit zwischen Projektleitung und IT ist umso entscheidender, je weniger Vorerfahrungen vorhanden sind [BOS, 82].

IT-Bezug des Gesamtprojekts
Ist das Gesamtprojekt IT-nah, hat die IT automatisch einen höheren Einfluss am Gesamtprojektmanagement. Aus dieser Rolle wächst auch eine höhere Verantwortung für den Gesamtprojekterfolg [s. BOS, 82].

3.1.1.3 Handlungsempfehlungen

Einbinden des Auftragnehmers und der IT in die Vertragsgestaltung Der Auftragnehmer und seine IT sollten früh in die Vertragsgestaltung des Auftraggebers (unter anderem
in die Lastenhefterstellung) eingebunden werden, um den erforderlichen Grad der Detaillierung und die technische Machbarkeit früh zu prüfen und gegebenenfalls Alternativen
vorzuschlagen.

Nutzung von Vorerfahrungen Vorerfahrungen sollten, falls vorhanden, genutzt werden,
um die Dimensionierung der IT hinsichtlich Mitarbeiter und Budgets korrekt zu planen
[ELB, 104]. Zum Projektstart sollten in diesem Zuge auch der IT-Bezug und die Relevanz
der IT für das Gesamtprojekt festgelegt werden [SHA, 154]. Ist diese als hoch zu bewerten,
ist eine Positionierung als eigenes Gewerk möglich [SHA, 154]. Ebenso ist eine Bündelung
der IM-Aufgaben als Managementfunktion innerhalb der Projektleitung denkbar [ELB,
BOS].

Kontinuierliche Identifikation der Risiken Im Rahmen der IT-Planung gilt es relevante
Risiken zu identifizieren und zu bewerten. Vor allem langfristige IT-Projekte, welche meist
durch ein dynamisches Umfeld im Projektverlauf maßgeblich beeinflusst werden, können
durch einmalige Ex-ante-Bewertungen allein sicher nicht sinnvoll bewertet werden (Buhl
2012, S. 53). Dies trifft auf dynamische Projektumfelder in besonderem Maße zu. Es ist
daher zu empfehlen, die Bewertungen auch im Projektverlauf zu hinterfragen und gegebenenfalls anzupassen (s. Buhl 2012, S. 55).

Berücksichtigung des Übergangs vom Bau in den Betrieb In Projekten, in denen der
Bau in einen Betrieb übergeht, sollte darauf hingearbeitet werden, beide Projektphasen
umzusetzen, da für die Planung des Baus so auch Betriebsaspekte berücksichtigt werden
können. Dieser gesamtheitliche Blick auf das Projekt sollte seitens des Kunden als Vorteil dargestellt werden. Hinsichtlich der IT führt dies zu einem geringeren Aufwand an
Systemschnittstellen, da ein durchgängiger Bau-Betriebs-Prozess abgebildet werden kann
[ELB, 105].

Ansatz des Genehmigungslevels gemäß Projektinternationalität Sind Genehmigungsverfahren für das Gesamtprojekt erforderlich, sollten diese auf der politischen Ebene
ansetzen, die alle betroffenen Staaten bzw. Projektpartner gemäß der Internationalität des
Projekts erfasst. Der Genehmigungsprozess kann durch ein Grievance-Management-System der IT unterstützt werden, das Anfragen zentral erfasst und diese in einheitlicher,
abgestimmter Form beantwortet [NOS, 134]. Die Fallstudie Nord Stream setzt dies mit der

Anwendung der Espoo-Konvention auf europäische Ebene um [NOS, 134], während die Fallstudie Elbphilharmonie Hamburg dies auf städtischer Ebene in der Zusammenarbeit mit der ReGe Hamburg Projekt-Realisierungsgesellschaft mbH verdeutlicht [ELB, 100].

Zentralisierung der IT   Eine zentrale Position der IT-Governance-Literatur zeigt eine Verbindung der Unsicherheit der Umweltbedingungen zur Dezentralisierung der IT-Governance: Steigender Unsicherheit kann mit einer dezentralen IT begegnet werden, um Planungsabweichungen lokal aufzufangen (s. Brown und Magill 1994; Brown 1997). Das Projekt bietet auf Grund der reduzierten Organisationsgröße intern nicht die Möglichkeit, IT dezentral zu verteilen – keines der untersuchten Beispiele zeigte derartige Tendenzen und insbesondere auch nicht Projekte, die mehrere geographisch verteilte Produktionsstandorte verbanden [NOS, BOS]. Daher ist im Projektumfeld von einer zentralisierten IT auszugehen. Der Vorteil der lokalen, unmittelbaren Reaktionsmöglichkeit der IT scheint für Projekte schwächer zu wiegen als die Möglichkeiten der Kontrolle und Steuerung im Rahmen einer zentralen IT (Xue et al. 2011).

3.1.1.4   Erfolgsfaktoren und charakteristische Herausforderungen
Verlässlichkeit der Projektplanung in öffentlichen Ausschreibungen
Entstammt das Projekt einer öffentlichen Ausschreibung, ist die beratende Unterstützung der Auftragsvergabe aus Gründen der Befangenheit problematisch. Gelöst werden kann dies durch ein separates Beratungsvorprojekt, dem nachgelagert davon unabhängig die Entscheidung zur Projektumsetzung folgt [s. BOS, 82].

Abwägung der Leistungsinhalte nach Qualität, Zeit und Kosten
Die vom Projekt geforderten Leistungsinhalte können in Umsetzungsqualität, Zeit und Projektkosten differenziert werden. Zwischen allen Zielen bestehen Abhängigkeiten, beispielsweise wird eine hohe Umsetzungsqualität in geringer Zeit zu höheren Kosten führen. Das Gesamtprojektmanagement und die IT sollten eine klare Vereinbarung über die Priorisierung der Leistungen haben, da nicht alle Faktoren gleichzeitig zu optimieren sind. Typischerweise ist eine schlanke technische Realisierung vorzuziehen [s. BOS, 21].

Überschneidungsfreie Verantwortung in Anbietergemeinschaften
Im Fall einer Anbietergemeinschaft liegt ein typisches Problem in der Aufteilung der Teilprojektverantwortlichkeiten. Diese sollten überschneidungsfrei definiert und zugewiesen werden. Ein Anbieter sollte die alleinige Kommunikationsschnittstelle sein, um gegenüber dem Kunden einheitliche Aussagen zu treffen. Die projektinterne Kommunikation sollte jedoch gleichberechtigt erfolgen, um den Teamcharakter zu stärken [BOS, 85]; geringe Kommunikation bei mehreren Auftragnehmern/Anbietern in Partnerschaft. Die Lösung besteht in einer klaren Aufgabenzuteilung [BOS, 85]. Analog gilt dies für eine über alle Projektteilnehmer einheitlich abgestimmte Pressearbeit, insbesondere bei Projekten, die unter hoher öffentlicher Aufmerksamkeit stehen [ELB, 105].

Vertragliche Einigung mit Beginn der Umsetzung
Die vertraglichen Vereinbarungen sollten vor der technischen Umsetzung abgeschlossen sein. Sind Anforderungen noch nicht detailliert bekannt, können sie im weiteren Projektverlauf verfeinert werden. Nur auf Basis einer klaren Leistungs- und Aufgabenbeschreibung kann die technische Umsetzung durch die IT definiert werden. Der Aufwand, immer wieder von vorne zu beginnen, erscheint unwirtschaftlich [BOS, 85].

Gemeinsames Verständnis des Projektziels in der Anbietergemeinschaft
Den Vertragsbeziehungen zwischen Auftraggeber und den Projektteilnehmern sollten im Fall einer Anbietergemeinschaft einheitliche Verträge zugrunde liegen [s. ELB, 107]. Buhl und Meier (2011, S. 60) weisen darauf hin, dass die fehlende Abstimmung von Unternehmens- und Projektzielen das Scheitern der IT provoziert, da unterschiedliche Erwartungen und Zielvorstellungen seitens der Vertragspartner vorliegen.

Buhl und Meier (2011, S. 60) favorisieren dabei einen möglichst frühen Einbezug der IT in das Gesamtprojektmanagement, indem sie zeigen, dass die Abhängigkeit zu anderen Projekten sowie die Rolle des Projekts im Unternehmen als Erfolgsfaktor für die IT zu bewerten sind.

Berücksichtigung von IT-Risiken in der Gesamtprojektplanung
Das Phänomen der „Black Swans"[1] kann insbesondere bei IT-Projekten eine verheerende Wirkung haben. Eine Hauptursache liegt in der Projektplanung, in der die Risiken der IT-Nutzung nicht hinreichend genug erkannt und berücksichtigt wurden (s. Buhl 2012). Die Fallstudien zeigen hierzu Beispiele wie die Projektneuausrichtung auf das ITIL-Framework zur Projektmitte [s. BOS].

Die Abschätzung von Risiken erfolgt subjektiv durch die Mitarbeiter der IT, die diese häufig zu optimistisch auslegen und wesentliche Einflussfaktoren auf die IT nicht identifizieren. Um ein vollständiges Bild der Einflussfaktoren und Abhängigkeiten zwischen der Gesamtprojektplanung und den IT-Projekten zu erhalten, sollte die IT-Organisation ein nachgefragter Bestandteil der Gesamtprojektplanung sein (s. Buhl 2012, S. 53).

3.1.2   Strategieentwicklung – Entwicklung einer Strategie für das Projektinformationsmanagement

Eine zentrale Bestrebung der IM-Strategieforschung ist stets die Ausrichtung der Geschäfts- und IM-Strategien von Unternehmen zur Erzielung überdurchschnittlicher Leistung gewesen (Henderson und Venkatraman 1993). Übertragen auf Großprojekte der Industrie ist folglich der Zweck der IM-Strategieentwicklung die optimale Umsetzung des Gesamtprojektes hinsichtlich der Ziele Zeit, Budget und Qualität.

---

[1] Black Swan: Ergebnis, das unvorhersehbar ist, weitreichende Auswirkungen hat und selten auftritt (s. Kendrick 2008).

Die Strategieentwicklung bündelt alle Schritte zur Planung und Abstimmung der Informationsmanagementaktivitäten über den Gesamtprojektverlauf. Ihre Dokumentation ist die Grundlage zur Abstimmung und Kommunikation der IT-Zielvorhaben und Maßnahmen. Earl (1989) schlägt hierzu vor, die Fragen zu beantworten, was getan werden soll, wie es getan werden soll und wer es tun soll.

Im Gegensatz zur Unternehmensstrategie, die einer langen Lehrtradition folgt, scheut die IM-Strategie die exakte Erklärung, was IM-Strategie ist, wie sie mit der Unternehmensstrategie zu vereinheitlichen ist oder wer in den Definitionsprozess eingebunden sein sollte (Chen et al. 2010).

3.1.2.1 Aufgaben, Rollen und Standards

- Projektleitung: Die Projektleitung informiert über den Projektvertrag, die Projektstrategie und Compliance-Anforderungen. Sie ist Abstimmungspartner der IM-Strategie und bestätigt diese.
- Produktmanager: Erfolgt die Entwicklung der IM-Strategie losgelöst von einem konkreten Projekt, nimmt die Rolle der Projektleitung der Produktmanager ein, der verantwortlich über das Referenzdesign eines Produkts entscheidet. Dieses ist die exemplarische Vorlage für die IT.
- IT-Leitung: Die IT-Leitung ist verantwortlich für die Entwicklung einer Informationsstrategie. Sie bestimmt die Intervalle, in denen eine Aktualisierung der IM-Strategie zweckmäßig ist.
- Leitung und Mitarbeiter der Fachbereiche: Existieren Strategiedokumente und Richtlinien der Fachbereiche, stellen die Fachbereiche ihre Vorgaben der IT zur Verfügung. Sind in der Informationsmanagementstrategie Fachbereiche tangiert, werden ihre Anforderungen z. B. in Form von Experteninterviews mit einbezogen (Finanzen, Einkauf, Projektbüro, Engineering, …) [s. NOS].
- Anwender, Dienstleister, Mitarbeiter der IT, …: Die Gruppe der Anwender erteilt Feedback aus der Projektumsetzung, das zur Optimierung in eine nachfolgende, aktualisierte IM-Strategie einfließen kann.

3.1.2.2 Einflussfaktoren
Projektvolumen

Bei großen oder sehr großen Projektvorhaben wird zur Bewältigung der gesteigerten Aufgabenkomplexität die Erstellung einer Strategie erforderlich. Gleichzeitig sind die Aufwände der intensiven strategischen Planung, Abstimmung und Dokumentation als Teil des Gesamtbudgets gesehen zu vernachlässigen [s. NOS], obwohl deren Beitrag überdimensional nützlich bis hin zu unabdingbar ist.

Ist das Projekt sehr klein, ist sein Inhalt sehr IT-nah oder verschmelzen die Aufgaben der Projektleitung und der IT-Leitung, kann auf ein eigenständiges Strategiedokument als Hilfsmittel zur Abstimmung verzichtet werden [BOS, 89], obwohl diese dennoch als projektindividuelle Strategie sinnvoll ist.

IT-Bezug des Gesamtprojekts
Ist das Projekt selbst als IT-Projekt zu bewerten, verschmelzen Projekt- und IT-Strategie
zu einer Gesamtprojektstrategie. Ihr kommt infolgedessen eine besonders hohe Bedeutung
zu [s. BOS].

Anwendbare IT-Vorerfahrung (Projektindustrialisierung)
Stehen dem Projekt anwendbare IT-Vorerfahrungen aus vergleichbaren Projekten zur Verfügung, profitiert davon die Entwicklung der IM-Strategie, da sie bereits zum Projektstart
sehr zielgenau formuliert werden kann. Fehlen diese Vorerfahrungen, können gezielte
Annahmen getroffen werden, die im Projektverlauf, mit zunehmendem Kenntnisstand,
präzisiert werden [s. NOS].

Die Strategieentwicklung kann vom Projekt losgelöst erfolgen, wenn die IT auf Konzernebene zentralisiert ist und Projekte als Produkt industrialisiert umsetzt [s. FOS].

3.1.2.3   Handlungsempfehlungen
Die IM-Strategie ist Grundlage und Instrument zur Ausrichtung des Geschäfts und der IT
(s. Luftman 2009). Tallon und Pinsonneault (2011, S. 479) zeigen, dass eine enge Ausrichtung beider Bereiche die Flexibilität der IT, anders als es zu erwarten wäre, fördert, und
dies unabhängig von der Volatilität des Marktumfeldes. Es zeigt sich, dass die Ausrichtung
von einem gemeinsamen Wissensaustausch profitiert, Manager des Geschäfts und der IT
ein gemeinsames Verständnis von Chancen und Gefahren entwickeln und infolgedessen
ihre Reaktion aufeinander abstimmen. Die Abstimmungsergebnisse fließen in ein IM-
Strategiedokument ein. Die zur Umsetzung der Projekt- und IM-Strategie eingeführten
Kontrollmechanismen sollten systemunterstützt erfolgen, um eine zuverlässige Planung
und Vorhersagen durch das Management zu ermöglichen (s. Li et al. 2012).

Für die Entwicklung der IM-Strategie existieren zwei zu differenzierende Handlungsempfehlungen, die sich je nach Umfang der anwendbaren IT-Vorerfahrungen (Projektindustrialisierung) unterscheiden (Abb. 3.5).

Geringe Vorerfahrungen   Im Fall von keinen bis wenigen Vorerfahrungen der IT sollte
eine projektindividuelle IM-Strategie entwickelt werden. Idealerweise basiert diese auf
einer Corporate-Strategie für das Projekt, die aber in der generalisierten Betrachtung nicht
als gegeben vorausgesetzt werden kann. Die Corporate/Business Strategy gibt im traditionellen Modell der Strategieentwicklung (s. Woolfe et al. 1999) die Richtung für die System-
und IT-Strategie vor. Über den traditionellen Ansatz hinaus sollte die IT die zukünftigen
Möglichkeiten des Geschäfts durch den Einsatz von Informationstechnologie mitgestalten.
Dies führt dazu, dass sich Geschäft und IT hinsichtlich ihrer Strategieentwicklung aufeinander abstimmen und nicht strikt dem alten Modell – Geschäft zuerst und dann IT – folgen sollten (s. McNurlin et al. 2009, S. 136).

Die IM-Strategieentwicklung kann im Projektumfeld auf dem Projektvertrag, Strategie-
dokumenten und Richtlinien der Fachbereiche, Compliance-Anforderungen und Ergebnissen aus Experteninterviews ansetzen [s. NOS, 137]. Liegen Vorerfahrungen aus ähnlichen Projekten vor, können diese Anwendung finden, sonst sind Annahmen zu treffen,

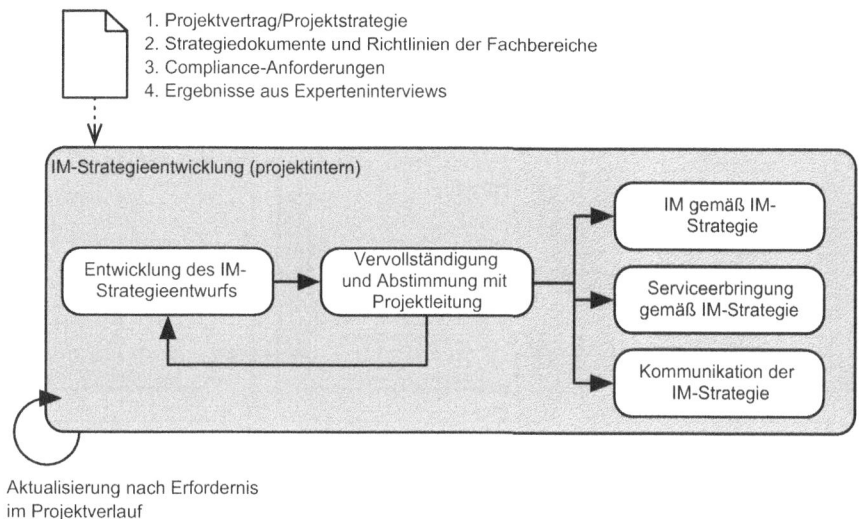

1. Projektvertrag/Projektstrategie
2. Strategiedokumente und Richtlinien der Fachbereiche
3. Compliance-Anforderungen
4. Ergebnisse aus Experteninterviews

IM-Strategieentwicklung (projektintern)

Entwicklung des IM-Strategieentwurfs

Vervollständigung und Abstimmung mit Projektleitung

IM gemäß IM-Strategie

Serviceerbringung gemäß IM-Strategie

Kommunikation der IM-Strategie

Aktualisierung nach Erfordernis
im Projektverlauf

Abb. 3.5 Projektindividuelle IM-Strategie

die fehlende Inhalte unter den bekannten Vorgaben ergänzen [s. NOS, 137]. Der Entwurf
wird in einem zweiten Schritt mit der Projektleitung vervollständigt und abgestimmt, um
die definierte Planungsbasis zu verifizieren. Diese ist nun Ausgangspunkt zur Anwendung
der IM-Strategie, zur Umsetzung der Serviceerbringung und zur Kommunikation der
IM-Strategien gegenüber den Fachbereichen [s. NOS, 137]. Nach Erfordernis ist die IM-
Strategie im Projektverlauf zu aktualisieren oder auf Basis erweiterter Informationen zu
detaillieren und zu aktualisieren [NOS, 138].

Die Ergebnisse und Erfahrungen der projektindividuellen IM-Strategie sollten nach
Möglichkeit in weiteren, ähnlichen Projekten genutzt werden [s. NOS, 138]. Diese finden
sich häufig im Unternehmensverbund eines Anteilseigners oder der Anteilseigner. So gelingt der Einstieg in die industrialisierte Projektdurchführung, die eine höhere Effektivität
der Planungsinhalte und Effizienz der Planungsaufwände ermöglicht (Abb. 3.6).

Umfassende Vorerfahrungen Ein hoher Grad an Projektindustrialisierung ermöglicht
die vorbereitete Entwicklung einer IM-Strategie und ihre standardisierte Anwendung auf
die Projekte. Die zentrale IM-Strategieentwicklung basiert auf dem Design eines generischen Referenzprodukts, das in dieser Form nicht gebaut wird, aber alle typischen Merkmale enthält [s. FOS, 120]. Die IM-Strategieentwicklung unterscheidet dabei zwischen der
Entwicklung der Referenz-IM-Strategie und der Entwicklung des Referenz-IT-Leistungs-
katalogs. Die IT-Leistungen sind darin modular aufgebaut und gemäß dem Referenzprodukt vorbereitet [s. FOS, 120]. Zur Projektvorbereitung werden die Referenzdokumente
zur projektindividuellen IM-Strategie und zum projektindividuellen IT-Leistungskatalog
auf Basis eines Lastenhefts weiterentwickelt. Ergebnis der Projektvorbereitung ist die IT-
Setup-Planung, die alle Maßnahmen der ersten Projekttage für die IT zusammenfasst [s.
SHA, 157]. Darin sind die Unterschiede zum Referenzdesign und weitere Randbedingungen und Kundenanforderungen berücksichtigt [s. FOS, 120]. Die Anwendung der Projekt-

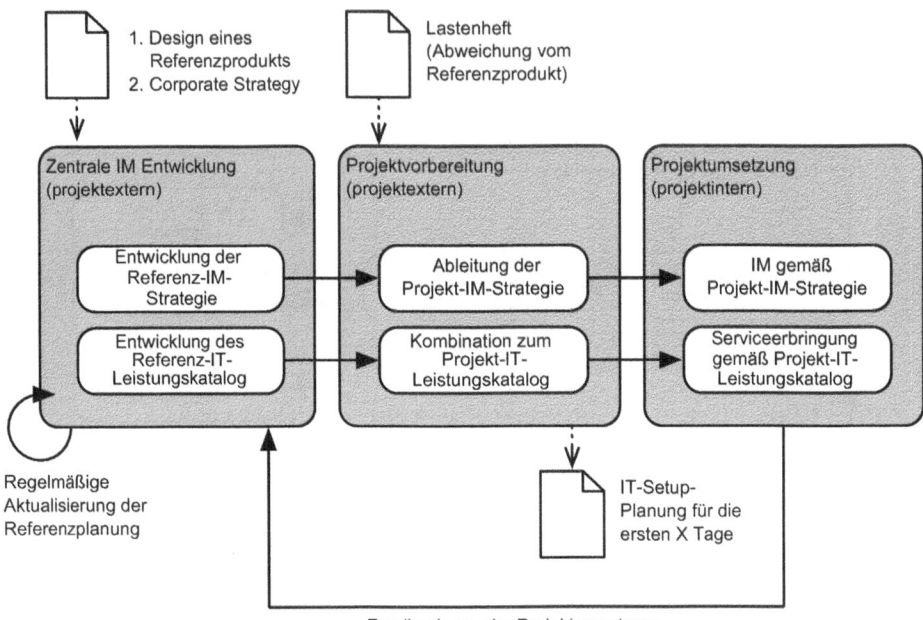

Abb. 3.6 Vorbereitete IM-Strategie

IM-Strategie und der Abruf von Leistungen aus dem Projekt-IT-Leistungskatalog erfolgen projektintern unter Rückmeldung von Ergebnissen zur Qualitätssicherung an die zentrale IM-Strategieentwicklung [s. FOS]. Die Referenzplanung ist regelmäßig und unabhängig von der Projektumsetzung nach den Vorgaben des Referenzprodukts und der Corporate Strategy zu aktualisieren [s. FOS, 121].

Zwischen beiden aufgezeigten Ansätzen sind Mischformen denkbar, die beispielsweise den ersten Schritt der Referenz-IM-Strategie überspringen und direkt bei der Entwicklung einer Projekt-IM-Strategie einsteigen [s. SHA, 157].

Hat das Gesamtprojekt einen hohen IT-Bezug oder sind die Projektleitung und die IT-Leitung in einer Position zusammengefasst, kann die IM-Strategie in einer Gesamtprojektstrategie aufgehen. Diese kann beispielsweise zusammen mit dem Kunden im Projektvertrag dokumentiert werden, der so den Charakter einer Unternehmensstrategie für das Projektvorhaben erhält [BOS, 90]. Der Projektvertrag beinhaltet damit die erforderlichen strategischen Aspekte des IM [BOS, 90].

3.1.2.4 Erfolgsfaktoren und charakteristische Herausforderungen
Formulierung der IM-Strategie zum Projektstart

Die IM-Strategie sollte möglichst zum Projektbeginn vorliegen oder zu diesem Projektstatus entwickelt werden. So kann sie auch als Instrument zur Förderung der internen IM-Wahrnehmung gegenüber den Fachbereichen beitragen und die eigene Argumentation strategisch unterstützen [s. NOS, 138]. Die inhaltliche Definition bzw. Anpassung ausgehend von der Referenz-IM-Strategie gelingt durch die frühe Integration der Experten aus den Fachbereichen [SHA, 157].

Vorbereitete Planung des Projektstarts

Im industrialisierten Projektansatz ist die IT mit einem IT-Setup-Plan bestmöglich auf den charakteristischerweise hektischen Projektstart vorbereitet und kann sich zu Beginn auf den operativen Aufbau der IT-Infrastruktur konzentrieren [s. FOS, 120; SHA, 157]. Dieser Plan benennt die erforderlichen Erstaktivitäten (z. B. über einen Zeitrahmen von 90 Tagen ab Projektbeginn) und definiert ihre Zeitpunkte der Umsetzung [SHA, 157]. Als Teil der Leistungsbeschreibung des Gesamtprojekts erhält der Plan gegenüber den Anteilseignern/ dem Auftraggeber zusätzlich vertraglichen Charakter [s. SHA, 147]. Die Strategieprozesse nach den Konzernvorgaben verlaufen so unabhängig vom Projekt und das Projekt wird nicht durch die typischerweise längeren Abstimmungszyklen auf Konzernebene blockiert [s. FOS, 121].

Positionierung der IT im Unternehmen

Eine dokumentierte IM-Strategie dient über die interne Planung hinaus auch zur Darstellung des IM- und IT-Portfolios gegenüber den Fachbereichen und trägt so zur Stärkung der internen Positionierung der IT als Prozessintegrator bei. Damit gelingt es, die typischerweise technische Sicht im industriellen Projektumfeld des IM zu korrigieren und die IT als Lösungsanbieter auf Augenhöhe darzustellen [s. NOS, 138].

Flexible Reaktion auf Änderungen

Eine einheitliche IM-Strategie synchronisiert einerseits die Unternehmensziele, Geschäftsabläufe und Technologie (s. SAP 2010, S. 2) und macht andererseits alle Bereiche des Unternehmens für die IT transparent (SAP 2010, S. 3). Das IM ist gefordert, auf Änderungen der Ziele und Abläufe während des Projektverlaufs flexibel reagieren zu können [ELB, 107]. Hieraus folgt, dass einerseits die IM-Strategie den Punkt Flexibilität hinsichtlich der Anpassungsfähigkeit inhaltlich berücksichtigen sollte, aber auch selbst einem Änderungsmanagement über den gesamten Projektverlauf hinweg unterworfen sein sollte. Die Voraussetzung hierfür ist die Akzeptanz, das Leistungsvermögen der IT und des Gesamtprojekts an ein sich schnell veränderndes externes Umfeld anzupassen (s. Tanriverdi 2010, S. 828). Zu berücksichtigen ist einerseits eine Ausweitung der IT, aber auch eine Reduktion aller Ressourcen mit zunehmendem Maß der Fertigstellung der Projektziele.

Detaillierung der IM-Strategie im Projektverlauf

Typischerweise sind vielen Themen der IT-Strategie zu Projektbeginn noch nicht vollständig bekannt oder ist die Entwicklung der Inhalte noch nicht möglich. Zur Beschleunigung der frühen Projektphase können die Themen auch im Projektverlauf zu einem zweckmäßigen Zeitpunkt nachträglich entwickelt, dokumentiert und abgestimmt werden [s. BOS]. Da zu Projektbeginn noch nicht alle organisatorischen und konzeptionellen Vorgaben bekannt sind, liegt die Herausforderung in diesem Projektstatus darin, gezielte Annahmen und Ableitungen auf Basis der bekannten Dokumentation zu treffen und diese im weiteren Projektverlauf zu präzisieren. Experteninterviews können methodisch diesen Vorgang unterstützen und die Erfahrungen von Einzelpersonen so integrieren [s. NOS, 137].

Modulare, serviceorientierte Konzeption nahe am Standard

Kommt es im Projektverlauf zu geschäftsseitigen Veränderungen, wird eine Neuaufstellung der IT-Ressourcen wahrscheinlich. Serviceorientierte und modulare IT-Architekturen ermöglichen heute diese Neuaufstellung seitens der IT zu begleiten (Ross et al. 2006). Diese modulare Sichtweise, formuliert in einem Leistungskatalog, ist damit insbesondere für Projekte, die häufigen Änderungen unterworfen sind, eine zielführende Strategie.

Die industrialisierte Projektumsetzung entfaltet genau dann ihre Effizienz, wenn sie sich in der IM-Strategieentwicklung und ihrem Leistungskatalog möglichst nahe am Referenzstandard orientiert. Gelingt dies nicht, ist jede Anforderung über einen Change Request zu realisieren, der zusätzliche Kosten, Zeit und Umsetzungsrisiken in das Projekt einbringt [s. FOS, 121].

3.1.3 Innovationsstrategie – Lösungsfindung unter Berücksichtigung von Technologietrends und Risiken

Mit dem steigenden Einsatz von IT-Werkzeugen und -Systemen wird IT einerseits oft als der Träger von Wissen und andererseits als der Treiber für Innovation betrachtet (s. Rouse und Baba 2006). Unternehmen verfolgen Innovationen, um Wettbewerbsvorteile aufzubauen oder zu erhalten. Dies wird erzielt durch die Steigerung der eigenen Prozessproduktivität (Prozessinnovation) oder durch Erlöse neuer Produkte oder Services (Produktinnovation) (Kleis et al. 2012). Übertragen auf das Projektumfeld helfen Innovationen, die Projektprozesse effizient zu gestalten oder durch neuartige Problemlösungen die Projektziele einfacher zu erreichen.

Die Innovationsstrategie befasst sich mit der Planung, Entwicklung und dem Einsatz von technologischen IT-Trends und experimentellen Technologien abseits der bekannten Marktstandards. Das Innovationsmanagement beinhaltet darauf aufbauend die systematische Planung, Koordinierung und Kontrolle der Generierung von Innovation in einem Unternehmen (Wissel 2001, S. 47).

Aus dem Projektumfeld entwickeln sich häufig spezielle Anforderungen, deren Lösungsfindung Möglichkeiten einbezieht, auch branchenfremde Technologien einzusetzen oder Systemlösungen aus anderen Anwendungsbereichen zu übertragen. Typischerweise fehlen auf Grund der Einzigartigkeit des Projektvorhabens vorbereitete Branchen- oder Projektlösungen auf dem Markt und legen daher einen Lösungstransfer nahe. Betriebliche Systeme sollen in ihren Strukturen nicht nur erfasst, sondern vor dem Hintergrund neuer Informationstechnologien auch neu gestaltet werden (Fettke und Loos 2005, S. 19; s. Strahringer 2005).

3.1.3.1   Aufgaben, Rollen und Standards

- IT-Leitung: Die IT-Leitung wägt Nutzen, Risiken und Kosten des Einsatzes von technologischen Trends ab, um für den Projektkontext zu einer optimalen Entscheidung des Einsatzes zu gelangen. Methodische Hilfsmittel sind die abstrakte Modellierung von Problemstellungen, um auf dem Modell aufbauend branchenfremde Technologien zu transferieren.
- Projektleitung: Die Leitung des Projekts gibt ausgehend von ihrer Projektstrategie das Maß an Risikobereitschaft für die IT vor und beeinflusst somit die Bewertung des Einsatzes von unbekannten Technologien oder des Transfers aus anderen Branchen.
- Dienstleister/Partnerprojekte: Ein wachsender Trend im heutigen Geschäftsumfeld ist die gemeinsame Entwicklung von Mehrwerten durch ein Unternehmen und seine Partner (Prahalad und Ramaswamy 2004). Experten der Dienstleister oder Partnerprojekte unterstützen mit ihrem Know-how die gemeinsame Analyse der Risiken und bringen ihre Erfahrungen aus vergleichbaren Anwendungen der neuartigen Technologien abseits vom Marktstandard ein.

3.1.3.2   Einflussfaktoren
Projektvolumen
Kleine Projekte haben weniger die Möglichkeiten, technologische Trends zu integrieren, da das hierfür erforderliche Budget und die Ressourcen typischerweise knapper bemessen sind.

Anwendbare IT-Vorerfahrung (Projektindustrialisierung)
Liegen nur wenige Vorerfahrungen vor, sind die Entscheidungen zum Einsatz oder Verzicht auf technologische Trends vollständig innerhalb des Projekts zu treffen.

Ein hoher Grad an Projektindustrialisierung ermöglicht die Innovationsstrategie und ihre Umsetzung isoliert von den Projekten und zentral auf Basis des Leistungskatalogs zu realisieren.

IT-Bezug des Gesamtprojekts
Mit einem höheren IT-Bezug des Gesamtprojekts steigt der durch technologische Innovationen erzielbare Effekt auf den Gesamtprojekterfolg. Mit hohem Bezug steht die IT mehr im Projektfokus und Budgets und Ressourcen sind, beispielsweise für einen Technologietransfer aus einer verwandten Branche, typischerweise vorhanden.

3.1.3.3   Handlungsempfehlungen

Fokus auf erprobte Technologien In Projekten im industriellen Umfeld nimmt die IT eine unterstützende Funktion zur Erreichung des vorgegeben Projektziels ein. Sie ist dabei in die Prozesse der Fachbereiche eingebunden. Wie Abschn. 4.2.2 zeigt, nimmt sie dabei je nach Anwendungsfall eine unterschiedliche Rolle ein, ist jedoch immer eine erfolgskritische Komponente des Fachbereichsprozesses. Mit dem Gesamtprojekt als Summe seiner Fachbereiche ist sie so ebenfalls ein erfolgskritischer Einflussfaktor: Fehlende oder fehlerhafte Unterstützung der IT provoziert Verzögerungen, Kostensteigerungen und das Scheitern des Gesamtprojekts [s. BOS, 89]. Daher sollte sich die IT auf klassische, erprobte Lösungen und auf die vertraglich vorgegebenen IT-Themen fokussieren. Dies kann auch als strategische Positionierung der IT verstanden werden, nur erprobte Methoden zur Minimierung sämtlicher Risiken einzusetzen, die eine Projektfertigstellung gemäß Beauftragung und Planung gefährden könnten („keine Experimente") [s. SHA, 154]. Diese Ausrichtung steigert die Zuverlässigkeit der IT-Unterstützung, die gerade in zeitkritischen Projekten essentiell für den Gesamtprojekterfolg ist [s. BOS, 89].

Anwendung von Vorerfahrungen Eigene Vorerfahrungen oder Vorerfahrungen aus ähnlichen Projekten können genutzt werden, um unbekannte Technologien hinsichtlich ihres Risikos zu bewerten und unter Nutzung der Erfahrungen risikoarm in das eigene Projekt zu übertragen [s. BOS, 89]. Die Einbringung interessierter Innovatoren erlaubt den Zugriff sowohl auf das implizite Wissen der Teilnehmer hinsichtlich ihrer Bedürfnisse (Bedürfnisinformation) als auch auf deren Sachkenntnis zur Problemlösung (Lösungsinformation) (Haller et al. 2011).

Trennung der Innovationsstrategie von der Projektumsetzung Ist ein hoher Grad an Projektindustrialisierung gegeben, sind die Entscheidungen zur Einführung neuer Technologien aus den einzelnen Projekten zu separieren und jeweils auf das Gesamtleistungsportfolio anzuwenden, da Einflüsse individueller Projektszenarien möglichst nicht die Entscheidung beeinflussen sollten. Der Innovationsprozess ist im projektindustrialisierten Ansatz somit außerhalb der Projektdurchführung angesiedelt [s. FOS, 121].

Transfer aus gleichartigen Branchen Da Projekte ein einzigartiges Vorhaben umsetzen, fehlen typischerweise Branchenlösungen, die ohne oder mit geringem Aufwand Anwendung finden können. Innovationsthemen dienen meist dazu, spezielle Projektanforderungen zu erfüllen [s. NOS, 136]. Mit der Technik der abstrakten Modellierung von Problemstellungen kann die IT Ähnlichkeiten zu verwandten Branchen erkennen und – gleiche Strukturen vorausgesetzt – Erfahrungen aus der verwandten Branche in das eigene Projekt übertragen und nutzen. Der branchenfremde Einsatz einer etablierten Standardlösung ist auf Basis eines einheitlichen Modells zielführender als die Nutzung weniger ausgereifter Branchenspeziallösungen [s. NOS, 136]. Dienstleister und Projektpartner sind maßgeblich an der Lösungsfindung beteiligt und unterstützen die IT durch Erfahrungsaustausch (exchange), Erfahrungstransfer (addition) und gemeinschaftliche Erfahrungsentwicklung (synergistic integration) (s. Sarker et al. 2012).

3.1.3.4 Erfolgsfaktoren und charakteristische Herausforderungen
Berücksichtigung des Bedarfs an personellen Ressourcen
Die zur Planung, Entwicklung und Einführung von Innovationen erforderlichen Ressourcen sind in der IT-Planung zu reservieren [s. BOS, 89].

Konservative Bewertung der Risiken

Technologische Trends sind dann für eine Integration im Projektkontext ausgereift, wenn sie sich im Markt durch einen signifikanten Leistungshub in vergleichbaren Projekten bewährt haben [BOS, 89]. IT sollte sich auf eine langsame Innovation ohne technische Experimente zur Minimierung der mit ihrem Einsatz verbundenen Risiken beschränken [FOS, 121].

Vermeidung von Individuallösungen

Im Fall der portfolioorientierten Innovation im industrialisierten Projektumfeld sollten Individuallösungen möglichst vermieden werden. So wird der gewünschte Effekt erzielt, Neuerungen für alle Projekte mit geringem Aufwand bei hoher Plattformstandardisierung einzuführen. Die hohe Anzahl gleichartiger, paralleler Projekte rechtfertigt den Aufwand eines losgelösten Innovationsprozesses. Die Einheitlichkeit der Plattform ist Grundlage zur einfachen Wartbarkeit und Serviceerbringung durch die IT bei häufigem Wechsel der Projekte im Arbeitsprozess [s. FOS, 121].

Abstrakte Modellierung der Aufgabenstellung durch die IT

Die Übertragung von fachfremden Lösungsansätzen für die eigene Anwendung gelingt, wenn die Fachbereiche eng in einen von der IT moderierten und dokumentierten Modellierungsprozess eingebunden sind. Die Modellierung zeigt die Problemstellung losgelöst von ihrer Implementierung und ermöglicht die Suche nach Lösungen in verwandten Branchen [s. NOS, 138]. Grundlage zur Identifikation unkonventioneller Lösungsansätze ist die Bereitschaft, aktiv am Erfahrungsaustausch mit ähnlichen Projekten/Projektgesellschaften und Dienstleistern teilzunehmen [s. NOS, 138].

Vereinfachung der Arbeitsumgebung

Beim Einsatz branchenfremder Lösungen sollte berücksichtigt werden, dass sie zu einer für die Fachbereiche unbekannten Arbeitsumgebung führen können. Auch hier zeigt sich der Vorteil, bewusst auf klassische Methoden und Technologien zurückzugreifen und der IT gerade nicht die Rolle eines reinen technologischen Innovators im Projekt zukommen zu lassen [s. SHA, 154].

3.2   Prozesse

3.2.1   Business-IT-Alignment – Positionierung der IT im Business-IT-Alignment

In den letzten 20 Jahren hat sich die IT von einem Werkzeug von Individuen über ein Werkzeug zur Verbindung der innerbetrieblichen Geschäftsaktivitäten und weiterer Unternehmen bis hin zu einem Werkzeug, das tief in die Produkte und Services eingebunden ist und somit ein essentieller Bestandteil der Geschäfts ist, entwickelt (El Sawy und Pavlou 2003). Ein hoher Prozentsatz von Führungskräften betrachtet die IT als Schlüssel für die Profitabilität und Überlebensfähigkeit eines Unternehmens (McNurlin 1991).

Auf Basis einer systematischen Literaturrecherche existieren gemäß Chen (2010, S. 233) drei zu unterscheidende Konzepte der IM-Positionierung und -Ausrichtung:

1. IM-Strategie als die Anwendung der IT, um die Geschäftsstrategie zu unterstützen: Dieses Konzept beantwortet in erster Linie die Frage, wie IT das Geschäft dabei unterstützten kann, einen Wettbewerbsvorteil zu erlangen und ihn zu erhalten (Chen 2010, S. 238). Dieser Ansatz wird im Folgenden als Business-drives-IT bezeichnet.
2. IM-Strategie als der Masterplan der IT-Funktion: Zielsetzung ist primär, dass die IT-Funktion effektiv und effizient ihre Aufgaben erfüllt (s. Chen 2010, S. 240). Ansatz 2 trägt die Bezeichnung IT-zentral.
3. IM-Strategie als die gemeinsame Sicht der IM-Rolle innerhalb der Organisation: Die IT ist über ihr eigenes Rollenverständnis definiert, zukünftige IM-relevante Topmanagemententscheidungen mitzutragen (s. Mintzberg 1987). Die IS-Strategie ist nicht mehr zwingend von einer konkreten Geschäftsstrategie abhängig (s. Chen 2010, S. 241). Dieser Ansatz ist somit als IT-enables-Business zu deklarieren.

IT besitzt hinsichtlich des Business-IT-Alignments verschiedene Möglichkeiten der eigenen Positionierung gegenüber den weiteren Prozessteilnehmern.

Henderson und Venkatraman (1999) und Luftman (2009) unterstreichen die Bedeutung einer mit der Geschäftsstrategie abgestimmten IM-Strategie für den Erfolg eines Unternehmens. Grundlage bildet das Strategic Alignment Model bestehend aus den vier Quadranten Business Strategy, IT Strategy, Business Infrastructure und IT Infrastructure. Die Zusammenarbeit der Quadranten bestimmt das Alignment in Form von acht zu unterscheidenden Alignment-Ausrichtungen.

Die im Projektinformationsmanagement angetroffenen Ansätze sind Strategy Execution (hier Business-drives-IT), Technology Potential (hier IT-zentral) und Competitive Potential (hier IT-enables-Business). Strategy Execution und Technology Potential sind mit 20 und 16 % die häufigsten Ausrichtungen des Alignments (s. Coleman und Papp 2006, S. 244).

3.2.1.1 Aufgaben, Rollen und Standards

- Projektleiter: Der Projektleiter gibt die strategische Ausrichtung vor und bestimmt damit die Leitlinien zur Positionierung der IT im Business-IT-Alignment.
- IT-Leiter: Der IT-Leiter stimmt die Positionierung der IT je nach Projekt bzw. Prozess unter Anwendung der Leitlinien mit dem IT-Projektleiter und dem IT-Ansprechpartner im Fachbereich/dem Fachbereichsleiter/Business Owner ab. Er entscheidet somit über die Positionierung.
- IT-Projektleiter: Der IT-Projektleiter setzt die gewählte Positionierung im Projektmanagement um bzw. gestaltet den Prozess nach den getroffenen Vorgaben.
- IT-Ansprechpartner im Fachbereich/Fachbereichsleiter/Business Owner: Jeder IT-Lösung ist ein Ansprechpartner auf Geschäftsseite analog eines Key Accounts [BOS, 91] zugeordnet, der die Projektverantwortung aus Geschäftsicht trägt [s. BOS, 88].

3.2.1.2   Einflussfaktoren
Anwendbare IT-Vorerfahrung (Projektindustrialisierung)
In der industriellen Projektumsetzung mit vorbereitetem Leistungskatalog ist das Business-IT-Alignment eher projektunabhängig zu etablieren. Entspricht das Gesamtprojekt einem einmaligen Vorhaben ohne Vorerfahrung, ist das Business-IT-Alignment klassischerweise projektintern umzusetzen [s. FOS, 122].

Zeitdruck aus Sicht der IT
Besteht zum Projektbeginn hoher Zeitdruck auf die IT, tendiert das Projekt eher zu einem zentralen Entscheidungsansatz, um zunächst eine grundlegende IT-Plattform und die IT-Basisdienstleistungen für die Fachbereiche zur Verfügung zu stellen und damit die Arbeitsfähigkeit zu ermöglichen. Auf zeitaufwendige Abstimmungszyklen wird dabei verzichtet [s. BOS, 88].

3.2.1.3   Handlungsempfehlungen
Im Projektumfeld ergeben sich für die IT drei verschiedene Positionierungen, die je nach Anforderungsprofil der Fachbereiche und Zeitpunkt im Projektverlauf zu präferieren sind. Das Anforderungsprofil ist dabei durch die unterschiedliche Reife der Prozesse und ihre Eignung zur Systemintegration durch die IT bestimmt [s. NOS, 134]. Es ist zu berücksichtigen, dass die Vorbereitungen der Fachbereiche typischerweise unterschiedlich weit entwickelt sind und durch die IT jeweils in Zusammenarbeit mit den Fachbereichen auf einen IT-integrationstauglichen Standard gebracht werden müssen. IT sollte im Business-IT-Alignment dafür Sorge tragen, dass auch weniger IT-affine Fachbereiche aktiv in die Kommunikation eingebunden sind [s. NOS, 134].

Die IT sollte in ihrer internen Kommunikation zunächst die geschäftliche Sichtweise der Fachbereiche einnehmen, um anschließend produktneutral nach Lösungsoptionen zu suchen [s. NOS, 134] (Abb. 3.7).

Im Ansatz IT-zentral besteht seitens des Fachbereichs ein Bedarf, der seinerseits benannt oder durch die IT erkannt wird. Die IT gibt die Anforderungen aus Prozessen, Strukturen und Rollen vor und entscheidet über die einzusetzende IT-Lösung. Die IT hat dabei die Prozessführung inne.

Dieser Ansatz zeigt sich vorteilhaft, wenn die einzusetzende Lösung einem etablierten Branchenstandard entspricht oder sie schnell zur Verfügung stehen sollte [s. NOS, 136].

Abb. 3.7 Choreographie der Positionierung IT-zentral

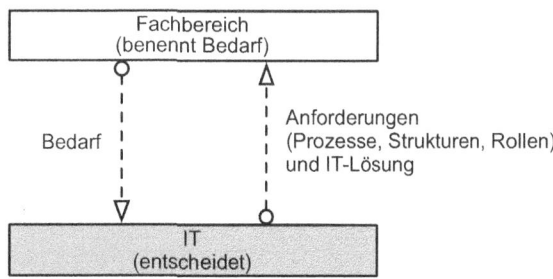

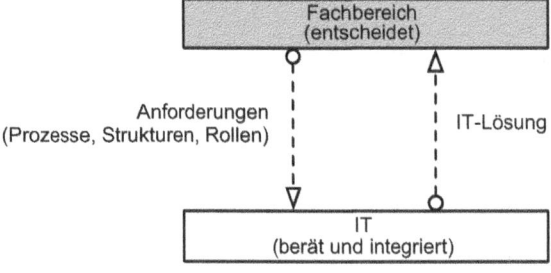

Abb. 3.8 Choreographie der Positionierung Business-drives-IT

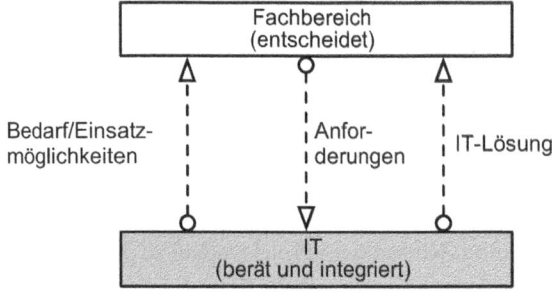

Abb. 3.9 Choreographie der Positionierung IT-enables-Business

Dies trifft in besonderem Maß auf die betrieblichen Standardapplikationen (Bürosoftware, ERP, …) und Basisinfrastrukturdienste (Mobiltelefonie, E-Mail, VPN, …) zu (Abb. 3.8).

In der Positionierung Business-drives-IT benennen die Fachbereiche die Anforderungen und fragen die IT aktiv zur Umsetzung nach. Die IT qualifiziert die gestellten Anforderungen und konsolidiert sie mit den Anforderungen weiterer Fachbereiche. Im Ergebnis stellt die IT dem Fachbereich eine auf dessen Anforderungen basierende IT-Lösung bereit. Der Fachbereich hat dabei die Prozessführung inne. Die Fachabteilung trägt die Rolle eines internen Kunden, für den die Leistungen der IT erbracht werden [BOS, 86]. Business-drives-IT erscheint im besonderen Maße passend, wenn für seitens der Fachbereiche bekannte, individuelle Fachbereichsprozesse eine Applikation ausgesucht und angepasst werden kann [s. NOS, 136] (Abb. 3.9).

Im Ansatz IT-enables-Business identifiziert die IT den Bedarf und die Einsatzmöglichkeiten einer IT-Lösung. Der Fachbereich konkretisiert die Einsatzmöglichkeiten zu Anforderungen und wird dabei von der IT beratend unterstützt. Die IT stellt eine IT-Lösung zur Erfüllung der gemeinsam definierten Anforderungen bereit. Die Prozessführung liegt bei der IT. Die einheitliche, organisatorische Sichtweise auf die IT stellt sicher, dass alle Teilnehmer der Organisation in die gleiche Richtung steuern (s. Thai und Phelbs 2000, S. 165).

Ist der Fachbereich weniger aussagekräftig hinsichtlich seiner Anforderungen, wenig erfahren im Einsatz von IT-Lösungen oder sind bestehende fachfremde Lösungen für eine Anwendung im Projekt zu modellieren und zu adaptieren, erscheint der Ansatz IT-enables-Business optimal [s. NOS, 136].

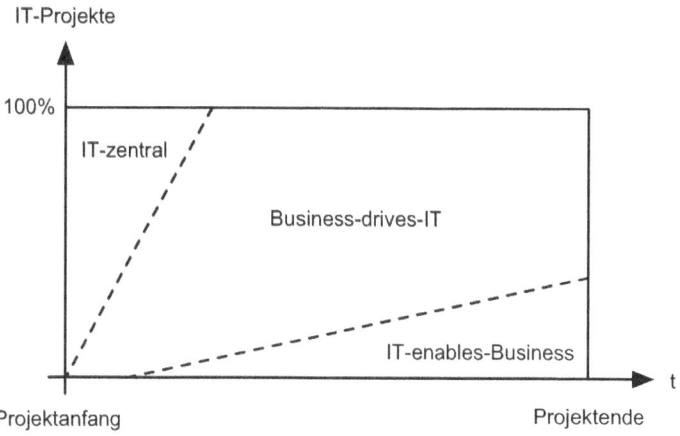

Abb. 3.10 Business-IT-Alignment im Projektverlauf (qualitativ, projektintern)

Zeitliche Komponente Die einsatzbezogene Positionierung nach IT-zentral, Business-drives-IT und IT-enables-Business erscheint im Projektumfeld zweckmäßig, da die Erfahrungen der IT und Fachbereiche bestmöglich zusammenwirken und die gerade zum Projektbeginn wichtige Umsetzungsgeschwindigkeit erhöht wird [s. NOS, 136]. Pearlson und Saunders (2013) schlagen dieses Verfahren generell vor, wenn ein Unternehmen sich erst formiert hat und noch keine dokumentierten Prozesse vorhanden sind. Sobald auf grundlegende IT-Infrastruktur und -Basisdienstleistungen zurückgegriffen werden kann und damit die Arbeitsfähigkeit der Fachbereiche gewährleistet ist, kann die IT den Einbezug der Fachbereiche in die Entscheidungsfindung verstärken und die Ressourcenfreiräume nach der intensiven Projektfrühphase für die Abstimmungsprozesse nutzen. Die IT tendiert zu diesem Zeitpunkt eher von zentral zu einem Business-drives-IT- bzw. IT-enables-Business-Ansatz je nach gezeigtem Anwendungsfall [s. BOS, 86] (Abb. 3.10).

Unterscheidung Einzelprojekt-/Multiprojektansatz Ist die IT Bestandteil des Projekts, insbesondere Bestandteil einer Projektgesellschaft, hat sie die Aufgabe abzustimmen, welche IT-Applikationen, -Services und -Infrastruktur abweichend vom Standard benötigt werden [FOS, 122].

Im industrialisierten Ansatz verläuft das Business-IT-Alignment projektunabhängig auf Basis des Leistungskatalogs zwischen der IT und ihrem Ansprechpartner auf Geschäftsseite, z. B. einer Business-Excellence-Einheit, welche die geschäftlichen Anforderungen aus fachlicher Sicht zentral vorqualifiziert [s. FOS, 122]. Die Ausrichtung der IT gemäß einer der gezeigten Positionierungen ist unabhängig davon, ob das Business-IT-Alignment projektintern Umsetzung findet oder extern auf Leistungskatalogbasis realisiert wird. Ist ergänzend zum Leistungskatalog die Umsetzung von Spezialanforderungen für ein Projekt erforderlich, sollten gegebenenfalls unter Verwendung einer Vorlage der geschäftliche Nutzen, das Budget und der Grad der Abweichung vom Standard Berücksichtigung finden. Ergebnis sind konkretisierte Workpackages, die auf dem Leistungskatalog aufbauen und die IT-Umgebung für den individuellen Projekteinsatz vorbereiten [s. FOS, 122].

3.2.1.4 Erfolgsfaktoren und charakteristische Herausforderungen
Positionierung der IT als Prozessintegrator

Die IT sollte im Prozess des Business-IT-Alignments neben fachlichem auch methodisches Know-how einbringen und sich ergänzend zur traditionellen, technischen IT-Rolle möglichst früh als Prozessberater und -integrator für das Projekt präsentieren. Die prozessführende Rolle innerhalb der Abstimmung ist Grundlage zur erfolgreichen Umsetzung der dargestellten Positionierungen [s. NOS, 136]. Anzustreben ist eine Partnerschaft auf Augenhöhe jenseits der konservativen Positionierung als interner Technikdienstleister [NOS, 136].

Weiterentwicklung der IT von einem zentralen zum Business-drives-IT-Ansatz

Zu Projektbeginn ist es auf Grund der überschaubaren Komplexität noch möglich Ad-hoc-Anfragen isoliert umzusetzen. Im weiteren Verlauf wird es erforderlich diese Anfragen enger aufeinander abzustimmen und detailliert zu erfassen. In diesem Zuge muss sich auch die Ausrichtung der IT von einem zentralen zu einem Business-drives-IT-Ansatz „professionalisieren". Die Einführung eines Prozesses zur Aufnahme, Bewertung, Entscheidung und Steuerung von Geschäftsanforderungen kann beispielsweise durch ein Change Advisory Board (CAB) auf Grundlage der ITIL-Empfehlung umgesetzt werden [s. BOS, 88]. Durch die Einführung einer Regelkommunikation mit festgelegten Abstimmungsintervallen sind Ad-hoc-Anfragen zu kanalisieren. Ein wöchentliches Intervall für interne Projektabstimmung und ein monatliches Intervall für die Absprache und das Reporting gegenüber den Anteilseignern oder Kunden erweis sich als vorteilhaft [s. BOS, 91].

Anpassungsfähigkeit auf Moving Targets

Im Projektumfeld sind die gestellten Anforderungen immer wieder auf geänderte Geschäftsprozesse- und vorgaben anzupassen. Diese „Moving Targets" gefährden die Umsetzungsqualität, das Budget und das Einhalten des Fertigstellungszeitpunkts der geplanten IT-Lösungen [s. BOS, 86].

Verantwortung des Ansprechpartners der Geschäftsseite

Der Verantwortliche auf Seiten der Fachbereiche sollte in die Lage versetzt werden, Entscheidungen nicht nur mitzutragen, sondern diese auch im Kontext der Anforderungen weiterer Fachbereiche und IT-Projekte zu bewerten. Entscheidungen der IT, die einem fachbereichsfremden Projekt höhere Priorität zuteilen, kann er so nachvollziehen [s. BOS, 88]. Die IT kann mit ihrem Gesamtüberblick über die Projekt-IT-Landkarte dazu beitragen, dem Aspekt der Integrationsmöglichkeiten stärkere Beachtung zukommen zu lassen, als es die isolierte Einschätzung der Fachbereiche zulässt [NOS, 136].

Fachbereiche tendieren zur Kommunikation von Anforderungen unter Nennung gewünschter Zielprodukte und übergehen unter der Annahme einer rein technisch orientierten IT die Diskussion verschiedener Lösungsansätze mit der IT. Seitens der IT gilt es die Produktanfragen auf die damit zu lösenden Anforderungen zu reduzieren, um so Fachbereichsübergreifend eine optimale Lösung zu finden [s. NOS, 134]. Die frühe Darstellung der Prozesskompetenz der IT ist, wie dargestellt, hierfür eine Grundlage [NOS, 136].

Bei einem hohen Grad der Projektindustrialisierung ist der Fachbereichsverantwortliche zusätzlich für die Problematik der Einbindung standardferner Anforderungen zu sensibilisieren und hat dabei den Nutzen kritisch gegenüber dem erhöhten Serviceaufwand abzuwägen [s. FOS, 123].

Mitarbeiterakzeptanz von Speziallösungen im industrialisierten Ansatz Kommt es im industrialisierten Ansatz zu Abweichungen der IT-Lösungen vom Leistungskatalog, sollte die IT neben der inhaltlichen Abstimmung auch die Akzeptanz der Mitarbeiter für neu zu erlernende Systeme sicherstellen [s. FOS, 122].

Frühe Einbindung der Endanwender

Als erfolgskritisch für das Business-IT-Alignment zeigt sich die frühe Einbindung der Anwender in den Erstellungsprozess der Lastenhefte. Typischerweise sind die Ersteller nicht die späteren Endanwender der IT-Lösung, aber genau diese gilt es für die Akzeptanz der Lösung zu gewinnen. Die Kernanwender der Lösung sollten demnach früh identifiziert und in die Lastenhefterstellung integriert werden [FOS, 122]. Das Management sollte dies in der Freigabe der Anforderungen beachten und fordern [s. FOS, 123].

Etablierung eines teilprojektübergreifenden Requirement- und Change-Managements

Anforderungen sind nicht isoliert je Applikation zu betrachten, sondern im Kontext der weiteren Anwendung einer integrierten IT-Landschaft. Aufgabe der IT ist es, die jeweils optimale Applikation für die gestellte Anforderung zu identifizieren. Hierbei sollte die Kommunikation serviceorientiert und nicht produktspezifisch mit den Fachbereichen erfolgen. Mit dem Ziel der IT, den maximalen geschäftlichen Nutzen über alle Fachbereiche zu erzielen, müssen Anforderungen jeweils im Gesamtkontext, z. B. nach ihrer Dringlichkeit und Wichtigkeit, bewertet werden (Eisenhower-Prinzip). Darauf aufbauend kann zur optimalen Ausnutzung der vorgegebenen IT-Ressourcen die Entscheidung zur Umsetzung der Anforderung und zur Reihenfolge der Umsetzung abgeleitet werden [s. NOS, 142].

3.2.2 Frameworks und Standards – Einsatz von Frameworks und Standards zur Prozessmodellierung

Standards sind ein Erfolgsfaktor für die moderne Industrie- und Informationsgesellschaft. Sie stellen sicher, dass Produkte und Services die gewünschten Eigenschaften, wie Effizienz, Qualität, Zuverlässigkeit, Sicherheit, Umweltfreundlichkeit und Austauschbarkeit, erfüllen (Umapathey et al. 2012, S. 326; s. ISO 2010).

Im Bereich der IT unterstützen Gestaltungsprinzipien in der Entwicklung, Einführung und dem Betrieb wirtschaftlicher Prozesse. Die Gestaltungsprinzipien legen die grundlegenden Eigenschaften der Produktionspotenziale fest. Bei ihrer Umsetzung spielen Standards eine zentrale Rolle. Ohne eine intensive Nutzung von Standards sind die Produktionspotenziale in der Regel nicht gemäß der gewünschten Effizienzzielsetzung zu realisieren. So können beispielsweise modulare, skalierbare oder flexible Produktionspotenziale nur durch den Einsatz standardisierter Technologien erreicht werden (s. Zarnekow 2007, S. 208).

Vorgegebene IT-Frameworks und -Standards unterstützen das Projekt, Prozesse vollständig zu erfassen und effizient zu gestalten [BOS, 94].

3.2.2.1 Aufgaben, Rollen und Standards

- Leiter IT: Der Leiter IT entscheidet über den Einsatz und die Anpassung eines Frameworks bzw. Standards.
- Projektleiter: Der Projektleiter detailliert die erforderlichen Bereiche des Frameworks bzw. Standards und wendet sie für sein Projekt an. Er unterbreitet dem Leiter IT Vorschläge zur Auswahl und zum Einsatz.
- Folgende Standards und Frameworks werden zur Prozessmodellierung in ausgewählten Anwendungsbereichen, insbesondere im Bereich des Informationsmanagements, von Großprojekten eingesetzt (Tab. 3.1):

Tab. 3.1 Einsatzmöglichkeiten der Frameworks und Standards

Name	Einsatzmöglichkeiten im Projektumfeld
ITIL IT Infrastructure Library	Insbesondere die Prozesse Service Desk, Monitoring, Problem-, Incident- und Change-Management, Instandhaltung Service Level Management, Capacity und Availability Management, Continuity, Desaster Recovery [BOS, 90; BOS, 93; NOS, 139; s. SHA, 158] und Requirement-Management [NOS, 139] finden in Projekten Anwendung. Unterstützt wird ihre Umsetzung durch eine Configuration Management Database (CMDB) [BOS, 93] und ein Change Advisory Board (CAB) [BOS, 94]
ISO 2700x	Informationssicherheit [BOS, 93]
BSI Grundschutz	Informationssicherheit [BOS, 93]
ISO 9000	Als Rahmen für das projektinterne Qualitätsmanagement [BOS, 93; NOS, 139] und als Vorbereitung einer Zertifizierung durch den TÜV [SHA, 158]
COSO	Grundlage für das interne Kontrollsystem und als Kontrollwerkzeug ausgerichtet auf die Identifikation von operationellen Risiken, Finanzberichterstattung und Compliance [NOS, 139]
COBIT	Das Framework ergänzt die allgemeinen Kontrollziele von COSO durch seine Ausrichtung auf IT [NOS, 139]
GDPdU	Aufbewahrung digitaler Unterlagen [SHA, 158]
BPMN	Standard zur Prozessmodellierung und Notation (BPMN 2011)
PRINCE2 Projects in Controlled Environments	Prozessorientierte, skalierbare Projektmanagementmethode (Gesamtprojekt- und Teilprojektmanagement für Geschäft und IT) (PRINCE2 2013)
Scrum	Vorgehensmodell zur agilen Softwareentwicklung (s. Schwaber und Sutherland 2011), insbesondere geeignet in dynamischen Projektumfeldern

3.2.2.2 Einflussfaktoren
Zeitdruck aus Sicht der IT

Die Auswahl, Adaption und Abstimmung von Standards und Frameworks sind zeitaufwendig und ressourcenintensiv. Besteht ein hoher Zeitdruck, ist die parallele Umsetzung dieser Aufgaben problematisch. Auswege sind die Umsetzung als Vorlage vor dem eigentlichen Projektstart oder nach Einführung der Basisapplikationen und -services. Im letzten Fall haben die Standards und Frameworks damit eher dokumentarische als gestalterische Wirkung.

Anwendbare IT-Vorerfahrung (Projektindustrialisierung)

Je höher das Maß der anwendbaren IT-Vorerfahrungen, desto weniger wird die Anpassung der Industriestandards und -frameworks im Individualprojekt erforderlich. Generelle Erfahrungen, die für weitere Projekte nutzbar sind, können in Form von Corporate-Prozessen dokumentiert werden.

Projektvolumen

Bei Projekten mit hohem Projektvolumen sind typischerweise die finanziellen Ressourcen gegeben, die Standards und Frameworks anzupassen bzw. die Anpassung durch externe Beratung zu unterstützen.

Je größer das Projekt, desto höher ist der Effekt der Effizienzsteigerung durch den Einsatz der Standards und Frameworks zu bewerten. Teilaspekte, wie ein projektinternes Qualitätsmanagement, scheinen erst ab großen Projekten anwendbar zu sein [s. BOS, 18].

3.2.2.3 Handlungsempfehlungen

Prozesse sind Grundlage für IT Das Prozessdesign sollte als Grundlage für die IT-Systeme und die Projektorganisation angesehen werden. Zu diesem Zweck gilt es, dieses möglichst früh zu bestimmen und zu formulieren. Gegebenenfalls können bestehende Unsicherheiten durch sinnvolle Annahmen minimiert werden. Es erscheint dabei zielführend, eher einen Prozess im Projektverlauf mehrfach zu aktualisieren und zu detaillieren, als ihn undefiniert und unberücksichtigt zu lassen [BOS, 91]. Je mehr Raum für Interpretation gelassen wird, desto eher werden die Abläufe durch die Mitarbeiter unterschiedlich ausgelegt. Weitreichender sollten die Prozess- und die Risikobetrachtung in enger Abstimmung zueinander erfolgen (Rotaru et al. 2011), um ein risikoorientiertes Prozessmanagement (s. Muehlen und Rosemann 2005; Bai et al. 2007) bzw. ein prozessorientiertes Risikomanagement (s. Scandizzo 2005; Haubenstock 2003) zu ermöglichen.

Eine Übersicht der Prozesse sollte in Form eines Projekthandbuchs dokumentiert werden. Dieses beschreibt neben den Abläufen auch die den Prozessen zugrundeliegende Projekt- und Organisationsstruktur [s. BOS, 90]. Diese Sichtweise steht im Einklang zur präferierten Rolle der IT als Prozessintegrator im Business-IT-Alignment [s. NOS].

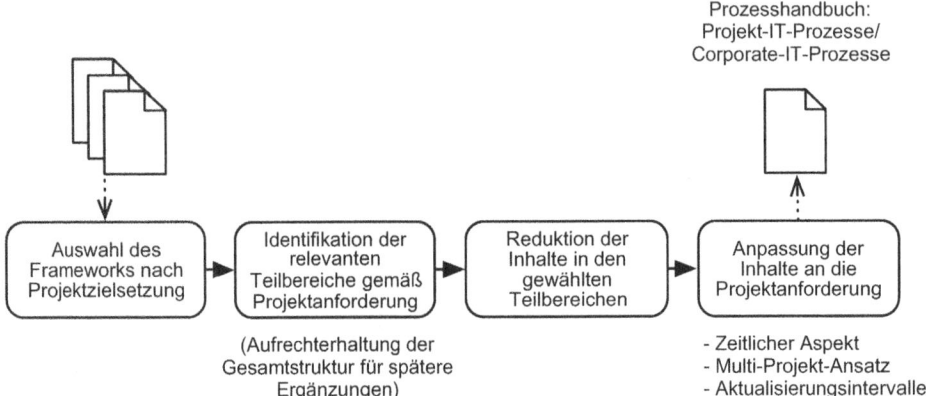

Abb. 3.11 Framework-/Standard-Adaption ins Projektumfeld

Reduktion auf Projektanforderungen Frameworks und Standards entstammen dem Unternehmensumfeld und sind typischerweise umfangreicher als für den Projekteinsatz angemessen. Auch finden die spezifischen Einflussfaktoren eines Projekts wenig bis keine Berücksichtigung. Daher sind die Frameworks und Standards auf die Projektanforderungen zu reduzieren [s. BOS, 93; NOS].

Die in den Standards und Frameworks vorgeschlagenen Strukturen sind Ausgangspunkt zum Aufbau der Projekt-IT. Sie können im Projektkontext erprobte Strukturen und Abläufe einbringen und gewährleisten durch ihre Vollständigkeit alle relevanten Themen zu identifizieren, vollständig zu erfassen und überschneidungsfrei zu gliedern. Nicht in das Projektumfeld passende Inhalte können bewusst ausgelassen und als ausgelassen dokumentiert werden [s. NOS, 139]. Die wichtigsten Gestaltungsprinzipien sind Modularität, Skalierbarkeit, Flexibilität, Sicherheit, Fehlertoleranz, Anwendbarkeit und Supportfähigkeit (OGC 2002, S. 53; Abb. 3.11).

Auf Konzernebene ist der Einsatz von Standardframeworks wie COSO, COBIT und ITIL seit längerem etabliert und erprobt. Die Projektdurchführung nach Industriestandards kann so zu einer Anforderung für das Gesamtprojekt werden, um es aus Shareholdersicht in Audits nach bekannten und eigenen Verfahren objektiv zu bewerten und zu steuern.

Unterschiedliche Ableitungsebenen nach Projektindustrialisierung Der Grad der Projektindustrialisierung (Einflussfaktor Anwendbare IT-Vorerfahrung) bestimmt die Ableitungsebenen der Projekt-IT-Prozesse (Abb. 3.12).

1. In einmaligen, wenig standardisierten Projekten nimmt die Projekt-IT direkt Bezug auf die Projektprozesse, Frameworks und Standards. Ergänzt werden die Industriestandards durch interne, geschäftliche Vorgaben, wie beispielsweise eine Procurement Guideline oder eine Unterschriftenregelung [NOS, 139]. Die Konzernebene als Bezugspunkt oder Vorerfahrung fehlt. In der Adaption der Frameworks für das Projekt kann dabei nicht

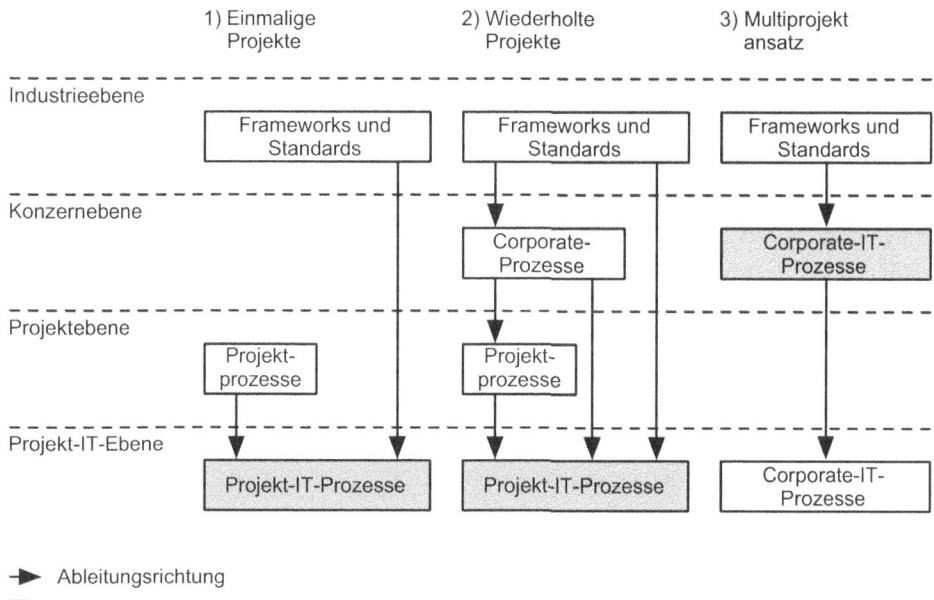

Abb. 3.12 Anwendung von Standards nach Grad der Projektindustrialisierung

auf Vorerfahrungen zurückgegriffen werden [s. NOS, BOS]. Werden durch mehrfache Anwendung von Ansatz 1 Projekterfahrungen gesammelt, können diese als Vorlage in die Corporate-Prozesse einfließen und so zukünftigen Projekten zur Verfügung stehen. Ansatz 1 entwickelt sich so mit zunehmender Erfahrung zu Ansatz 2.

2. Erfolgen Projekte wiederholt und sind demnach Vorerfahrungen vorhanden, bieten die Corporate-Prozesse auf Konzernebene einen zusätzlichen Anknüpfungspunkt für die Prozesse der Projekt-IT [s. ELB, SHA]. Die Standards und Frameworks finden so nicht zwingend direkte Anwendung, sondern werden indirekt über ein IMS gemäß den Konzernspezifika vorbereitet [s. SHA, 158]. Die Abweichung der Projekt-IT zu den Unternehmensstandards ist unter Berücksichtigung der Vorbereitung gering und die Individualanpassung kann schnell und zuverlässig erfolgen [s. SHA, 158]. Der Übergang von Ansatz 2 zu Ansatz 3 erfolgt durch die strikte Standardisierung der Projekte und damit den Verzicht auf Individualanforderungen innerhalb der Projekte.

3. Setzt die IT mehrere gleichartige Projekte nach den Corporate-IT-Prozessen um, sind diese die Grundlage für die Projekt-IT. Eine individuelle Projektebene oder Projekt-IT-Ebene ist zu vermeiden, um den schnellen Wechsel zwischen Projekten zu ermöglichen [s. FOS].

Knowledge Management Im Zuge der fortschreitenden Globalisierung wichtiger Märkte und der gleichzeitigen Spezialisierung der Marktteilnehmer nimmt der Bedarf an Vernetzung zu. Knowledge Management hat die Aufgabe, für die optimale Nutzung dieses Wissens in den Geschäftsprozessen in und zwischen Unternehmen zu sorgen

(s. Kolbe 2003). Die dargestellte Konzernebene mit ihren Corporate-Prozessen und Corporate-IT-Prozessen in 2) und 3) bilden das IT-Knowledge-Management im Rahmen der Großprojektrealisierung ab, in dem sie Wissen über mehrere Projekte hinweg aufbereiten und nutzbar machen.

Parallele Prozessdurchführung Bearbeitet die IT stets mehrere Projekte parallel, wie bei einem hohen Grad an Projektindustrialisierung typisch, ist in der Definition der Prozesse zu berücksichtigen, dass diese den schnellen Wechsel zwischen Mitarbeitern ermöglichen und kein projektinternes Wissen für die IT-Prozessschritte voraussetzen. Durch den Verzicht auf Key-Account-Ansprechpartner ist die maximale Unabhängigkeit und Verfügbarkeit der Serviceerbringung im Multiprojektansatz sichergestellt [s. FOS, 125]. Methodisch unterstützend sind dabei der Einsatz eines Leistungskatalogs und die strikte Orientierung an den unternehmensweiten Projektstandards, welche die IT-Leitung gegenüber den Projektteilnehmern vertritt und einfordert [s. FOS, 125].

Einbettung in die Konzern-IT Kann das Projekt auf die Konzern-IT zurückgreifen, sind die für die Unterstützung geeigneten Projektprozesse zu identifizieren. Operative Standardprozesse sind dabei von strategischen Managementprozessen zu unterscheiden. Operative Prozesse, wie Service Desk, sind leichter zentral durch die Konzern-IT zu realisieren als die strategischen, projektindividuellen Prozesse, wie z. B. die Definition der IT-Richtlinien, das Anforderungsmanagement und die IT-Sicherheit [s. ELB, 108]. Große Projekte, die dennoch in Konzernstrukturen eingebunden sind, sollten sich bezüglich ihrer Strategieprozesse im nötigen Maß aus diesen herauslösen, um in die Lage versetzt zu werden, projektspezifische Anforderungen flexibel umzusetzen. Gleichzeitig kann der Konzern das Projekt durch sein Angebot an erprobten, industrialisierten Standardprozessen unterstützen [s. ELB, 109].

Zyklen in Prozessen Anders als im Unternehmenskontext verändern sich in Projekten die Geschäftsanforderungen ständig. Daher muss sich auch die IT kontinuierlich anpassen. Im Projektumfeld müssen deshalb die Definitionsprozesse in besonderem Maß zyklisch angelegt sein, um einen neuen Erfahrungsstand des Projekts in die Arbeitsvorgänge zu integrieren.

Softwareentwicklung Hinsichtlich des Softwareentwicklungsprozesses zeigt sich das klassische Wasserfallmodell als weniger vorteilhaft, da die zukünftigen Projektentwicklungen nicht in die Bewertung der Anforderungen und Detaillierung einfließen können. Darüber hinaus entspricht die Annahme, dass zu Beginn des Projekts alle Anforderungen identifizierbar sind, nicht der tatsächlichen Projektrealität [BOS, 94]. Somit ist es zu Beginn nicht möglich, eine Spezifikation aus Lastenheft und Pflichtenheft, wie sie Balzert (1996) vorschlägt, vollständig zu entwickeln, da sich weitere Anforderungen erst im Projektverlauf darstellen und bewerten lassen.

Besser eignen sich Verfahren zur Systementwicklung wie Scrum, die iterativ agieren und so neue Anforderungen schneller berücksichtigen können [s. BOS, 94]. Auch die Erweiterung des statischen Wasserfallmodells zu einem dynamischen Modell mit zyklischen Korrekturschleifen ist denkbar [s. NOS].

3.2.2.4 Erfolgsfaktoren und charakteristische Herausforderungen
Auswahl des Frameworks gemäß der Projektzielsetzung

Falls das Gesamtprojekt ein IT-Projekt darstellt, sind die genannten Frameworks eine mögliche Grundlage für die Gesamtprojektprozesse. Entscheidend ist, dass der Fokus des Frameworks der Projektzielsetzung entspricht: Ein IT-Framework sollte in einem IT-Projekt Anwendung finden. Ist dies nicht der Fall, können weitere Frameworks hinzugezogen und auf die Projektanforderungen angepasst werden [s. BOS, 94].

Kontinuierliche Optimierung im Projektverlauf

Analog der IM-Strategie sind auch die Prozesse im Projektverlauf stetig zu erweitern und zu aktualisieren. Der Ansatz der zunächst groben Definition und Verfeinerung zu einem späteren Zeitpunkt mit höherem Erkenntnisstand erscheint vorteilhaft.

Etablierung der Basisdienste bereits zum Projektbeginn

Fehlen zum Projektbeginn klare Handlungsempfehlungen auf Prozessbasis, sind die Projektmitarbeiter gefordert, den Unsicherheiten mit einem hohen Maß an Eigenständigkeit und intuitiver Lösungsorientierung zu begegnen. Dies kostet Zeit und führt zu unterschiedlichen Interpretationen des optimalen Ablaufes. Um gerade zum Projektbeginn Ad-hoc-Anfragen zu vermeiden und die Abläufe zu kanalisieren, bietet es sich an, grundlegende Services wie den IT-Helpdesk bereits mit dem Projektbeginn bereitzustellen [s. BOS]. Die Einführung eines Frameworks oder Standards führt automatisch zu einem einheitlichen Begriffsverständnis innerhalb des Projekts und vereinfacht auf diese Weise die Kommunikation nach innen und außen [BOS, 94].

Integration der Projektprozesse mit den Partnern, dem Kunden und dem Konzern

Die Konzernprozesse und -systeme erfüllen die Konzernanforderungen, jedoch berücksichtigen sie nicht die erforderliche Flexibilität im Projektumfeld. Dies erschwert die Integration mit den Prozessen des Kunden und der Partner, die ihrerseits für ihre Unternehmen unabhängig angepasst wurden. Dennoch ist eine Integration anzustreben, um die betrieblichen Abläufe zu automatisieren [s. ELB, 112].

In Projekten, in denen die IT durch eine Branchenlösung mit hoher Marktdurchdringung abgedeckt werden kann, ist eine Lösung die Konsolidierung der Prozesse einer Gesamtapplikation, um den Bedarf für projektinterne Schnittstellen zu reduzieren und die Integration der Projektteilnehmer auf ein Leitsystem zu beschränken. Dies gelingt typischerweise dann, wenn die IT-Aufgaben nur einen kleinen Anteil an der Gesamtprojektkomplexität einnehmen und das Leitsystem im Vorfeld mit den Projektpartnern und gegebenenfalls dem Konzern abgestimmt ist [s. ELB, 113].

Im Normalfall werden die Projektprozesse durch spezialisierte Applikationen abgedeckt. Um dennoch eine paarweise Integration der Applikationen mit Partnern, dem Kunden und dem Konzern zu vermeiden, können diese jeweils auf eine gemeinsame standardisierte Datenquelle oder ein zentrales Leitsystem zugreifen. So können in ihren Bereichen qualifizierte Produkte miteinander kombiniert werden. Der Fokus der Applikationsauswahl verschiebt sich so zu den Schnittstellenstandards, die unter allen Projektteilnehmern zum Projektbeginn verbindlich vereinbart sein sollten. Industriestandards für Schnittstellen (RPC, CORBA, …) und Datenformate (XML, EDIFACT, …) liefern international einheitliche Vorgaben [s. ELB, 113].

Vereinfachung externer Projektaudits
Sind für das Projekt externe Audits, z. B. hinsichtlich des internen Kontrollsystems, vorgesehen, erleichtert die Orientierung am COSO-Standard die unabhängige Prüfung, da diese auf bekannten, branchenweit einheitlichen Parametern aufbauen kann. Gemeinsam mit dem Auditor kann die Ausrichtung nach COSO im jährlichen Zyklus verfeinert werden, wodurch sich durch die fortschreitende Standardisierung der Prozess weiter beschleunigt und sich das Arbeitspensum zur Auditbeantwortung für das Projekt weiter reduziert [NOS, 139]. Idealerweise werden bereits vor der ersten Prüfung gemeinsame Strukturen zwischen Projekt und Prüfer abgestimmt. So setzt der gemeinsame Lerneffekt bereits zum Projektbeginn ein [s. NOS, 140].

Berücksichtigung des zeitlichen Projektverlaufs
Der Aspekt der Projektlaufzeit findet in den Frameworks und Standards nur unzureichende Berücksichtigung und ist für den Projekteinsatz zu hinterfragen. Projekte sind in ihrem zeitlichen Verlauf stärker als Unternehmen bekannten, aber auch zunächst unbekannten Veränderungen unterworfen, die im Projektverlauf abgebildet werden müssen [s. NOS, 140; SHA, 158].

3.2.3　Finanzmanagement – Dimensionierung der IT-Budgets und Zusammenarbeit mit dem Einkauf

Die steigende Zahl an erfolgskritischen Anwendungen der IT und ihre zentrale Rolle in dem Vorhaben, eine flexible und anpassungsfähige Organisation aufzubauen, führen dazu, dass der IT-Investitionsprozess einen wichtigen Prozess des leitenden Managements darstellt (s. Kambil et al. 1991, S. 1).

Der IT-Investitionsprozess ist definiert als die systematische Identifikation, Rechtfertigung und Einflussnahme der IT-Investitionsentscheidungen mit dem Ziel, Mehrwert für das Unternehmen/das Vorhaben zu schaffen (Clemons und Weber 1990). Der im Folgenden betrachtete Aspekt des Finanzmanagements im Projektumfeld beinhaltet die Dimensionierung der IT, die IT-Budgetplanung und die Zusammenarbeit mit dem IT-Einkauf, der projektspezifisch oder zentral, beispielsweise innerhalb eines Konzerns, angesiedelt sein kann.

3.2.3.1　Aufgaben, Rollen und Standards
IT-Leiter: Ermittelt den Bedarf und die erforderliche Budgetreserve und schlägt die Höhe des IT-Gesamtbudgets zur Freigabe durch den Projektleiter/Budgetinhaber vor. Die Abstimmung von Budgetanpassungen erfolgt zwischen IT-Leiter und Budgetinhaber.

Projektleiter/Budgetinhaber: Der Budgetinhaber gibt das angeforderte Budget frei oder bezieht, je nach Budgetvergaberichtlinie des Projekts oder Unternehmens, weitere Freigabeebenen in den Prozess ein.

Einkauf: Der Einkauf verhandelt mit den vorgeschlagenen Partnerunternehmen die Einkaufskonditionen und unterstützt die operativen Einkaufsabläufe. Die Auswahl und Entscheidung liegt beim Projektleiter bzw. beim IT-Leiter.

3.2.3.2 Einflussfaktoren
IT-Bezug des Gesamtprojekts

Ist die IT eher indirekt am Gesamtprojekt beteiligt, steht sie aus Sicht der Anteilseigner weniger im Fokus [s. SHA, 160] oder nimmt sie daher einen reinen Business-drives-IT-Ansatz wahr, so ist ihre eigene Effizienz vorrangiges Ziel und realisierte Vorerfahrungen sind Ausgangspunkt zur Steigerung der Effizienz. Basierend auf ihrer Rolle als reiner Dienstleister sollte die IT in diesem Ansatz ihre Dimensionierung möglichst gering halten und das erforderliche Budget auf ein Minimum reduzieren [s. SHA, 161].

Anwendbare IT-Vorerfahrungen (Projektindustrialisierung)

Sind Vorerfahrungen im Bereich der IT vorhanden und für das Projekt anwendbar, können diese genutzt werden, um die Effizienz zu erhöhen und die erforderlichen IT-Risikoreserven zu reduzieren, da in einem geringeren Maß Überraschungen und weitere Anpassungen im Projektverlauf zu erwarten sind [s. SHA, 161].

3.2.3.3 Handlungsempfehlungen

Kontinuität des Prozesses Die Planungsgrundlage des Budgetprozesses ist von sich verändernden Rahmenbedingungen des Projekts abhängig. Daher ist er weniger als einmaliges Planungsergebnis zu verstehen, sondern vielmehr als fortwährendes Bestreben Bedarfe, Budgets, Reserven und Risiken innerhalb des Projekts in Balance zu bringen und zu halten (s. Kambil et al. 1991, S. 13; Abb. 3.13).

Budgetermittlung Die Anzahl der Projektmitarbeiter ist einer der Hauptindikatoren zur Dimensionierung der IT-Services und zur Bemessung des IT-Budgets. Kommt es im Projektverlauf stetig zu einer unerwarteten Erhöhung der Anzahl der Mitarbeiter, liegt die Herausforderung der IT in der realistischen Planung der erforderlichen Kapazitäten und Zuverlässigkeit der eigenen Finanzplanung [s. NOS, 144]. Typische Kennzahlen des IT-Betriebs (z. B. Kosten pro User) können zur Budgetermittlung herangezogen und auf die zu erwartende Anzahl der Mitarbeiter extrapoliert werden.

Bedarf für externe Beratung Im Rahmen der Budgetplanung ist der typischerweise hohe Bedarf für externe Beratung zu berücksichtigen [BOS, 95].

Budgetreserve Wesentlicher Aspekt der Budgetplanung ist die integrierte Betrachtung im Zusammenhang mit den Projekt- und IT-Risiken. Abhängig vom Grad der vorhandenen Unwägbarkeiten und von Vorerfahrungen sollte eine Budgetreserve hinzugefügt werden

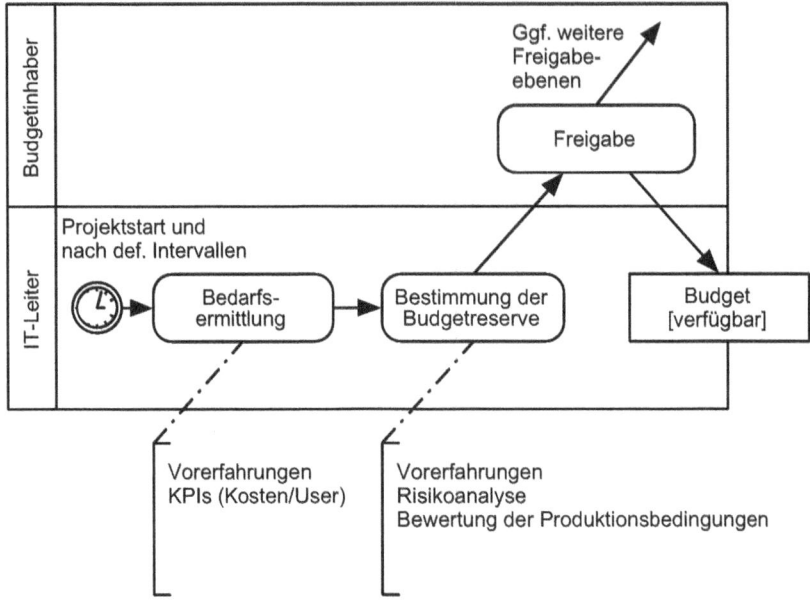

Abb. 3.13 Budgetfreigabe (vereinfacht)

[NOS]. Unwägbarkeiten können beispielsweise unbekannte Naturgegebenheiten am Produktionsstandort oder IT-unabhängige Verzögerungen im Projektverlauf sein [s. SHA, 160]. Das Management kann grob zwischen technischen und organisatorischen Risiken unterscheiden. Technische Risiken entspringen dem Design, der technischen Implementierung und dem Betrieb der IT-Systeme. Organisatorische Risiken sind beispielsweise durch die Akzeptanz oder den Schulungsbedarf gegeben (s. Kambil et al. 1991, S. 6).

Budgetfreigabe Die so ermittelten Budgets werden durch den Budgetinhaber, wie beispielsweise die Projektleitung oder den CFO, je nach gegebener Projektorganisation, freigegeben [s. NOS, 144] (Abb. 3.14).

Konzerneinkauf Besitzt das Projekt die Möglichkeit, auf Einkaufsstrukturen eines Anteilseigners zuzugreifen, beispielsweise den zentralen Konzerneinkauf, können Ein-

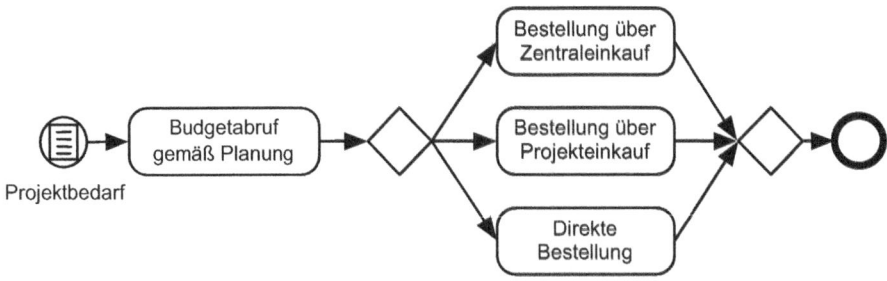

Abb. 3.14 Budgetverwendung (vereinfacht)

kaufssynergien bestmöglich genutzt werden [s. BOS, 88]. Der zentrale Einkauf übernimmt dabei die operative Einkaufsdurchführung [s. BOS, 88] – die Produktentscheidung verbleibt innerhalb des Projekts. Das IT-Sourcing erfolgt dann in Abstimmung mit der Konzern-IT und nach den geltenden Konzernvorgaben [s. ELB, 109].

Flexibilität erhalten Analog zur Projektplanung ist auch für die Finanzplanung vom Bedarf zukünftiger Änderungen im Laufe des Projekts auszugehen [s. BOS, 94]. Entscheidend ist, möglichst früh ein Gesamtbild möglicher Budgettreiber zu gewinnen, um keine Anforderungen zu übersehen und sie realistisch bewerten zu können [s. BOS, 94]. Typische Budgettreiber sind hierbei:

- Kosten pro Mitarbeiter und Anzahl der Mitarbeiter, für die IT-Services bereitgestellt werden müssen (intern und extern)
- Honorare für externen IT-Berater und Dienstleister, die für den Aufbau und den Betrieb der IT hinzugezogen werden
- Reserven für die Beseitigung möglicher Risiken oder den Schadensfall (Abb. 3.15)

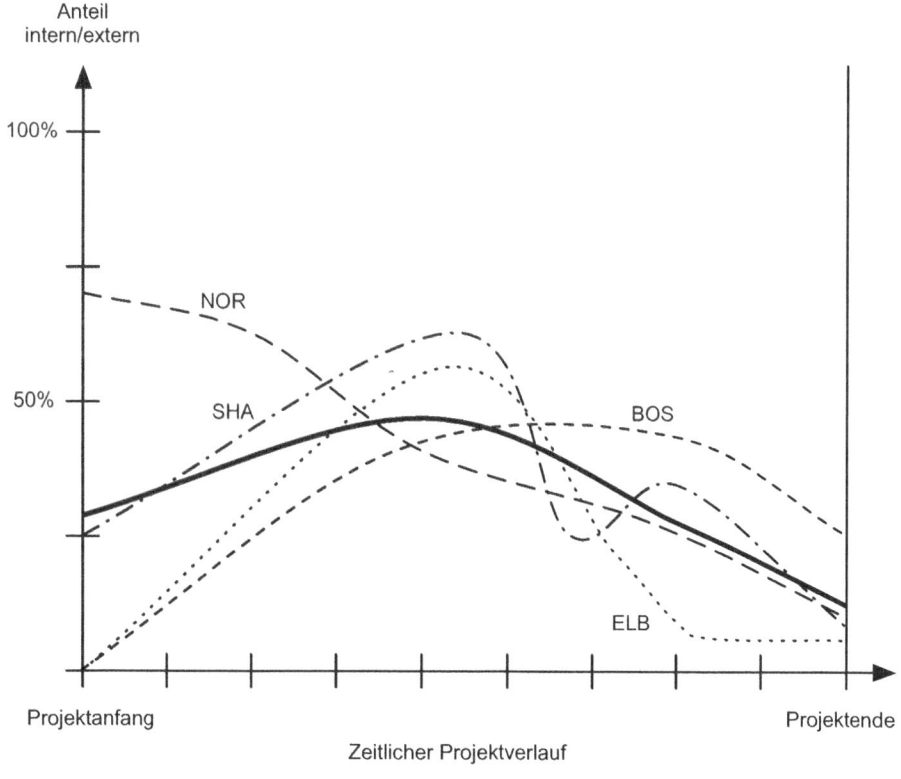

Abb. 3.15 Durchschnittlicher Anteil an externen Projektmitarbeitern aus Fallstudien

Der durchschnittliche Anteil an externen Projektmitarbeitern beginnt zu Projektbeginn sehr unterschiedlich zwischen 0 und 70 %. Entstammt das Projekt aus Konzernstrukturen und -mitarbeitern, können diese den Projektaufbau umsetzen [BOS, ELB]. Kommt es zu einer Neugründung als Projektgesellschaft [NOS], kann der Anteil bei 70 % liegen, da der Projektstart durch eine externe Beratung erfolgt. Der Durchschnitt erreicht zur Projektmitte seinen Höhepunkt bei 50 % und fällt bis zum Projektende auf 15 % ab.

3.2.3.4   Erfolgsfaktoren und charakteristische Herausforderungen
Bewertung des Budgets hinsichtlich der Relevanz der IT für das Gesamtprojekt
Typischerweise trägt die IT hinsichtlich der durch sie verursachten Kosten nur einen geringen Anteil am Gesamtbudget. Gleichzeitig ist sie in alle relevanten Gewerke integriert und die Zuverlässigkeit der IT ist ein erfolgskritischer Aspekt für das Gelingen des Gesamtprojekts. Diese risikoorientierte Betrachtung sollte in der Zuteilung eines IT-Budgets mit erforderlicher Sicherheitsreserve berücksichtigt werden [s. SHA, 160].

Das Produktivitätsparadoxon verneint zunächst die Existenz einer Korrelation zwischen der Investition in IT und dem Zuwachs an Produktivität: Unternehmen, die in IT investieren, sollten mit hoher finanzieller Performance belohnt werden (s. Barura et al. 1995; Dos Santos et al. 1993; Landauer 1995; Strassmann 1997; Weill 1992). Brynjolfsson (1993) schlägt vier zusammengehörige Erklärungen vor:

1. Fehlmessungen der Differenz zwischen Inputs und Outputs
2. Lücken auf Grund von Schulungsaufwendungen und Anpassungen
3. Missmanagement hinsichtlich Information und Technologie
4. Umverteilung und Vergeudung von Profiten

Berücksichtigt man diese vier Erklärungen zusammen mit der typischerweise hohen Rate an scheiternden IT-Projekten und dem Mangel der Integration der Ergebnisse von IT-Projekten in die Geschäftsprozesse, löst sich das gezeigte Paradoxon auf und ein Zusammenhang kann empirisch bestätigt werden (s. Stratopoulos und Dehning 2000).

Stärkung des Vertrauens in die Finanzplanung
Budgetanpassungen können die Reputation und das Vertrauen der Auftraggeber in das Projekt und das Erreichen der gesetzten Renditevorgaben gefährden [BOS, 94]. Auch gegenüber dem Auftraggeber sollte die Glaubwürdigkeit der IT über mehrere Projekte hinweg wachsen, um für ähnliche Folgeprojekte die erzielten Erfahrungen für eine zuverlässige Planungsbasis zu nutzen [s. SHA, 161].

Förderung einer offenen Fehlerkultur
Die Projektleitung sollte eine offene Fehlerkultur schaffen, um neben dem inhaltlichen auch den finanziellen Stand der Projektentwicklung realistisch bewerten zu können und in infolgedessen verlässliche Managemententscheidungen abzuleiten. Um nicht den Fehler als persönliche Kritik zu verstehen, hilft es, diesen als Anlass zur Veränderung wahrzuneh-

men (s. Kaczmarek 2013). So kann eine zuverlässige Planungsbasis geschaffen werden und können Abweichungen korrigiert sowie Kosten reduziert werden [s. BOS, 95].

Einbezug von Erfahrung der Budgetierung in Großprojekten

Die Bewertung von IT-Budgets durch das leitende Management stellt dieses vor die schwierige Aufgabe, IT-Alternativen zu vergleichen und einen positiven Return on Investment zu erzielen (s. Kemerer und Sosa 1989). Die Mitarbeiter des Projekts und insbesondere die Entscheider des Managements sollten Erfahrung in der Bewertung der Budgets von Großprojekten mitbringen können [BOS, 95].

Eindeutige Trennung der Verantwortungsbereiche zwischen IT und Buchhaltung

Im Bereich des ERPs liegt eine enge Zusammenarbeit zwischen IT und Buchhaltung nahe, jedoch sollte die Buchhaltung die IT von klassischen Buchhaltungsthemen befreien, damit diese sich gerade zum Projektstart auf die schnelle Bereitstellung der IT-Arbeitsumgebung fokussieren kann [s. NOS, 145].

Zuweisung der Einkaufsbefugnis als Teil der Leitungsverantwortung

Ist das Projekt in das Konzernumfeld seines Anteilseigners eingebunden und nutzt es dessen zentrale Einkaufsstrukturen, sollten leitende Projektmitarbeiter, wie beispielsweise die Geschäftsführung, spezielle Einkaufsbefugnisse erhalten, die es ihnen erlauben, auch unabhängig vom zentralen Einkaufsprozess Einkäufe direkt zu tätigen [s. BOS, 88]. Die Möglichkeit sollte gegeben sein, um die Flexibilität und Reaktionsgeschwindigkeit für Ausnahmefälle zu gewährleisten [s. BOS, 88].

3.3 Umsetzung

3.3.1 Informationssicherheit – Management der Informationssicherheit unter Einbezug der Risiken

Managementsysteme für Informationssicherheit umfassen Aufgaben und Aktivitäten, die darauf ausgerichtet sind, Beeinträchtigungen ausgewählter Prozesse durch ein strukturiertes Rahmenwerk zu vermeiden oder in ihrer Schadenswirkung zu begrenzen. Sicherheitsmanagement ist dabei kein Produkt, sondern ein kontinuierlicher Prozess, der die Sicherheit und Zuverlässigkeit von Informationssystemen gestaltet (s. Krcmar 2010, S. 579). Die Umsetzung der Informationssicherheit beinhaltet die drei Ebenen Prävention, Identifikation und Reaktion (White et al. 2004; s. Chen et al. 2011).

Zu unterscheiden sind in diesem Zusammenhang die Begriffe Safety und Security unter Präzisierung des Begriffs der Informationssicherheit:

- Safety ist der Schutz der Rechnerumgebung vor unerwünschtem Verhalten des Rechners (Output) (s. ISO und IEC TR 13335-1 1996; Shirley 2000; Pohl 2004)

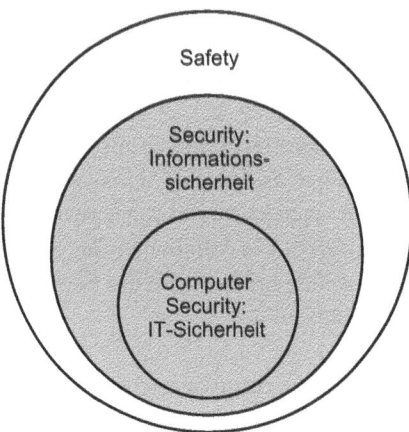

Abb. 3.16 Zusammenhang von Safety, Informationssicherheit und IT-Sicherheit. (nach Pohl 2004)

- Security ist der Schutz des Rechners vor unerwünschtem Verhalten der Rechnerumgebung (Input) (s. ISO und IEC 2000; Shirley 2000; Pohl 2004; Abb. 3.16)

3.3.1.1 Aufgaben, Rollen und Standards

- ISM im Konzern: Das Informationssicherheitsmanagement (ISM) auf Konzernebene adaptiert die Industriestandards auf die Unternehmensanforderungen und gibt eine Konzerninformationssicherheitsrichtlinie vor. Diese dient dem Projekt je nach Grad der Projekteigenständigkeit als Vorlage oder Orientierungshilfe.
- IT-Leiter: Überträgt die Anforderungen und Rahmenbedingungen des Projekts in eine Projektinformationssicherheitsrichtlinie.
- IT-Mitarbeiter: Die IT-Mitarbeiter setzen die verbindliche Informationssicherheitsrichtlinie in ihrer Projektpraxis um.
- Projektleitung: Compliance-Anforderungen und Rahmenbedingungen des Projekts werden durch die Projektleitung definiert und vorgegeben. Sie ist Ansprechpartner der IT-Leitung zur Abstimmung der Informationssicherheitsrichtlinie.
- Anwender der Fachbereiche/Projektpartner/Dienstleister: Die Nutzer werden durch die IT hinsichtlich der Bestimmungen der Informationssicherheit zielgruppenspezifisch geschult und verhalten sich infolgedessen konform zur Informationssicherheitsrichtlinie des Projekts.

Managementsysteme für Informationssicherheit (ISMS) werden von Seiten vieler Richtlinien und Standards implementiert. Die aktuellsten und meist verbreiteten Ansätze auf diesem Gebiet sind der ISO-27001-Standard sowie das IT-Grundschutzhandbuch, das vom BSI herausgegeben wird (Krcmar 2010, S. 580).

3.3.1.2   Einflussfaktoren
Eigenständigkeit der Projektorganisation
Je eigenständiger die Projektorganisation ist, desto weniger sind Konzernvorgaben hinsichtlich der Informationssicherheit für das Projekt verbindlich. Der eigenen, projektinternen Entwicklung des Informationssicherheitsmanagements kommt daher eine höhere Gewichtung zu.

Ist das Projekt Teil eines Konzernverbundes, ist die Konzerninformationssicherheitsrichtlinie typischerweise für das Projekt bindend. Möglichkeiten zur individuellen Anpassung sind durch die enge Konzernbindung kaum gegeben.

Anwendbare IT-Vorerfahrung (Projektindustrialisierung)
Stehen dem Projekt umfassende IT-Vorerfahrungen zur Verfügung, können diese insbesondere im Bereich der Informationssicherheit auf neue Projekte übertragen werden. Erfolgt die Entwicklung zyklisch, gemäß den folgenden Handlungsempfehlungen, entspricht dies einem späteren Einstieg in den Optimierungszyklus gemäß dem PDCA-Modell[2].

Ist die Projektumsetzung in hohem Maß industrialisiert, kann das Informationssicherheitsmanagement einzelprojektunabhängig zentralisiert werden und erfolgt so, über mehrere Projekte verteilt, sehr effizient [s. FOS].

3.3.1.3   Handlungsempfehlungen (Abb. 3.17)

Konzeption Der Bedarf für den Bereich Risiko und Sicherheit ist mit dem Projektbeginn in Abstimmung mit dem Auftraggeber zu ermitteln [BOS, 96].

Auf Konzernebene existiert zur Erfassung aller Anforderungen und Maßnahmen der Informationssicherheit typischerweise eine Informationssicherheitsrichtlinie. In ihr sind Zugriffsrechte, User Guidelines, Projekthierarchien, Netzsicherung und die Netzsicherheit auf Baustellen definiert [FOS, 124]. Die Ausführungen sind dabei auf die Konzernanforderungen zugeschnitten und für die Anforderungen des Projekts anzupassen. Zielsetzung ist es einerseits, die besonderen Sicherheitsanforderungen des Projekts zu erfüllen, aber gleichzeitig einen flexiblen, mobilen Arbeitsprozess innerhalb des Projekts zu ermöglichen [s. FOS, 124]. Die erforderlichen projektseitigen Regelungen sollten in einer Informationssicherheitsrichtlinie für das Projekt zum Projektbeginn entwickelt und dokumentiert werden [NOS, 145]. Diese strategische Konzeption stellt die Anforderungen an die IT-Infrastruktur, das Desaster Recovery und ist Grundlage für entsprechende Sicherheitstrainings der Projektmitarbeiter [s. NOS, 145].

Kontinuierliche Optimierung Managementsysteme für Informationssicherheit (ISMS) sind gemäß dem Standard ISO 27001 und dem IT-Grundschutzhandbuch in einem strikten, iterativen Entwicklungsprozess nach PDCA-Modell kontinuierlich zu optimieren (Krcmar 2001, S. 580). Mit

---

[2] Plan-Do-Check-Act-Modell nach Krcmar (2001, S. 580).

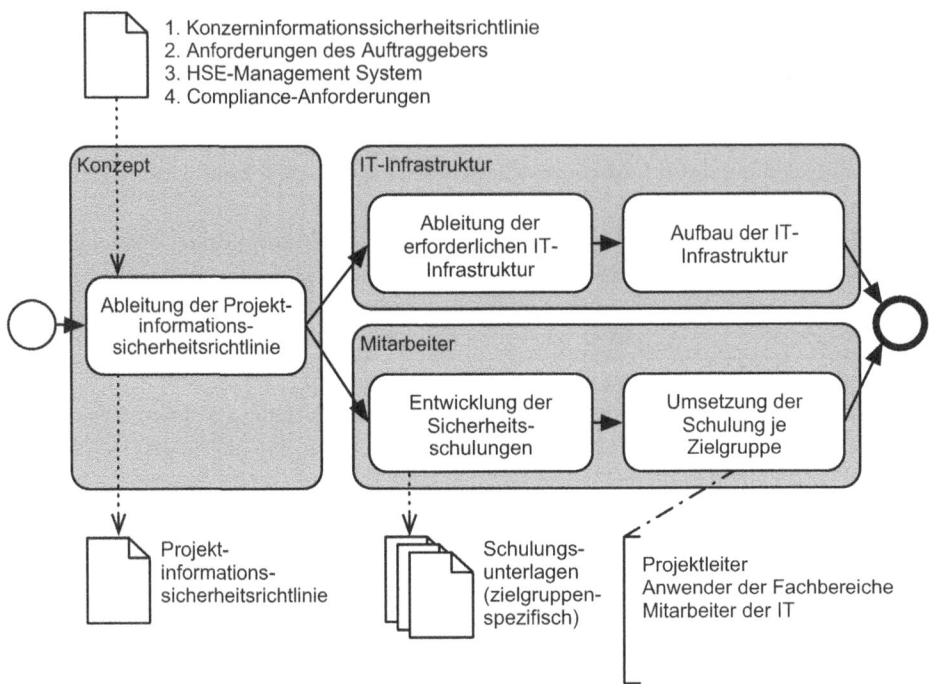

Abb. 3.17 Einführungsprozess der Informationssicherheit

1. Plan/Planen,
2. Do/Durchführung,
3. Check/Prüfung und
4. Act/Handeln

sind vier Phasen zu durchlaufen, bevor der Prozess in Schritt 1 neu beginnt und einen weiteren Optimierungszyklus einleitet (s. Schmidt 2006, S. 479).

Infrastruktur Die Infrastruktur unterscheidet die Zonen Öffentlich, Demilitarized Zone (DMZ), Projektsicherheitszone und Konzernsicherheitszone. In der öffentlichen Zone befinden sich die Projektpartner (z. B. Dienstleister) und die mobilen Mitarbeiter. Die Projektpartner besitzen nur eingeschränkten Zugriff auf die Projektkommunikationsplattform mit den ihnen zugewiesenen Services. Die Mitarbeiter bzw. mobilen Mitarbeiter über VPN sind Bestandteil des Projektnetzwerks und haben darüber gesicherten Zugriff auf alle Projektdienste (Abb. 3.18).

Ist das Projekt mit einem Konzern verbunden, können Services auch innerhalb des Konzernnetzwerks angesiedelt sein. Das Konzernnetzwerk wird so Teil der Projektumgebung [s. SHA]. Ist das Projekt selbst sehr eng an den Konzern gebunden und damit wenig eigenständig, kann das Projektnetzwerk entfallen und können die Basisprojektservices (z. B. ERP) vollständig im Konzernnetzwerk angesiedelt werden [s. ELB].

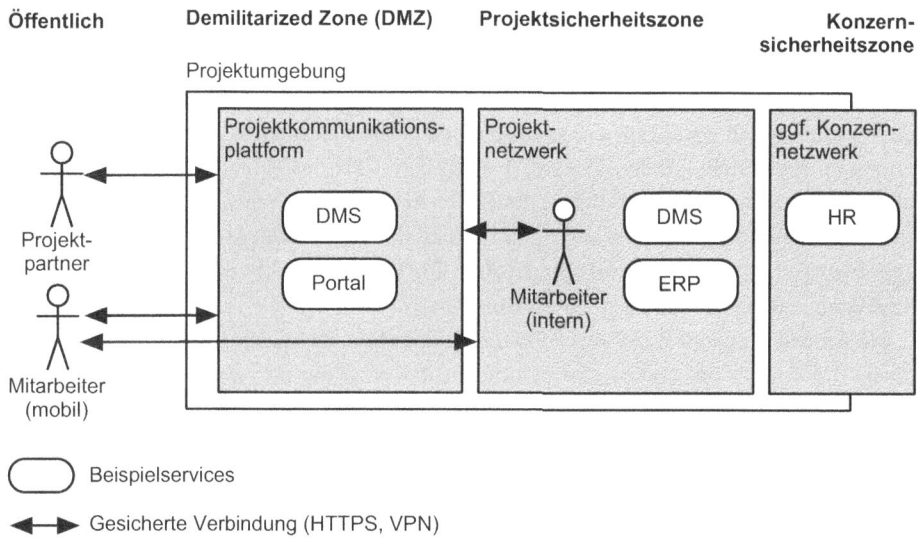

Abb. 3.18 Mehrstufige Projektnetzwerkstruktur (beispielhaft)

Der Zugriff der Projektmitarbeiter auf das Projekt-/Konzernnetzwerk sollte über eine gesicherte Verbindung (VPN) erfolgen. Innerhalb des Netzwerks kann ein Intranet zur sicheren Unternehmenskommunikation genutzt werden [s. FOS, 124].

Auch die Netzwerkinfrastruktur einer Projektbaustelle ist in das Projekt-/Konzernnetzwerk zu integrieren. Mitarbeiter, die häufig zwischen Büroumgebung und mobiler Nutzung am Produktionsstandort wechseln, finden so eine immer gleiche Arbeitsumgebung vor [s. FOS, 124].

Mobile Datenspeicher (Laptops, USB-Sticks, Mobiltelefone) sollten als Ergebnis des Sicherheitskonzepts stets verschlüsselt sein. Anzustreben ist, die Daten auf den Projektservern zu belassen, für die eine sichere Umgebung gewährleistet werden kann, und nur über VPN auf diese zuzugreifen.

Über ein externes Projektkommunikationssystem erhalten Partner und Projektmitarbeiter einen gemeinsamen weltweiten Zugriff auf alle Projektdokumente. Diese Arbeitsumgebung ist nicht Bestandteil des internen Konzernnetzwerks, um externen Partnern mit vereinfachten Sicherheitsanforderungen Zugang auf gemeinsame Dokumente gewähren zu können [s. FOS, 124]. Diese getrennte Aufteilung in ein Konzernnetzwerk und ein Projektkommunikationssystem erleichtert die Differenzierung von Sicherheitsprofilen je Anwendungsszenario [FOS, 124].

Liegen bei geringerer Projektindustrialisierung weniger Erfahrungen im Einsatz von separaten Projektinfrastrukturen innerhalb des Unternehmensnetzwerks vor, kann die IT-Infrastruktur auch eigenständig für das Projekt betrieben werden. Als vorteilhaft erweisen sich dabei die einfachere Auswahl und Entscheidung sowie die Tatsache, dass Sicherheitsrisiken durch unabhängige Systeme für den Konzern minimiert werden können. Die Mitarbeiter des Projekts und die Projektpartner arbeiten nur mit den externen Projektsystemen und benötigen keinen Zugriff auf die sicherheitssensiblere Konzernumgebung [s. ELB, 109].

Folgen aus dem Projekt neue Geschäftsprozesse, zu denen bisher keine Erfahrungen oder Applikationen vorliegen, müssen diese neu entwickelt oder aus bestehenden Lösungen zusammengestellt werden. Die umzusetzenden Tests der neuen Produktivumgebung sollten eine maximale Zuverlässigkeit des IT-Betriebs und der Arbeitsgrundlage der Fachbereiche für das Projekt gewährleisten, um direkt ohne Anlaufzeit für den Betrieb zur Verfügung zu stehen. Es gilt Einführungsrisiken im Projektumfeld zu minimieren und die Zuverlässigkeit der IT-Plattform zu maximieren.

Die Anforderungen für die Tests und die Verifikation leiten sich aus den Geschäftsprozessen, der Anzahl der Nutzer, der Häufigkeit der Nutzung und der Entwicklungs- und Zielplattform ab. Durch ein mehrstufiges Testverfahren können unterschiedliche Aspekte der Applikation geprüft werden:

1. Funktionaler Test: Erfüllt die Applikation die gewünschte Funktion?
2. Leistungstest: Sind die Antwortzeiten angemessen? Sind die Antwortzeiten bei Skalierung auf eine Mehrbenutzerumgebung weiterhin angemessen?
3. Endbenutzertest: Ist die Applikation durch Endanwender, die nicht Teil des Entwicklungsteams waren, einfach anzuwenden?
4. Szenariotest: Sind ausgewählte Anwendungsfälle durch die Applikation zu lösen?

Dieser Testprozess gewährleistet, dass die eingesetzten Applikationen produktiv und zuverlässig auf Basis der Geschäftsanforderungen einsetzbar sind. Risiken durch kostenintensive und zeitaufwendige Korrekturschleifen werden durch den frühen Einbezug der Kernanwender in den Testprozess vermieden [s. SHA, 158].

Mitarbeiter Die Literatur der Informationssicherheit stellt den Anwender auf Grund von Anwenderfehlern und Computerkriminalität typischerweise als schwachen Punkt dar (s. Dhillon und Moores 2001; Siponen 2000; Wade 2004). Die Unterstützung der Mitarbeiter in ihrer Rolle als Anwender der IT-Systeme steigert ihre Aufmerksamkeit für Themen der Informationssicherheit und erhöht die Ausrichtung an den Geschäftszielen (s. Spears und Barki 2010, S. 517). Themenbezogene Schulungen der IT informieren die Mitarbeiter über die Sicherheitslösungen und sensibilisieren zur Einhaltung der Informationssicherheitsanforderungen [FOS, 124].

Mit der IT, den Anwendern der Fachbereiche und den Projektleitern besitzt die Informationssicherheit drei Zielgruppen, die unterschiedliche Anforderungen an sie stellen. Zur zielgruppenorientierten Kommunikation sollte das Gesamtkonzept vereinfacht und reduziert in Form von individuellen Schulungsunterlagen zusammengefasst werden. Die Verständlichkeit der Darstellung wirkt sich positiv auf die Akzeptanz der Mitarbeiter für IT-Security-Lösungen aus, die sie aus dem Konzernumfeld, anderen Projekten oder ihrem privaten IT-Umfeld zunächst nicht kennen [s. NOS, 146]. Auf Ebene der Projektleitung sollte der geschäftliche Mehrwert der Informationssicherheit dargestellt werden: Im Kontext von IT Risk Management stellt die Informationssicherheit, über den gesamten Projektverlauf gesehen, einen Beitrag zur Kostenreduzierung dar [s. NOS, 146].

Die Teilnahme an den Schulungen sollte für jeden Mitarbeiter verbindlich sein und durch ihn bestätigt werden. Die Informationssicherheitsschulung sollte daher auch Bestandteil des Prozesses zur Einführung neuer Mitarbeiter in das Projekt sein [s. NOS, 145].

3.3.1.4 Erfolgsfaktoren und charakteristische Herausforderungen
Sicherstellung der Unabhängigkeit von einzelnen Mitarbeitern
Ist der Bereich Risiko und Sicherheit in so großem Maße für das Projekt relevant, dass er als eigene Funktion angesehen wird, sollte diese als Stabsfunktion der Geschäftsführung angeordnet sein [s. BOS, 96]. Die personelle Unterstützung sollte ausreichend vorhanden sein, um in diesem erfolgskritischen Aspekt die Zuverlässigkeit zu steigern und Abhängigkeiten von einzelnen Mitarbeitern zu vermeiden [BOS, 96].

Einbezug der Informationssicherheit als Aufgabe der IT
Die IT ist in der Lage, auch für alle geschäftlichen Aspekte der Informationssicherheit, über die reine IT Security hinaus, für das Projekt verantwortlich zu sein [s. NOS, 145]. Viele Aspekte der Informationssicherheitsrichtlinie können durch IT-Lösungen in der praktischen Umsetzung unterstützt werden [s. NOS, 146].

Beispielsweise kann auch das Desaster-Recovery-Konzept von der IT konzeptionell entwickelt und durch Desaster-Recovery-Tests in der Praxis überprüft werden [s. NOS, 145].

Technische Umsetzung der Sicherheitslösungen im Hintergrund
Entscheidend für die Akzeptanz der Sicherheitslösungen ist, dass sie sich aus Sicht der Anwender transparent im Hintergrund halten. Sie dürfen deren übliche Arbeitsprozesse nicht behindern oder Arbeitsumgebungen verändern [FOS, 124]. Es ist erforderlich eine Balance zwischen den Einschränkungen der Informationssicherheitsreglementierungen und -systemen und der Benutzerfreundlichkeit der IT-Lösungen zu finden [NOS, 145]. Die IT sollte sich dabei stets als Partner der Fachbereiche positionieren [NOS, 146].

Sicherstellung der Akzeptanz für die Sicherheitslösungen
In Ergänzung zu den technischen Lösungen sind insbesondere die Schulungen für eine erfolgreiche Etablierung der Informationssicherheit entscheidend, da sie sowohl Verständnis als auch aktive Diskussion und Akzeptanz des Themas fördern [FOS, 124]. Die Schulungen können in Form von Workshops umgesetzt werden [NOS, 145]. Die IT bringt das Verständnis mit, die Informationssicherheitsrichtlinie in Mitarbeitertrainings zu kommunizieren und in das Projekt zu integrieren [s. NOS, 146].

Förderung der Mobilität der Projektmitarbeiter
Projekte sind häufig durch ihre internationale Aufstellung mit einem vom Unternehmensstandort entfernten Produktionsort geprägt. Die Verteilung der Standorte erfordert eine hohe Mobilität der Mitarbeiter, insbesondere des technischen Engineerings, über Länder-

grenzen hinweg [NOS, 145]. Die Mobilität begründet besondere Anforderungen an die Informationssicherheit, da mobile Geräte (Laptops, Mobiltelefone, …) leichter vergessen oder entwendet werden [s. NOS, 145]. Die Daten auf mobilen Geräten sollten daher stets verschlüsselt sein, um von Dritten nicht gelesen werden zu können.

Vertrauliche Kommunikation bei hoher politischer Aufmerksamkeit
Steht das Projekt unter besonderer internationaler, politischer Aufmerksamkeit, ist die Kommunikation zwischen den mobilen Geräten und dem Unternehmensnetzwerk abzusichern, damit Daten und Sprache vertraulich übertragen werden können. Gerade im Kontext einer hohen politischen Bedeutung des Projektvorhabens müssen sich alle Projektteilnehmer auf eine vertrauliche Kommunikation verlassen können. Dies kann im Rahmen eines Genehmigungsverfahrens für das Projekt erfolgsentscheidend sein [s. NOS, 145].

Verzicht auf restriktive Vorgaben
Der Mensch stellt hinsichtlich der Informationssicherheit ein Risiko dar und ist in das Sicherheitskonzept zu integrieren (s. Schlienger 2007; Semmelhaack et al. 2010).

Um die Eigenverantwortung der Mitarbeiter zu stärken, erscheint es zielführender, auf restriktive Vorgaben im Rahmen der Informationssicherheitsrichtlinie zu verzichten. Die Möglichkeiten zur Überwachung der Mitarbeiteraktivitäten sollten sich auf den Fall der technischen Problemlösung beschränken. So ist sichergestellt, dass Sicherheitsvorfälle (z. B. Datenverlust) früher der IT bekannt werden und dieser die Möglichkeit gegeben wird, adäquat auf das Risiko zu reagieren [s. NOS, 145].

3.3.2 Projektaufbauorganisation – Qualifikationsprofil und Aufbau der Projektorganisation

Die Aufbauorganisation umfasst die Gliederung des Projekts in Subsysteme (Teilbereiche, Abteilungen, Stellen) und die Verteilung der aus der Gesamtaufgabe abgeleiteten Teilaufgaben auf die Subsysteme einerseits und die Schaffung von Leitungs-, Informations- und Kommunikationsbeziehungen zwischen den Subsystemen (s. Grochla 1995, S. 24).

Auf Grund der Verschiedenartigkeit der Unternehmen und der individuellen Informationsverarbeitungs- und -versorgungsaufgaben kann es kein universell anwendbares Einordnungsschema des Informationsmanagements in die Organisationsstruktur des Unternehmens geben (Biethahn et al. 2004, S. 204).

Dies gilt insbesondere für Projekte, die darüber hinaus von den gezeigten Einflussfaktoren abhängen. Diese haben somit direkte Auswirkung auf die Gestaltung der Organisations- und Kommunikationsstruktur.

Multinationale Unternehmungen stehen vor der Herausforderung, ihre IT-Services an ihre globale Geschäftsstrategie anzupassen. Dies beeinflusst besonders die globale Projektaufbauorganisation, die ihre Umsetzung über Zeit- und Ländergrenzen hinweg erbringt. Die Strukturelemente IT Shared Services, IT Center of Excellence und IT Value

Manager sind zu unterscheiden, wenngleich diese für Konzerne entwickelt wurden (s. Sia et al. 2010).

3.3.2.1 Aufgaben, Rollen und Standards

- Auftraggeber/Projektleitung: Der Auftraggeber und die Projektleitung bestimmen die Organisationsstruktur und geben damit die Priorisierung der IT für das Projekt vor.
- IT-Leitung: Die IT-Leitung berichtet an die Projektleitung [s. SHA, BOS] oder die Finanzleitung [s. NOS]. Ist die IT innerhalb des Konzerns zentralisiert, ist sie in die Konzernlinienorganisation eingebunden [s. FOS]. Ferner gestaltet die IT die weitere Gliederung und Verantwortungsabgrenzung innerhalb der IT-Abteilung. Strategische Aufgaben, IT-Governance und das IT-Controlling sind die primären Aufgaben der IT-Leitung, neben dem Management der weiteren IT-Unterabteilungen (Phase Plan des Informationsmanagements (s. Zarnekow et al. 2005, S. 66)).
- Verantwortlicher für IT-Infrastruktur: Der Bereich IT-Infrastruktur bündelt alle hardware-nahen Dienstleistungen und die Anwenderservices in Anlehnung an ITIL (Phase Run des Informationsmanagements (s. Zarnekow 2005, S. 66)). Der Verantwortliche koordiniert die Zusammenarbeit mit konzerngebundenen IT Shared Services (infrastrukturnah) (Sia et al. 2011, S. 62).
- Verantwortlicher für Prozesse und Anwendungen: Der Aspekt Prozesse und Anwendungen umfasst die prozessorientierte Anwendungs- und Systementwicklung, jeweils in der Rolle der Projektleitung (Phase Build des Informationsmanagements (s. Zarnekow 2005, S. 66)).
- IT-Koordinator am Produktionsstandort: Der IT-Koordinator übernimmt die Verantwortung für die Schulung der lokalen Projektteilnehmer am Produktionsstandort zur Abstimmung unterschiedlicher Arbeitskulturen in internationalen Projekten [s. SHA]. Gemäß der Kategorisierung nach Sia et al. (2010, S. 62) entspricht dies dem Aufgabenbereich IT Value Manager (kommunikationsintensiv).

3.3.2.2 Einflussfaktoren
Projektvolumen
Je größer das Projekt, desto umfangreicher ist typischerweise die zur Abwicklung der Projektaufgaben erforderliche Projektorganisation.

Eigenständigkeit der Projektorganisation
Ist ein Projekt eigenständig oder liegt insbesondere die rechtliche Form der Projektgesellschaft vor, so ist die IT typischerweise als projektinterne Abteilung zu realisieren [s. NOS]. Dem gegenüber steht die Form des Konzernprojekts mit hoher Abhängigkeit unter Nutzung der IT-Konzernressourcen [s. FOS].

Anwendbare IT-Vorerfahrungen (Projektindustrialisierung)
Mit zunehmender IT-Vorerfahrung und der Möglichkeit zur zentralisierter IT-Umsetzung kann die IT-Abteilung als Konzernabteilung gestaltet werden [s. FOS]. Einzelprojekte werden in diesem Fall durch einen IT-Projektmanager geplant und gesteuert, wohingegen die Verantwortungsbereiche der Prozesse und Anwendungen sowie Infrastruktur als Teil der konzerngebundenen IT-Abteilung aufzubauen sind [s. FOS].

Internationalität des Projekts
Sind die Produktionsstätte und der Unternehmensstandort an verteilten Standorten, z. B. Europa und Fernost, so ist die Serviceerbringung über Zeitzonen hinweg vor besondere Herausforderungen gestellt [s. SHA, NOS]. Liegen darüber hinaus unterschiedliche Kulturkreise zwischen den Standorten vor, sind spezielle Qualifikationen der Mitarbeiter im Bereich der Social Skills für die Zusammenarbeit erforderlich.

3.3.2.3   Handlungsempfehlungen

Konzeptionelle Einbindung Die Projektaufbauorganisation ist maßgeblich von dem Projektvolumen, der Eigenständigkeit der Projektorganisation und dem Grad der Projektindustrialisierung bestimmt. Die Wahl der Projektorganisation orientiert sich des Weiteren an seiner strategischen Bedeutung und dem Grad der Unsicherheit über die Erreichung der Planungsziele (Rechenberg und Pomberger 2002, S. 1091). Im Folgenden werden die Formen Konzernprojekt, Projektgesellschaft und Multiprojektorganisation unterschieden.

Alle drei Organisationsformen zeichnen sich dadurch aus, dass sie die Rollen IT-Leitung, IT-Infrastruktur, -Prozesse und -Anwendungen als separate Einheiten abbilden. Biethahn (2004) detailliert diese Aufteilung für den allgemeinen Unternehmensfall weiter zu Rechenzentrum, Softwareengineering, Datenverwaltung und individuelle Datenverarbeitung und weist darüber hinaus auf eine separate Benutzerbetreuungsorganisation hin. Diese Verfeinerung erscheint für den Projektkontext zu weitführend.

Konzernprojekt Ist das Projekt eher klein, nimmt die IT einen kleinen Anteil ein, und ist es als Einzelprojekt Teil eines Konzerns, ist das Aufgabenspektrum der IT aus Strategie, Prozessen und Umsetzung typischerweise auf wenige personelle Ressourcen zu verteilen (Abb. 3.19).

Operative Tätigkeiten eignen sich dabei für eine Umsetzung durch die bestehenden Konzernstrukturen, wohingegen strategische Aspekte eher innerhalb des Projekts zu lösen sind [s. ELB, 109], da sie in besonderem Maß für das Gesamtprojekt erfolgskritisch sind [ELB, 114]. Die strategischen IT-Aktivitäten, z. B. die Auswahl der Systemlandschaft, können in kleineren, unabhängigen Projekten beim Gesamtprojektleiter gebündelt sein, der so Entscheidungen schnell und konzernunabhängig treffen kann, die exakt auf seine Projektanforderungen zugeschnitten sind. Voraussetzung ist, dass der Projektleiter die nötige, für ihn typischerweise fachfremde IT-Kompetenz in das Projekt einbringen kann oder sich für den Einsatz externer Beratung entscheidet. Diese kann mit Fachwissen, methodischer

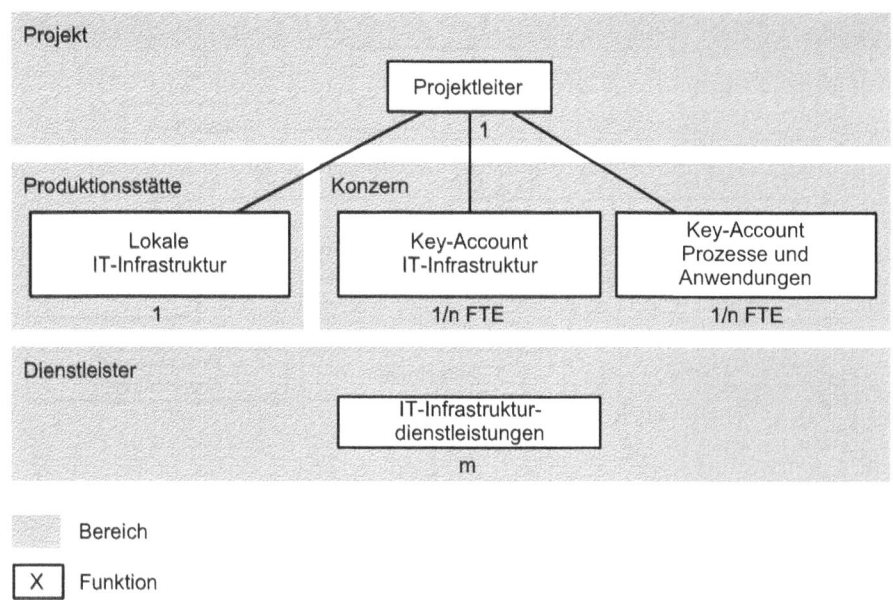

Abb. 3.19 Referenz-IT-Organisation für ein Konzernprojekt

Kompetenz und operativer Umsetzung zur Entwicklung der strategischen IT-Themen beitragen und ermöglicht dem Projektleiter sich auf die Gesamtprojektsteuerung zu fokussieren. Er behält sich in beiden Varianten die finale Entscheidungsbefugnis innerhalb des
Projektkontexts für Themen der IT vor [s. ELB, 115].

Innerhalb der operativen Tätigkeiten sind die Aufgabengebiete IT-Infrastruktur sowie IT-Prozesse und -Anwendungen zu trennen. Erstere bündelt die technischen Aufgaben, Letztere die Prozess- und Applikationsebene. Die Trennung ist zweckmäßig, da den
Aufgabengebieten aus den unterschiedlichen Inhalten und eingesetzten Methoden auch
unterschiedliche Qualifikationsprofile der Mitarbeiter folgen.

Ist der Aufgabenanteil der IT gering, kann häufig nicht ein separater IT-Mitarbeiter
je Aufgabenbereich zur Verfügung gestellt werden [s. ELB, 109]. Daher sind die Funktionen IT-Infrastruktur sowie IT-Prozesse und -Anwendungen auf Konzernebene angesiedelt, um die IT-Mitarbeiter konstant auszulasten und insbesondere Auslastungsspitzen zu
minimieren [ELB, 113]. Beide stehen dem Projekt anteilig als erste Ansprechpartner im
Key-Account-Ansatz zur Verfügung und vertreten das Projekt gegenüber den konzerngebundenen IT-Services (IT Helpdesk, IT-Infrastrukturdienstleistungen, …). Sie agieren als
First-Level-Support für die Fachbereiche, lösen Probleme direkt oder qualifizieren diese
für den Konzernhelpdesk vor. Sie sollten dabei bewusst die Seite der Fachbereiche einnehmen, um von diesen als Unterstützer und nicht als limitierender Faktor wahrgenommen
zu werden [s. ELB, 111] (Abb. 3.20).

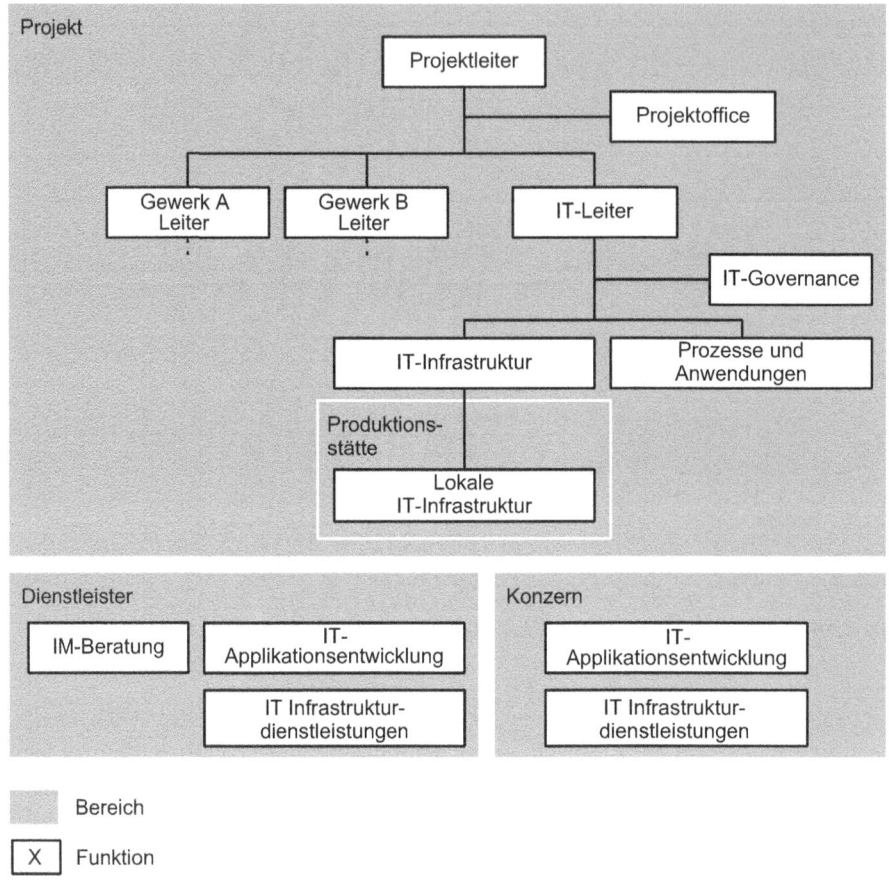

Abb. 3.20 Referenz-IT-Organisation für eine Projektgesellschaft

Projektgesellschaft Sind die Aufgaben der IT für das Gesamtprojekt erfolgskritisch oder ist sie erfolgskritischer Unterstützer der weiteren Fachbereiche [SHA, 155] sollte sie innerhalb der Projektorganisation prominent als eigenständiges Gewerk unter der Projektleitung positioniert sein und an diese berichten [s. SHA, 155]. Sie agiert damit auf Augenhöhe mit den weiteren Gewerken [s. SHA, 155]. Hierbei sollte die direkte Berichtslinie der IT-Leitung an die Geschäftsführung nicht als Machtinstrument fehlverstanden werden, sondern der geschäftliche Mehrwert der Positionierung in den Mittelpunkt rücken (s. Banker et al. 2011, S. 488). Auch da Projekte stärker auf die Aufgabenbewältigung als auf die Kostenoptimierung fokussieren, erscheint die Eingliederung der IT unter der Projektleitung angebracht (s. Banker et al. 2011, S. 491).

Ein Projektoffice als Servicecenter für Abstimmungsprozesse, Dokumentenmanagement, Planungsdokumentation etc. unterstützt das Projekt operativ und entlastet das Management und die Fachabteilungen, die verstärkt ihre Kernaufgaben wahrnehmen können [BOS, 97].

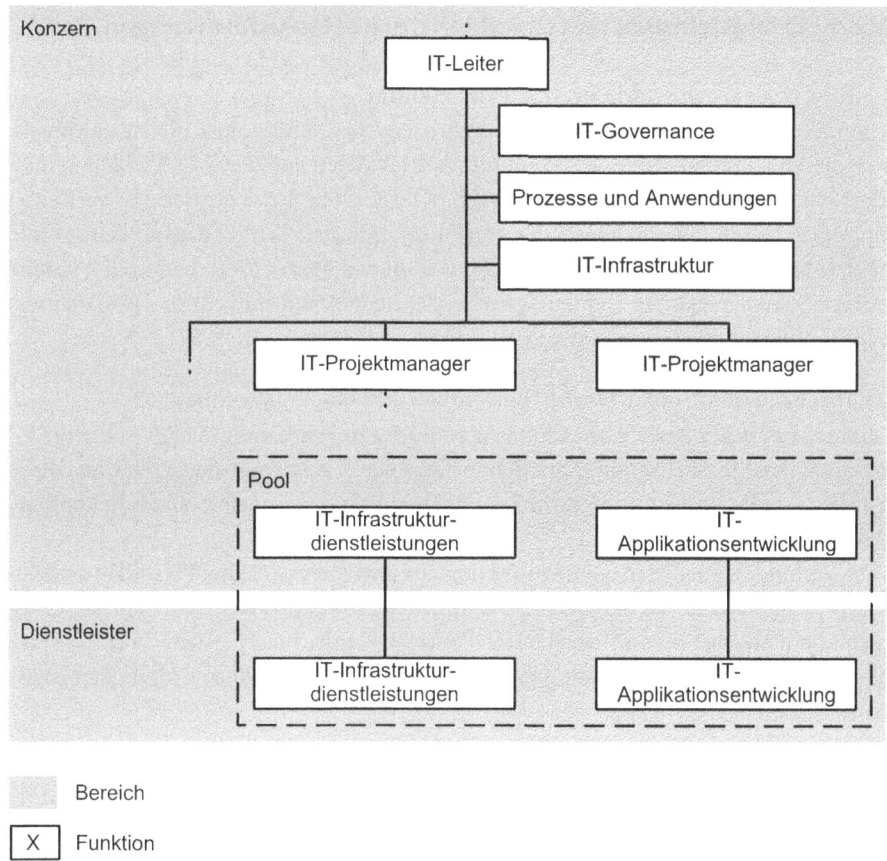

Abb. 3.21 Referenz-IT-Organisation der Multiprojektorganisation (beispielhaft)

Multiprojektorganisation Sind die IT-Prozesse wie im gezeigten Multiprojektansatz projektunabhängig und hoch standardisiert, ist die parallele Entwicklung von 25 Endkundenprojekten möglich [s. FOS, 125]. Mit den Funktionen IT-Governance, Prozesse und Anwendungen und IT-Infrastruktur bestehen drei IT Center of Excellence, die auf globaler Ebene Best Practices für ihre Bereiche entwickeln (wissensintensiv) (s. Sia 2010, S. 62). Pool und Dienstleister werden als IT Shared Services auf einer globalen Plattform gesteuert (ressourcenintensiv) (Abb. 3.21).

[Lokaler IT-Infrastruktur-Support] In internationalen Projekten kommt es auf Grund unterschiedlicher Zeitzonen zu Unterbrechungen der IT-Serviceerbringung. Neben der Erweiterung der Servicezeiten am Projektstandort kann ein lokal eingesetzter Servicemitarbeiter der IT-Infrastruktur als erster Ansprechpartner am Produktionsstandort zur Verfügung stehen und einfache Serviceanfragen direkt lösen [s. ELB; SHA].

3.3.2.4   Erfolgsfaktoren und charakteristische Herausforderungen

Schaffung einer ergebnisorientierten Projektkultur
Termindruck und Ergebnisvorgaben führen dazu, dass Situationen oft zu optimistisch durch die Projektmitarbeiter bewertet und Abweichungen von der Projektplanung in den Teilprojekten erst zu spät erkannt werden [s. BOS, 97]. Für die realistische Bewertung der Teilprojekte ist die Entwicklung einer ergebnisorientierten Fehlerkommunikation erforderlich: Mitarbeiter sollten ihre Teilprojekte sachbezogen einschätzen und offen kommunizieren. Das Management sollte umgekehrt die Bereitschaft mitbringen, Abweichungen von der Planung gemeinsam und konstruktiv zu bewältigen [s. BOS, 97].

Qualifizierung der Projektleitung hinsichtlich ihrer Technikkompetenz
Spätestens wenn sich erste Abweichungen von der Projektplanung zeigen, sollte die Projektleitung in enge Abstimmung mit den technischem Fachbereichen treten und dabei in der Lage sein, die Vorgänge bis zur mittleren Organisationsebene bewerten zu können [s. BOS, 97].

Die Verbindung der Managementfunktion aus unternehmerischem Handeln und technischer Integration in die Projektentscheidungen resultiert in schnellen Entscheidungswegen, die maßgeblich zum Projekterfolg beitragen. Entscheidungstiefe und -geschwindigkeit der Projektleitung sollten dabei in einem für das Projekt erforderlichen Maß in Balance stehen [s. BOS, 97].

Übertragung bestehender Erfahrungen aus Großprojekten
Bestehende Erfahrungen des Managements in Projekten der gleichen Größe oder einer ähnlichen Branche stärken die Verlässlichkeit der getroffenen Entscheidungen und helfen die technischen Fachinformationen für eine übergreifende Planung und Steuerung des Projekts zu nutzen [s. BOS, 97].

Einbezug der Anwendersicht ergänzt Fachkompetenz der IT-Mitarbeiter
Die Aufgabenbereiche IT-Prozesse und -Anwendungen und IT-Infrastruktur erfordern einerseits IT-Fachkompetenz und zusätzlich die Qualifikation, diese in Gesprächen mit den Endanwendern in deren lösungsorientierte Sicht zu transferieren [s. ELB, 114].

Die IT-Mitarbeiter und IT-Projektleiter sollten an den Schulungen für die Projektteilnehmer partizipieren, um auf diesem Weg direktes Feedback zu erhalten und die Möglichkeit zu nutzen, Anwendererfahrungen einzubringen. Als optimal ist zu bewerten, wenn der IT-Mitarbeiter selbst über Erfahrungen als Anwender verfügt, um die Anforderungen der Fachabteilungen auch in ihrer Tiefe nachvollziehen zu können [s. ELB, 115]. Dies stärkt darüber hinaus seine Stellung als Partner in den Teams der Fachabteilungen und erleichtert die Akzeptanz von Entscheidungen, die auf Basis der gesamten IT-Landschaft getroffen wurden, aber möglicherweise seitens einzelner Fachbereiche als individuell einschränkend empfunden werden [s. ELB, 115].

Des Weiteren ist eine geschäftsorientierte, breite Qualifikation der IT-Mitarbeiter mit individuellen Themenschwerpunkten gefragt [NST, 179].

Anwendung von Social Skills in fremden Kulturkreisen

Der Erfolg der Entwicklung, Einführung und Nutzung von Informationssystemen hängt in einer global vernetzten Welt immer stärker von kulturellen Einflussfaktoren ab (Heinzl und Leidner 2012, S. 103). Die Ergebnisse von Entwicklungsprojekten in Osteuropa oder Fernost sind beispielsweise maßgeblich dadurch bestimmt, wie kulturelle Unterschiede auf Anbieter- und Kundenseite überbrückt werden (Heinzl und Leidner 2012, S. 103). Arbeitskulturen können sich z. B. hinsichtlich der Möglichkeit zur Kommunikation von eigenen Fehlern, der Klärung von Schuldzuweisungen oder der Äußerung von Kritik an Vorgesetzten unterscheiden [s. SHA, 163]. Die Zusammenarbeit bedingt das Risiko falsch verstandener Absprachen und einer ungenügenden Fehlerkommunikation.

Mit der Zielsetzung hoher Umsetzungsqualität und Termintreue ist es zunächst erforderlich die Arbeitsmentalität des Landes zu kennen und zu verstehen. Das Projekt sollte sich darauf aufbauend in seiner Arbeitsmethodik an die lokalen Gegebenheiten anpassen und nicht per se von europäischen Standards ausgehen. Arbeitsergebnisse sollten individuell hinterfragt und verifiziert werden.

Ergänzend können Mitarbeitertrainings die Kritikfähigkeit seitens der Dienstleister erhöhen [s. SHA, 163]. Die IT sollte dabei über die erforderlichen Social Skills verfügen, um diese Coachings zur gezielten Förderung lokaler Projektteilnehmer durchzuführen [s. SHA, 164; NST, 179]. Einkäufer wie Dienstleister, die an Corporate-Social-Responsibility-(CSR-)Initiativen teilnehmen, entwickeln ein hohes Maß an geschäftlichem Mehrwert durch die Outsourcing-Beziehung und generieren soziale Werte für die Regionen, in denen sie operieren (Babin et al. 2011, S. 9).

Konzentration auf IT-Management und -Governance

Stehen Projekte unter hohem Zeitdruck, ist es seitens der IT erforderlich, die IT-Infrastruktur in kürzester Zeit bereitzustellen und sich in die Lage zu versetzen, die weiteren Aufgaben über alle IT-Bereiche hinweg zu steuern [s. NOS, 143]. Eine sehr gute Konjunkturlage belastet den schnellen Aufbau der IT-Organisation zusätzlich, da die hierfür erforderliche Personalbeschaffung am Projekt- und Produktionsstandort erschwert ist [s. NOS, 143]. Zielführend erscheint unter diesen Voraussetzungen die Konzentration der Projekt-IT auf IT-Management- und IT-Governance-Tätigkeiten. Sie übernimmt damit die Abstimmung und Steuerung der Aufgaben, die operativ durch Dienstleister und Berater umgesetzt werden.

Neben den bereits dargestellten Qualifikationen der IT im Projektumfeld ist hierfür die Fähigkeit des Vendor Managements erforderlich [s. NOR, 179], mit dem Ziel, die Projektdienstleister erfolgreich zu steuern und ihre Ergebnisse bestmöglich in das Projekt zu integrieren.

Einbettung der IT als Linienabteilung

Die Einbettung der IT als Linienabteilung bewirkt eine klare Kompetenzausstattung, die eine rasche Entscheidungsfindung ermöglicht, und zum anderen dafür sorgt, dass der Kontakt zu den Anwendern und Nutzern durch die gleichgestellte Eingliederung neben den anderen Fachbereichen unterstützt wird. Bei der Einordnung als Stabsstelle kämen der Informationsverarbeitung keine formalen Machtbefugnisse zu (s. Biethahn 2004, S. 207). Mit Bezug zu den Erfahrungen der Fallstudien erscheint die Linienabteilung die zu präferierende Gestaltungsform darzustellen [s. NOS, SHA, BOS].

3.3.3 Outsourcing – Integration und Management von IT-Dienstleistern

Der Source-Prozess stellt das Bindeglied zwischen dem Delivery-Prozess eines Leistungserbringers und dem Make-Prozess eines Kunden dar. Im Mittelpunkt stehen diejenigen Aufgaben, die zum Einkauf der benötigten IT-Produkte und -Dienstleistungen erforderlich sind (s. Zarnekow et al. 2005, S. 76; Abb. 3.22).

Der Begriff des Outsourcings soll hervorheben, dass insbesondere der projektexterne Leistungsbezug betrachtet wird (s. Jouanne-Diedrich 2005, S. 23). Als extern sind somit auch alle Leistungen zu bewerten, die durch Konzernstrukturen erbracht werden, die mit dem Projekt verbunden sind, unabhängig von der Eigenständigkeit des Projekts.

3.3.3.1 Aufgaben, Rollen und Standards

- IT-Leiter: Der IT-Leiter entscheidet über die Sourcing-Strategie und berücksichtigt dabei die generellen Sourcing-Vorgaben des Projekts. Er ermittelt unter Umständen in Zusammenarbeit mit dem Einkauf den Bedarf und die Auswahl möglicher externer Dienstleister (gegebenenfalls Auswahl an Preferred Suppliern).
- Projekteinkauf: Der Projekteinkauf bündelt alle Einkaufsaktivitäten für die Fachbereiche und IT und unterstützt die Definition der SLAs [s. NOS, 146].

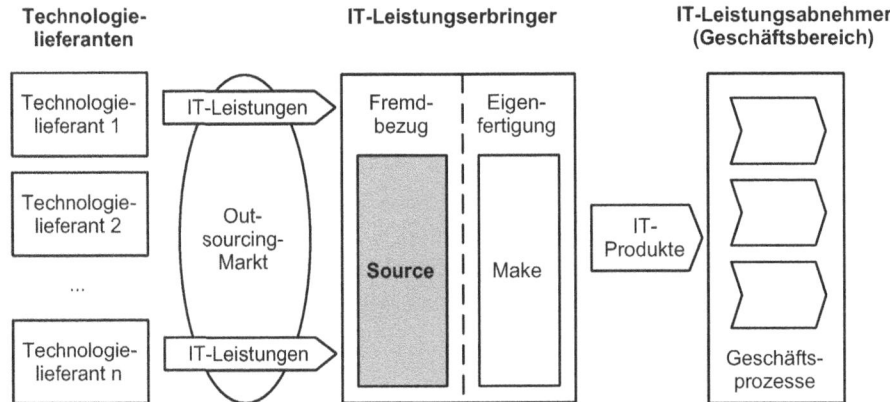

Abb. 3.22 Source-Prozess eines IT-Leistungserbringers. (Zarnekow 2005, S. 77)

3.3.3.2 Einflussfaktoren
Projektvolumen

Das Projektvolumen hat Auswirkung auf die Dienstleisterauswahl, da Dienstleister gefunden werden müssen, die Erfahrungen ähnlicher Projektgrößen aufweisen. Darüber hinaus ist zu berücksichtigen, dass Projekte typischerweise stark anwachsen. Ein Dienstleister, der anfangs passend erscheint, kann zur Projektmitte überfordert sein [s. NOS].

Zeitdruck aus Sicht der IT

Steht die IT des Projekts unter hohem Zeitdruck, können externe Dienstleister die projektinterne IT entlasten.

Anwendbare IT-Vorerfahrungen (Projektindustrialisierung)

Stehen dem Projekt IT-Vorerfahrungen zur Verfügung, können Erfahrungen mit Dienstleistern auf neue, gleichartige Projekte übertragen werden. Die Risiken, die mit der Auswahl neuer Dienstleister bestehen, entfallen somit [s. SHA]. Im Fall hoher Projektindustrialisierung mit zentraler IT besteht die Möglichkeit der Auswahl von Preferred Suppliern, um eine Balance zwischen erprobter Zusammenarbeit und wirtschaftlichem Wettbewerb zu schaffen [s. FOS].

3.3.3.3 Handlungsempfehlungen

Konzeptionelle Einbettung Urbach und Würz (2012, S. 241) schlagen als Referenzmodell der Steuerungsprozesse für das IT-Outsourcing sechs Mechanismen vor, die IT-Managern helfen, Outsourcing-Beziehungen effektiv einzusetzen und zu steuern. Die sechs Mechanismen können für den Projektkontext auf drei Outsourcing-Leitprozesse reduziert werden (Abb. 3.23):

Mechanismus gemäß Referenzmodell	Leitprozess im Projektumfeld
1. Anforderungsmanagement	1. Servicedefinition
2. Vertragsmanagement	
3. Kommunikationsmanagement	2. Serviceerbringung
4. Risikomanagement	
5. Performancemanagement	3. Serviceevaluation
6. Serviceverbesserung	

Abb. 3.23 Reduktion des Referenzmodells auf die Leitprozesse im Projektumfeld

1. Servicedefinition   **2. Serviceerbringung**   **3. Serviceevaluation**

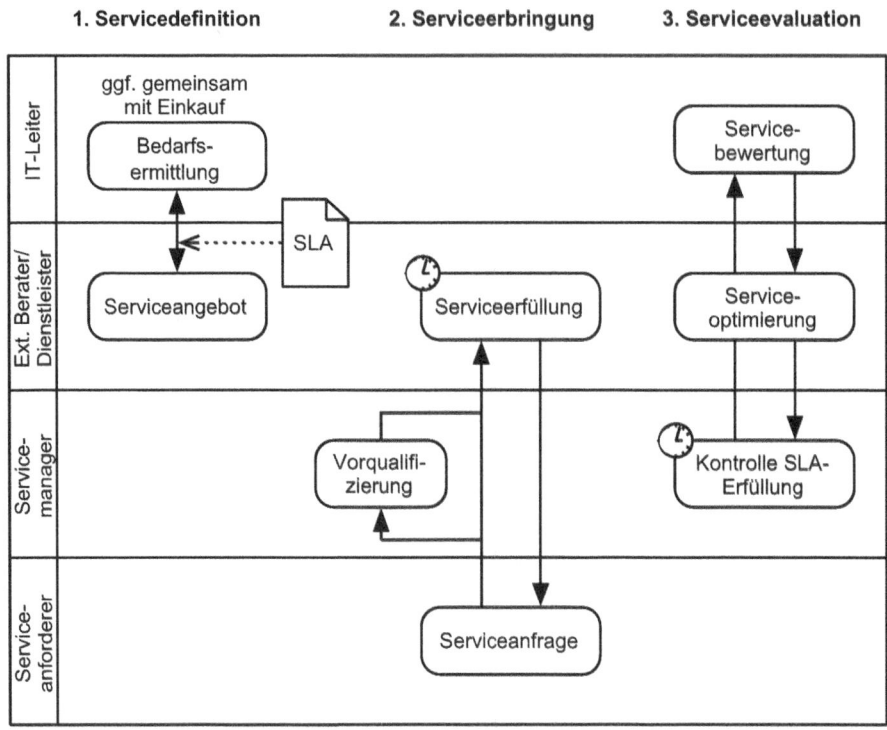

Abb. 3.24 Dienstleistermanagement im Projektkontext

Externalisierungsprozess Der Externalisierungsprozess verläuft zwischen Dienstleister/
Konzern und dem Projekt. Die Servicedefinition ist durch einen SLA in ihren angebotenen
Leistungseigenschaften definiert [ELB, 113].

Im SLA sind die charakteristischen Projektanforderungen wie beispielsweise verlän-
gerte Supportzeiten für Projekt- und Produktionsstandort, eine mehrsprachige Servicehotline, die Servicedimensionierung und abgestimmte Lösungszeit zu berücksichtigen.
Die IT-Services sollten sich hinsichtlich ihrer Verfügbarkeit und Leistung am Projekt und
seinen umsetzenden Produktionspartnern orientieren [s. NOS, 146] (Abb. 3.24).

Können diese nicht vollständig durch den externen Servicedienstleister erfüllt werden,
sollten die Prozesse durch projektinterne Strukturen und Mitarbeiter ergänzt werden. Die
internen Servicemanager stehen dem Projekt für einfache Anfragen unmittelbar zur Verfügung und qualifizieren komplexere Anfragen vor, um sie im nächsten Servicefenster ein-
zureichen [s. ELB, 114].

Die Einhaltung der vereinbarten Servicelevels gilt es stets zu überprüfen und sicherzustellen [NOS, 146]. Die spezifischen Varianten der Leistungsmessung, die in einem
Servicelevelvertrag gefordert werden, bestimmen die Anreize für den Dienstleister und
letztendlich die erzielte Leistung. Überaschenderweise sinkt mit zunehmender Anzahl an
Leistungsindikatoren die generelle Zufriedenheit mit den erzielten Ergebnissen (s. Fitoussi

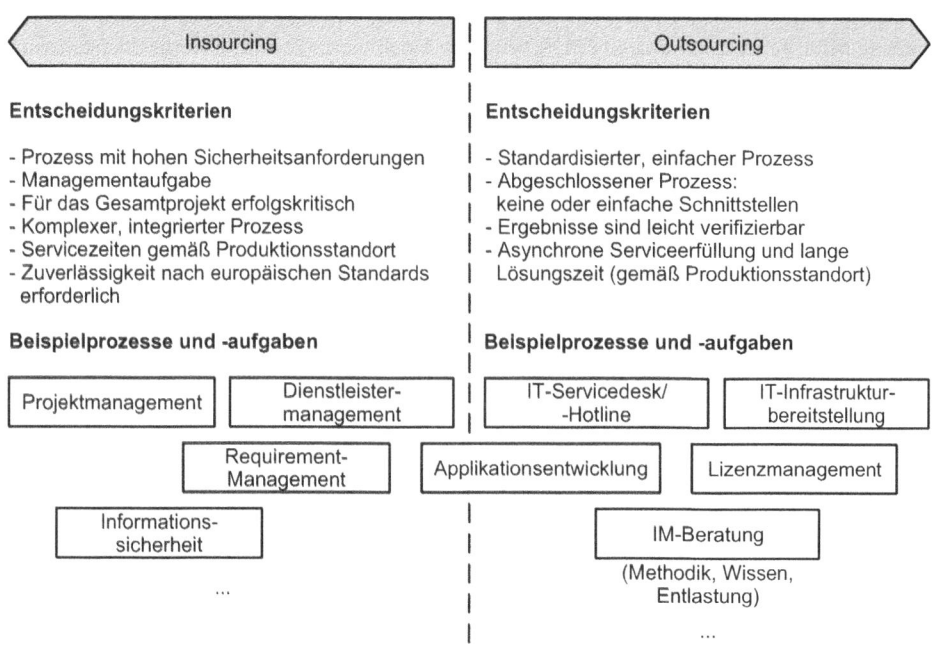

Abb. 3.25 Make-or-Buy-Entscheidungskriterien im Projektkontext [s. SHA, NOS]

und Gurbaxani 2012, S. 129). Es ist daher zielführender, sich auf eine geringe Anzahl an charakteristischen Leistungsparametern zu einigen.

Aufteilung und Kriterien der Prozesse Die Prozesse und Aufgabe des Informationsmanagements innerhalb eines Großprojekts eignen sich in unterschiedlicher Weise für Outsourcing an Berater und IT-Dienstleister (Abb. 3.25).

- Aufgaben, die ein besonderes Maß an Verantwortung, Zuverlässigkeit und Sicherheit erfordern, sollten intern umgesetzt werden [s. BOS, 97]. Operative Themen sollten dann intern erfolgen, wenn sie für den Gesamtprojekterfolg als kritisch zu bewerten sind [s. BOS, 97]. Managementtätigkeiten [BOS, 96], Requirement-Management [BOS, 22] werden z. B. typischerweise intern erbracht.
- Ausgelagert werden können operative Tätigkeiten mit geringem Aufwand [BOS, 97]. Sicherheitsrisiken sind in diesen Bereichen als vergleichsweise gering einzuschätzen [s. BOS, 97]. Beispielsweise extern werden häufig das Rechenzentrum, Kommunikationsdienste (E-Mail, Internet, …), Projektnetzwerk, Servicedesk mit -hotline, Softwarelizenzmanagement [ELB, 113] umgesetzt.

Externe Berater Externe Berater unterstützen das Projekt insbesondere in Fachdisziplinen, beispielsweise der IT-Entwicklung, um Spezialisten in das Projekt zu integrieren und interne Mitarbeiter zu entlasten [BOS, 96]. Ihre Unabhängigkeit und Methodikerfahrung hilft, Entscheidungen über das Projekt hinaus, z. B. auf Konzernebene, zu vertreten. Beispielsweise können durch sie aktuelle Marktentwicklungen in der Systemauswahl berücksichtigt werden (HOC, 131; s. Reich und Sauer 2010).

Blaize et al. (2010, S. 127) zeigen, dass externe IT-Projektmanager drei zusätzliche Rollen zu ihrer Kernaufgabe, das Einzelprojekt zu steuern, wahrnehmen:

1. Account Manager: Der externe Projektmanager ist Ansprechpartner für den Kunden, gestaltet den Leistungsvertrag und übernimmt die Verantwortung für die Zufriedenheit des Leistungsempfängers.
2. Stellvertretender Sponsor: Über die Idee, dass Berater in jedem Moment objektive Einschätzungen vertreten, hinaus, unterstützen sie die Vorhaben im Sinne des Auftraggebers, indem sie für ihn Argumentationslinien entwickeln (s. Blaize et al. 2010, S. 128). Insbesondere unter dem Eindruck der Objektivität erscheinen die Argumentationslinien überzeugend.
3. Führungsstarke Leitfigur: Es wird von ihnen erwartet, dass Berater zunehmend präsent, vermehrt Wissensträger und Vorbild für andere sind. Sie übernehmen dabei auch Führungsaufgaben in der Linie und verlassen ihre klassische Stabsfunktion.

Der Aufwand, für das Projekt geeignete Berater auszuwählen und zu steuern, sollte nicht unterschätzt und als Bestandteil der Ressourcenplanung berücksichtigt werden [BOS, 97].

3.3.3.4   Erfolgsfaktoren und charakteristische Herausforderungen
Langfristige Sicherung der Beratungsergebnisse
Die durch externe Berater erworbene Kompetenz gilt es über die einzelne Beauftragung hinaus für das Projekt zu sichern [s. BOS, 96]. Die Projektleitung und die IT-Leitung haben hierzu die Aufgabe, externe Berater aktiv zu steuern und den Wissenstransfer zu gewährleisten [BOS, 97].

Berücksichtigung von Soft Skills im Qualifikationsprofil externer Berater
Externe Berater sind neben ihrer fachlichen Qualifikation, priorisiert nach ihrer Kommunikationsfähigkeit, ihrer Motivation, sich in die Projektteams zu integrieren, und den erhöhten Sicherheitsanforderungen auszuwählen [BOS, 97].

Auswahl der Servicedienstleister nach den gegebenen Projektanforderungen
Als zielführend im Projektumfeld erweist sich die Auswahl des IT-Dienstleister an der eigenen Projektgröße. Hierfür sollten möglichst präzise Annahmen getroffen werden, wie sich die Projektgesellschaft über den Projektverlauf entwickelt. Dies sichert die Möglichkeit des weiteren Wachstums genauso wie eine hohe Priorisierung des eigenen Vorhabens seitens des Dienstleisters. Letzteres ist für eine schnelle und pragmatische Projektumsetzung entscheidend [s. NOS, 147]. Mit Berücksichtigung des gesamten zu erwartenden

Projektverlaufs ist gewährleistet, dass der Partner auch zu Auslastungsspitzen mit dem Projekt nicht überfordert ist.

Sicherstellung der Dienstleisterunabhängigkeit in jedem Moment

Gerade innerhalb der IT ist zu berücksichtigen, dass mit zunehmendem Outsourcing auch die Abhängigkeit von Dienstleistern steigt [NOS, 148]. Zu begründen ist dies unter anderem mit der asymmetrischen Informationsverteilung zwischen Auftraggeber und Auftragnehmer und den gegebenenfalls unterschiedlichen Motivationslagen zwischen den Akteuren (s. Gopal et al. 2003).

Projekte sollten sich die Möglichkeit und Bereitschaft, auch Dienstleister auszutauschen, erhalten, um nicht durch Einzelabhängigkeiten den Projekterfolg zu gefährden. Hierfür ist es erforderlich, die eigene Unabhängigkeit in jedem Moment sicherzustellen. Die Serviceerbringung sollte von regelmäßigen Qualitätskontrollen begleitet sein und ihre objektive Messung in Form von KPIs ermöglicht werden [s. NOS, 147]. Die KPIs sind Grundlage zur Bewertung des Services und Benchmark im Vergleich mit alternativen Lösungs- und Dienstleisteroptionen [s. NOS, 146].

Anpassung der Lösungszeit an die Produktionsumgebung

Der Parameter der Lösungszeit ist eine zentrale Leistungseigenschaft eines SLAs. Dieser kann auf die Geschwindigkeit der Produktionsumgebung angepasst werden. Typischerweise führt die Unterbrechung eines Service erst nach Tagen zu einem kostenintensiven Anhalten der Produktion. Es besteht somit kein Bedarf für aufwendige und teure Just-in-time-Services [s. NOS, 147].

Zusammenarbeit mit erprobten Preferred Suppliern

Die Make-or-Buy-Entscheidungen sind, ohne vergleichbare Vorerfahrungen, jeweils im Kontext des konkreten Dienstleisters, der vorhandenen, internen Ressourcen und der Aufgabenstellung zu wählen.

Erfolgt die Projektumsetzung bei einem hohen Grad an Projektindustrialisierung oder liegen Vorerfahrungen vor, auf die das Projekt zurückgreifen kann, können die Erfahrungen auf ein neues Projekt übertragen werden. Vorteilhaft erscheint hier, wenn das Projekt bereits auf ein erprobtes Dienstleisternetzwerk aus Preferred Suppliern zurückgreifen kann. Dies trägt zur Entlastung der IT gerade zu Projektbeginn bei, da der Aufwand der Dienstleisterauswahl und das Wechselrisiko reduziert sind [s. NOS, 148].

Auch am Produktionsstandort ist es zielführend, auf verlässliche und erprobte Partnerschaften zurückzugreifen, da Vertriebs- und Terminaussagen lokaler Dienstleister kritisch geprüft werden müssen und nicht immer nach europäischen Maßstäben bewertet werden können [s. SHA, 163].

Einkauf von IT-Infrastruktur am Produktionsstandort

Liegt der Produktionsstandort des Projekts im Bereich erhöhter Zollbestimmungen und übersteigen die Preise für IT-Infrastruktur das gewohnte Niveau, sind die Importrisiken

(z. B. Blockade wichtiger Komponenten durch den Zoll) gegenüber den hohen Preisen abzuwägen. Besitzt der Zentralkonzerneinkauf eines Anteilseigners in diesem Punkt Erfahrungen, kann dieser die projektinterne IT im Vergleich und der Bewertung der lokalen Preise am Produktionsstandort unterstützen [s. SHA, 162].

Beim Leasing von IT-Infrastruktur sollte die Projektlaufzeit im Vorfeld eindeutig feststehen, um die Leasingraten dem Projektzeitplan anzupassen. Einfacher und dahingehend zuverlässiger ist der direkte Kauf der IT-Infrastruktur am Standort durch die Projektgesellschaft [s. SHA, 163].

4

Ausgangspunkt für die Integration der Erfahrungen aus der Praxis ist die Analyse mit Hilfe von fünf Fallstudien. Diese integrieren die Erfahrungen aus den Großprojekten und machen sie für das allgemeine Referenzmodell des Projektinformationsmanagements nutzbar. Die Forschungsergebnisse sind damit durch die Erfahrungen der Praxis belegt.

4.1 Anwendung der Fallstudienmethodik

Die Anwendung der Fallstudienmethodik erläutert zunächst die Vorgehensweise und die Auswahlkriterien der untersuchten Projekte. Der Abschnitt stellt ferner sechs charakteristische Einflussfaktoren vor, die sich im Rahmen der Fallstudienerhebung als prägend für die Entscheidungen des Informationsmanagements erwiesen haben.

4.1.1 Angewandte Methodik

Grundlage für die Erhebung der fünf Fallstudien ist der Fallstudienprozess nach Yin (2009). Er beschreibt ein lineares, iteratives Verfahren für die strukturierte Durchführung einer Fallstudie (single case study) oder mehrerer Fallstudien (multiple case studies) (Abb. 4.1).

G. Gemmel, *Strategisches Informationsmanagement in Großprojekten der Industrie*, DOI 10.1007/978-3-662-43423-9_4, © Springer-Verlag Berlin Heidelberg 2014

Abb. 4.1 Fallstudienprozess.
(nach Yin 2009)

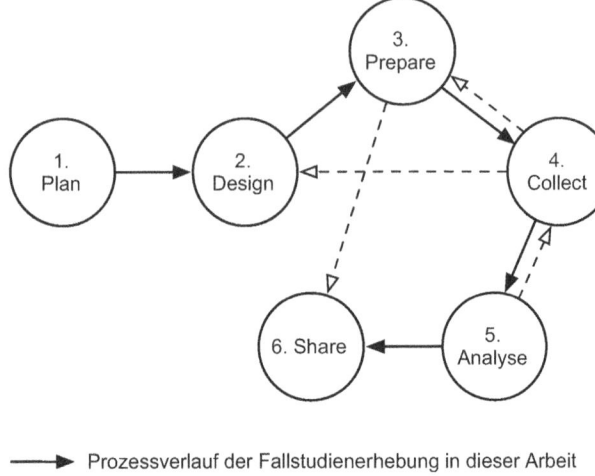

Prozessverlauf der Fallstudienerhebung in dieser Arbeit
Möglicher Prozessverlauf gemäß Fallstudientheorie

4.1.1.1 Plan/Planung

Prüfung der Anwendbarkeit der Fallstudienmethodik zur Beantwortung der Forschungs-
frage und Ableitung der Anforderungen/Auswahlkriterien für die Stichprobe.

4.1.1.2 Design/Gestaltung

Entscheidung über die Anzahl der erforderlichen Fallstudien, um im Ergebnis eine durch
Praxiserfahrungen belastbare Aussage zu gewinnen. Auswahl und Anfrage von fünf Bei-
spielprojekten gemäß den gewählten Anforderungen.

4.1.1.3 Prepare/Vorbereitung

Entwicklung eines einheitlichen Fragebogens entlang der Dimensionen des Business Engineerings Strategie, Prozesse und Umsetzung.

Die Auswahl der Fragen soll einen möglichst breiten Blick auf alle Aspekte des Informationsmanagements der Projekte ermöglichen und dabei den Frageschwerpunkt auf die
strategische Ebene legen.

4.1.1.4 Collect/Abfrage

Befragung der ausgewählten Beispielprojekte in Form von Experteninterviews mit Hilfe
des entwickelten Fragebogens.

Erfahrungen aus der Abfrage der ersten Projekte fließen in Form einer verbesserten,
zielgerichteten Fragetechnik in weitere Experteninterviews ein (Iteration nach Yin (2009)).
Neben dem übergreifenden Fragebogen unterstützt die Auswahl der Experten aus den Bereichen Management, IT-Management und typischer Anwender die Identifikation des Informationsmanagements aus drei unterschiedlichsten Perspektiven. Die Integration des
Managements erfolgte teilweise in einem zweiten Schritt als Bestätigung der im Entwurf
des Fallstudienberichts dokumentierten Erfahrungsschwerpunkte.

4.1.1.5   Analyse/Analyse

Zusammenfassung der Ergebnisse der Experteninterviews in einen Fallstudienbericht (case study report) für jedes untersuchte Projekt.

Die Berichte sind zur besseren Vergleichbarkeit und weiterer Auswertung einheitlich strukturiert und stellen die Erfahrungsschwerpunkte der Projekte in den Mittelpunkt. Die Erfahrungsschwerpunkte sind gemäß angetroffener Situation, bestehender Herausforderung aus der Situation, Lösung der Herausforderung im Projekt und Ableitung der daraus gewonnenen Projekterfahrung detailliert, um den linearen Prozess der Erfahrungsgewinnung darzustellen.

Ergänzend zur Befragung aus mehreren Sichtweisen wurde zur Verfügung gestellte Projektdokumentation (öffentliche Projektvorstellung, Projekthandbücher, Richtlinien, IT-Planung, Leistungskataloge, …) in die Analyse integriert, um die gemäß Theorie geforderte Triangulation und damit die Verlässlichkeit der Aussagen sicherzustellen (Yin 2009, S. 18).

4.1.1.6   Share/Abstimmung

Abstimmung, Korrektur und Bestätigung der Fallstudienberichte durch die teilnehmenden Projekte.

Ergänzend zu den Interviewpartnern erfolgte, falls erforderlich, eine zusätzliche Freigabe durch die Projekt- und Unternehmenskommunikation.

4.1.2   Auswahl der Großprojekte

Die Fallstudienforschung basiert im Gegensatz zur quantitativen Forschung auf einer zielgerichteten Auswahl der Untersuchungsgegenstände (s. Eisenhardt 1989).

Dieses Referenzmodell fokussiert das Informationsmanagement auf den Kontext von Großprojekten der Industrie. Analog folgt für die Auswahl der Stichprobe (Sampling), dass die gewählten Projekte hinsichtlich ihrer Größe (über die Teilaspekte Projektdauer, Projektvolumen und Mitarbeiteranzahl) und ihrer Branchenzugehörigkeit passend erscheinen, um im Ergebnis des Referenzmodells generalisierte Aussagen für diesen Spezialfall treffen zu können. Im Detail erfolgte die Projektauswahl gemäß folgenden Sampling-Parametern:

- Das Projekt besitzt eine eigene IT, die für das Projekt Leistungen erbringt. Diese kann projektintern oder konzerngebunden vorhanden sein und ihre Leistungen auch weiteren Projekten anbieten. (Die daraus folgenden Unterschiede sind im Referenzmodell berücksichtigt.)
- Die Projektdauer beträgt mindestens 2 Jahre (Teilaspekt Zeit der „Projektgröße").
- Zur Umsetzung des Projekts ist ein Volumen von mindestens 250 Mio. € erforderlich (Teilaspekt Projektvolumen der „Projektgröße"). Relevant ist das zum Zeitpunkt der Auswahl benannte Projektvolumen des Projekts: Hatte das Projekt ursprünglich ein geringeres, geplantes Volumen, erscheint es für die Fallstudie dennoch geeignet, da sie sich auch inhaltlich auf den neuesten Planungsstand bezieht.

- Für das Projekt arbeiteten im Moment der höchsten Mitarbeiterzahl mindestens 100 Personen/FTEs (Teilaspekt Mitarbeiteranzahl der „Projektgröße").
- Das Projekt ist einer industriell geprägten Branche zuzuordnen (Anlagenbau, Logistik, chemische Verarbeitung, Hoch- und Tiefbau, Energieerzeugung, Transport, …).
- Es stehen Ansprechpartner aus dem Gesamtprojektmanagement, der IT-Leitung und Entscheidungsträger aus den Fachbereichen, als projektinterner IT-Kunde, für ein Experteninterview zur Verfügung.
- Das Projekt stimmt einer späteren Veröffentlichung seiner Fallstudie zu. (Falls gewünscht, können Detailangaben ausgeschlossen werden.)

4.1.3 Einflussfaktoren

Die Analyse der Erfahrungen der betrachteten Fallstudien zeigte, dass diese von sechs charakteristischen Faktoren beeinflusst werden. Zur besseren Vergleichbarkeit der Projekte erfolgt eine Bewertung in jeweils fünf Stufen.

Die Bewertung soll dabei dem Anspruch genügen, ein adäquates, möglichst gleich verteiltes Raster für die fünf untersuchten Fallstudien darzustellen, und ist gegebenenfalls vor der Anwendung auf weitere Projekte anzupassen.

4.1.3.1 Projektvolumen

Das Projektvolumen bestimmt die Größe des Projekts gemessen an seinem Gesamtbudget. Das herangezogene Gesamtbudget basiert auf dem im Moment der Fallstudienerhebung aktuellen und bekannten Planungsstand des Projekts (Tab. 4.1).

Tab. 4.1 Bewertung des Projektvolumens

Bewertung	Stufe	Kommentar
●	> 1.200 Mio. €	sehr groß
◕	1.200 – 900 Mio. €	groß
◑	900 – 600 Mio. €	mittel
◔	600 – 300 Mio. €	klein
○	< 300 Mio. €	sehr klein

Tab. 4.2 Bewertung des Zeitdrucks aus Sicht der IT

Bewertung	Stufe	Kommentar
●	Zieltermine und Fristsetzung	Verbindliche Zieltermine sind zwischen IT, Projektleitung und Auftraggebern mit gesetzter Frist vereinbart.
◕	Verbindliche Zieltermine	Die definierten Zieltermine sind verbindlich vereinbart.
◑	Geplantes Projektende	Das Projektende ist geplant. Die Terminierung von Zwischenzielen liegt rein in der Verantwortung der IT.
◔	Innerhalb der Fachbereiche	Zeitvorgaben bestehen innerhalb der einzelnen Gewerke/Fachbereiche, jedoch nicht für die IT.
○	Kein Zeitdruck	Es bestehen keine Zieltermine.

4.1.3.2 Zeitdruck aus Sicht der IT

Der Zeitdruck aus Sicht der IT bemisst die zeitlichen Anforderungen, die das Geschäft an die IT-Unterstützung stellt. Wesentlicher Indikator für diesen Einflussfaktor ist die Verbindlichkeit der vereinbarten Termine, gegebenenfalls unter Berücksichtigung von Vertragsstrafen.

Typischerweise entspricht der Zeitdruck aus Sicht der IT dem Gesamtzeitdruck, dem das Projekt unterworfen ist (Tab. 4.2).

4.1.3.3 Anwendbare IT-Vorerfahrungen (Projektindustrialisierung)

Verfügt das Projekt über anwendbare IT-Vorerfahrungen, können diese unter geringem Aufwand und unter Vermeidung von Risiken für die neue Projektaufgabenstellung herangezogen werden.

Setzt ein Auftragnehmer mehrere gleichartige, standardisierte Projekte um, können diese durch eine ebenfalls standardisierte IT unterstützt werden. Diese ist projektextern in einer Konzernorganisation zentralisiert und ihre Methodik hinsichtlich Leistungen und Produkte in hohem Maß industrialisiert (Tab. 4.3).

4.1.3.4 Internationalität des Projekts

Die Internationalität eines Projekts bestimmt sich durch die relative Lage der Projektstandorte. Sie setzen sich aus seinen Unternehmensstandorten, den Standorten der involvierten Konzerne und den Produktionsstandorten zusammen. Einfluss auf das Projekt haben hierbei die jeweils zwischen zwei Standorten unterschiedlichen Zeitzonen, Sprachen und Arbeitskulturen (Tab. 4.4).

Tab. 4.3 Bewertung der anwendbaren IT-Vorerfahrung (Projektindustrialisierung)

Bewertung	Stufe	Kommentar
●	Zentralisierte projektübergreifende IT	Die IT ist innerhalb eines Konzerns zentralisiert. Projekte sind hoch standardisiert und werden auf Basis von industrialisierten IT-Produkten und -Leistungen umgesetzt.
◕	Vorlage mit IT⁻ Prozessen, eigene Projekt-IT	Die gesamte Projekt-IT ist in ihren Prozessen, Strukturen, Anwendungen und Dienstleistern vorbereitet. Die Projekt-IT zur Umsetzung ist eigenständig und innerhalb des Projekts.
◑	Erfahrungen und Vorlagen übertragbar	Erfahrungen und Vorlagen aus ähnlichen Projekten sind übertragbar.
◔	Erfahrung übertragbar, aber keine Vorlagen	Erfahrungen aus vergleichbaren Projekten sind vorhanden und können nach einer Bewertung und Anpassung übertragen werden. Vorlagen fehlen.
○	Keine Erfahrung übertragbar	Es bestehen keine Erfahrungen oder Vorlagen, die für das Projekt anwendbar wären.

4.1.3.5 Eigenständigkeit der Projektorganisation

Mit der Eigenständigkeit der Projektorganisation wird das rechtliche wie operative Verhältnis des Projekts zu seinen Anteilseignern bestimmt. Das Projekt kann von einem Unternehmensprozess (maximal abhängig/integriert) bis hin zu einer eigenständigen Projektgesellschaft (maximal unabhängig) geformt sein.

Die Eigenständigkeit der Projektorganisation kann beispielsweise durch die Corporate-Governance-Richtlinie eines am Projekt beteiligten Konzerns vorgegeben oder reglementiert sein (Tab. 4.5).

4.1.3.6 IT-Bezug des Gesamtprojekts

Der IT-Bezug des Gesamtprojekts ist umso höher, je mehr das Gesamtprojektvorhaben selbst ein IT-Projekt ist. Die Rolle der IT innerhalb des Projekts variiert somit von einem unterstützenden Faktor zur Aufgabe des Gesamtprojektmanagers (Tab. 4.6).

Tab. 4.4 Bewertung der Internationalität des Projekts

Bewertung	Stufe	Kommentar
●	International mit verschiedener Arbeitskultur	Mindestens ein Standort des Projekts liegt in einem geographischen Gebiet mit unterschiedlicher Arbeitskultur (z.B. Deutschland und Fernost).
◕	International mit einheitlicher Arbeitskultur	Die Projektstandorte liegen in unterschiedlichen Sprachräumen und gegebenenfalls unterschiedlichen Zeitzonen, die Arbeitskultur aller Standorte ist jedoch gleich oder vergleichbar (z.B. Deutschland und Russland).
◐	Alle Teilnehmer im gleichen Sprachraum	Alle Projektstandorte befinden sich in einem Kultur- und Sprachraum (z.B. Deutschland, Österreich, Schweiz). Das Projekt ist ab dieser Stufe als international zu bezeichnen.
◔	Alle Teilnehmer im gleichen Land	Alle Projektstandorte befinden sich in einem Land, jedoch nicht am gleichen Standort (z.B. zwei Städte in Deutschland).
○	Alle Teilnehmer am gleichen Standort	Alle Projektteilnehmer befinden sich am gleichen geographischen Standort. Das Projekt kann nicht als international bezeichnet werden.

Tab. 4.5 Bewertung der Eigenständigkeit des Projekts

Bewertung	Stufe	Kommentar
●	Eigenständige Projektgesellschaft	Für das Projekt wurde eine rechtlich eigenständige Projektgesellschaft mit mehreren Anteilseignern gegründet.
◕	Konzerngebundene Projektgesellschaft	Die Projektgesellschaft besitzt einen Konzern als Anteilseigner, der in die Projektentscheidungen eingebunden ist.
◐	Projektorganisation als Teil des Konzerns	Die Projektorganisation ist innerhalb des Konzerns als separates Projekt angesiedelt, jedoch nicht rechtlich eigenständig.
◔	Projektorganisation innerhalb der Linienorganisation	Das Projekt bildet im Rahmen der bestehenden Linienorganisation eine eigene Geschäftseinheit.
○	Projektprozess innerhalb der Linienorganisation	Die Projektprozesse sind durch die bestehende Linienorganisation abgebildet. Das Projekt ist keine eigenständige Geschäftseinheit.

Tab. 4.6 Bewertung des IT-Bezugs des Gesamtprojekts

Bewertung	Stufe	Kommentar .
●	IT-Projekt	Das Projekt ist ein IT-Projekt.
◑	Große Teile durch IT geprägt	Das Projekt ist in großen, relevanten Teilbereichen durch IT geprägt.
◐	IT ist wesentlicher Faktor	IT ist ein wesentlicher Faktor des Projekterfolgs.
◕	IT ergänzt das Projekt	IT trägt ergänzend zum Projekt bei, erfüllt dabei aber keine zentrale Aufgabe.
○	IT ist nicht Teil des Projekts	Die Projektumsetzung erfolgt ohne Anwendung von IT-Lösungen.

4.2 Digitalfunk BOS

4.2.1 Ergebnisse der Fallstudie

Zielsetzung des Projekts Digitalfunk BOS ist die Einführung des Digitalfunks für alle Behörden und Organisationen mit Sicherheitsaufgaben (BOS). Hierbei werden die bestehenden analogen Funknetze abgelöst und wird ein deutschlandweit einheitliches und flächendeckendes Digitalfunknetz bereitgestellt. Das Netz der BOS ist das weltweit größte Funknetz und für die gleichzeitige Kommunikation von 500.000 Nutzern ausgelegt.

Mit der neuen, digitalen Funknetzgeneration kann eine bessere, schnellere und verlässlichere Hilfe im Notfall bereitgestellt werden. Grundlage des Netzes bildet wie in anderen europäischen Ländern der TETRA-Standard, welcher speziell für die Anforderungen der Behörden und Organisationen mit Sicherheitsaufgaben entwickelt wurde. Dieser Standard unterstützt die hohen Anforderungen der Behörden und Organisationen mit Sicherheitsaufgaben an Netzverfügbarkeit, Abhörsicherheit und Sprachqualität.

Die Bundesanstalt für den Digitalfunk der Behörden und Organisationen mit Sicherheitsaufgaben (BDBOS) ist die Bedarfsgemeinschaft des Projekts aus Bund und Ländern und eine extra für den Projektzweck gegründete Behörde. Die BDBOS trägt somit die Funktion des Kunden und Auftraggebers für das gesamte Projekt (Abb. 4.2).

Der Projektverlauf gliedert sich in die drei Abschnitte Netzplanung (mit Rollout), Interimsprojekt und Betriebsphase. Im Folgenden wird das Interimsprojekt als Teilaspekt ausgewählt und, sofern nicht anders vermerkt, isoliert betrachtet (Abb. 4.3).

Das Servicemanagementmodell der IT Infrastructure Library (ITIL) zeigt sich in den beiden Teilprojekten Netz und Betrieb. Im Teilprojekt Netz beinhaltet die Netzplanung nach ITIL die Servicestrategie und den Serviceentwurf, das Rollout die Serviceüberführung und Operation den Servicebetrieb. Im Bereich Betrieb trägt der Interimsbetrieb die

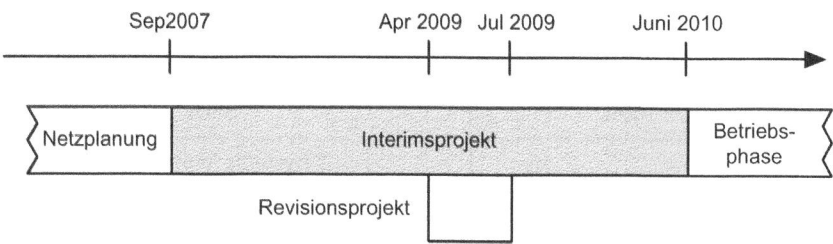

Abb. 4.2 Projektverlauf

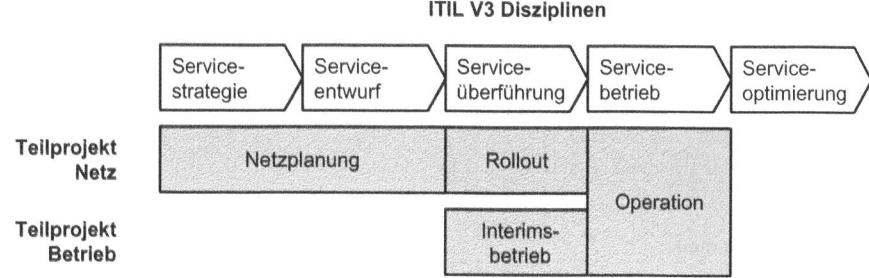

Abb. 4.3 Anwendung des ITIL-V3-Servicemanagements

Aufgabe der Serviceüberführung und Operation realisiert den Servicebetrieb. Operation konsolidiert die beiden Teilprojekte Netz und Betrieb zum Gesamtprojekt Digitalfunk BOS.

Das Interimsprojekt verfolgt somit das Ziel, die im Servicedesign entworfene Netzplanung zu realisieren und in den Betrieb zu übergeben.

Um die Umsetzung der vertraglich vereinbarten Leistungen im Rahmen des Aufbaus des Betriebs zu prüfen, wurde zur Projektmitte ein Revisionsprojekt initiiert. Dieses identifizierte notwendige Anpassungen im ursprünglichen Interimsprojekt und richtete es neu aus (Abb. 4.4).

Mit der EADS Secure Networks Organisation GmbH (ESNO GmbH) wurde eine Projektgesellschaft eigens als Auftragnehmer für das Interimsprojekt gegründet. Anteilseigner der ESNO GmbH waren zu 51 % EADS Secure Networks, heute Cassidian Systems, und zu 49 % die T-Systems International GmbH. EADS Secure Networks erfüllte die Rolle des Generalunternehmers, T-Systems International GmbH die des Subdienstleisters. Die ESNO ist zur Projekterfüllung als reines Cost-Center ausgelegt.

Sie besaß mit Berlin als Zentrale, Hannover als Backupstandort und Ulm zur Bereitstellung der Testplattform drei Unternehmensstandorte (Abb. 4.5 und 4.6).

Mit dem Projekthintergrund Telekommunikation waren die Projektinhalte selbst sehr IT-nah. IT hatte daher nicht nur die projektinterne Aufgabe, die eigenen Fachbereiche mit einer effizienten IT-Struktur zu unterstützen, sondern trug darüber hinaus auch zur Erreichung des Projektziels bei, eine sichere Kommunikationslösung bereitzustellen. Die Herausforderungen und Lösungen der IT sind infolgedessen über die Grenzen des eigenen Projekts hinaus stark mit den Zielen der Anteilseigner und dem Auftraggeber verknüpft.

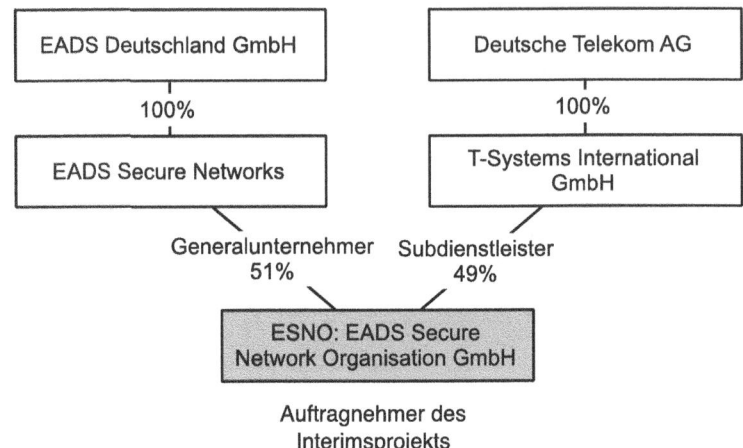

Abb. 4.4 Struktur der Anteilseigner

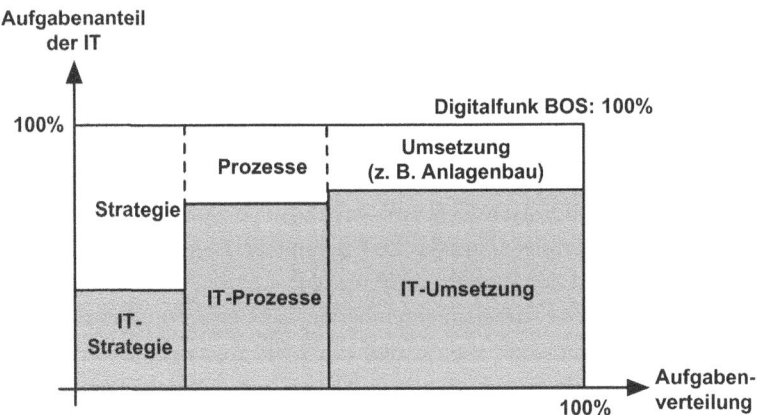

Abb. 4.5 Aufgabenverteilung und Aufgabenanteil der IT am Projekt

Dies zeigt sich auch in einem hohen IT-Anteil am Gesamtprojekt über alle drei Bereiche IT-Strategie, -Prozesse und -Umsetzung. Die strategischen IT-Themen wurden vollständig innerhalb der Projektorganisation entwickelt, die IT-Prozesse zur Hälfte intern, zur anderen Hälfte durch externe Berater unterstützt. Die IT-Umsetzung wurde, als größter Bereich, überwiegend intern umgesetzt.

Das Budget für das Projekt betrug ca. 300 Mio. € – das IT-Budget 27 Mio. €. Die Bedeutung der IT zeigte sich auch im relativ hohen IT-Budget im Verhältnis zum Gesamtbudget (9 %). Es ist zu berücksichtigen, dass der Aufbau des Betriebs hinsichtlich Material und Personal kostenintensiv war (Abb. 4.7).

Die Anzahl der Mitarbeiter der ESNO ist von einigen wenigen im Jahr 2007 auf ca. 30 im Jahr 2008 und auf bis zu 170 im Jahr 2009 gewachsen. Die Anzahl der Mitarbeiter der IT stieg stark im Interimsprojekt ab April 2009.

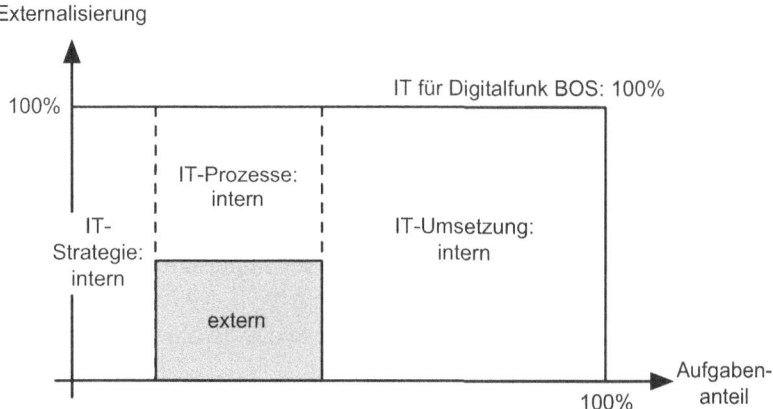

Abb. 4.6 Externalisierung der IT-Leistungen

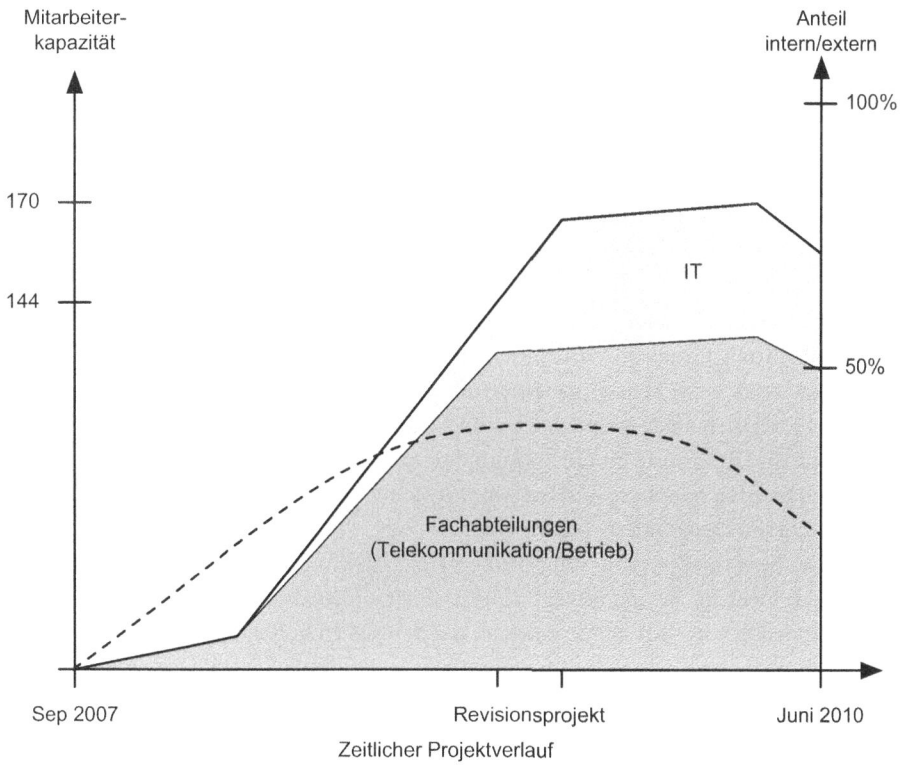

Abb. 4.7 Entwicklung der Mitarbeiter

Ab März 2010 wurden die Mitarbeiter, beginnend mit den externen Ressourcen, zurückgenommen.

4.2.1.1   Strategie

In den Interviews konnten die folgenden Kernthemen für die Strategie der IT identifiziert werden:

Abstimmung der Projektgesellschaft mit ihrem Auftraggeber

Situation

Die BDBOS ist als Bedarfsgemeinschaft aus Bund und Ländern der Auftraggeber für das Projekt Digitalfunk BOS.

Im Gegensatz zu anderen Vorhaben konnte die BDBOS für dieses Projekt nicht auf einen etablierten Markt mit bestehenden Anbietern und Nachfragern zurückgreifen, da das Projekt in seiner Zielsetzung höchst spezifisch und einzigartig war.

Zur Definition der Zielsetzung und der erforderlichen Leistungen, um den Betrieb des Digitalfunknetzes bereitzustellen, wurden die Anforderungen durch den Auftraggeber in einem Lastenheft zusammengefasst. Der Aufbau des Netzes wurde im Systemliefervertrag (SLV) definiert, der Aufbau des Betriebs im Interimsbetriebsvertrag (IBV). Der technische Projekthintergrund des Aufbaus des Netzes bedingte einen Schwerpunkt der Anforderungen im Bereich der IT. Diese Definition der Leistungen wurde Kernbestandteil des Vertrags zwischen der anfordernden BDBOS und der ausführenden ESNO.

Strategisches Ziel des Auftragnehmers ESNO war es, die BDBOS von den operativen Themen des Projektalltags zu entlasten.

Herausforderung

Auf Grund der Einzigartigkeit konnte der Auftraggeber BDBOS auf keine Erfahrungen aus vergleichbaren Projekten zurückgreifen. Um dennoch sicherzustellen, dass alle Anforderungen und Sicherheitsvorgaben erfüllt sind, wurden im Zweifelsfall für mögliche alternative Szenarien auch optionale Leistungseigenschaften gefordert und in den Vertrag aufgenommen. Dies führte zu einem komplexen Vertrag mit teilweise hoher Detailtiefe. Die zur Umsetzung benötigte Technik war entsprechend aufwendig ausgelegt und durch detaillierte Leistungsparameter beschrieben.

Während des Projektverlaufs äußerte die BDBOS den Wunsch, neben den strategischen Fragen auch mehr in die operativen Projektthemen eingebunden zu werden. Dies galt es für das Reporting von Zwischenständen an die BDBOS zu berücksichtigen.

Lösung

Die ESNO nahm den Vertrag an, mit dem Anspruch, diesen vollständig, in der gemäß dem Kundenwunsch geforderten Komplexität zu erfüllen. In der Folge wurden die Anforderungen umgesetzt. Die Einführung eines Change-Management-Verfahrens im Projektverlauf unterstützte die flexible Reaktion und Umsetzung von Änderungen in den Anforderungen.

Die Kundenkommunikation wurde im Projektverlauf gestärkt, um dem Kundenwunsch nach mehr Integration gerecht zu werden: Die isolierte Umsetzung des Projekts wurde durch die gewünschte intensivere Zusammenarbeit mit der BDBOS auch in operativen Themen abgelöst.

Erfahrung

Komplexe Projekte dieser Art profitieren von einer frühen Einbindung des Auftragnehmers in die Definition der Leistungen. So kann dieser bereits während der Erstellung des Lastenheftes beratend unterstützen und die Erwartungshaltung des Auftraggebers bezüglich der Umsetzung und weiterer Nutzungsaspekte beeinflussen. Im Fall einer öffentlichen Ausschreibung entsteht für den Anbieter jedoch das Problem, dass sein frühes Mitwirken einem anbieterneutralen Ausschreibungsverfahren widerspricht. Dieser Konflikt kann vermieden werden, wenn in zwei separaten Ausschreibungen zunächst ein Vorprojekt zur inhaltlichen Definition der Anforderungen und im Anschluss das entsprechende Umsetzungsprojekt beauftragt wird.

Die zur Projekterfüllung geforderten Anforderungen hinsichtlich der Leistungsinhalte zu Qualität, Zeit und Kosten sind bereits in der Frühphase untereinander abzuwägen und die technische Umsetzung ist exakt nach den Erfordernissen zu dimensionieren.

Der frühen Zusammenarbeit zwischen Auftragnehmer und seinem Kunden kommt umso mehr eine Schlüsselrolle zu, je einzigartiger das Projekt ist und je weniger auf Vorerfahrungen zurückgegriffen werden kann.

Aufgabenabgrenzung der Anteilseigner

Situation

In der Projektgesellschaft der ESNO nehmen ihre beiden Anteilseigner unterschiedliche Rollen ein: die EADS Secure Networks mit 51 % die des Generalunternehmers und T-Systems International mit 49 % die des Subdienstleisters (Abb. 4.8).

EADS Secure Networks übernahm die Funktionen der Geschäftsführung, des Kompetenzzentrums (Planung System- und Informationstechnik), der Dienstleistung, der Testplattform ZPL und der Verwaltung. T-Systems International verantwortete den Netzbetrieb. Insgesamt übernahm EADS somit vorrangig die konzeptionelle Rolle und T-Systems die operative. Obwohl EADS Secure Networks für das Projekt die Generalunternehmerschaft übernahm, war T-Systems International hinsichtlich der Anzahl der bereitgestellten Projektmitarbeiter stärker vertreten. Dies ist damit zu begründen, dass operativ geprägte Aufgaben mit einem höheren Bedarf an personellen Ressourcen einhergehen.

Beide Anteilseigner erfüllten ihre Aufgaben bis zum Revisionsprojekt weitestgehend unabhängig voneinander.

Herausforderung

Die Trennung der Aufgaben und ihre weitgehend unabhängige Bearbeitung durch die Anteilseigner zeigten sich auch in einer reduzierten Kommunikation untereinander. Mit zunehmenden Projektverlauf wurde erkannt, dass sich die Aufgaben trotz ihrer Trennung

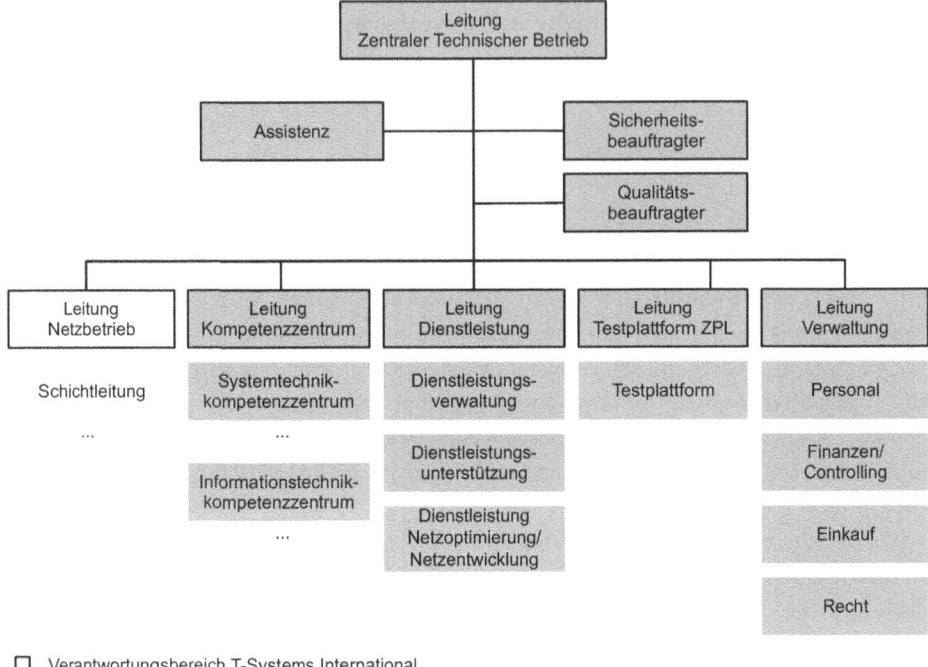

Abb. 4.8 Organisationsstruktur Zentraler Technischer Betrieb

in Detailaspekten überschneiden, aufeinander abzustimmen sind und sich idealerweise in Kooperation umsetzen lassen. Dies gilt ebenso für Erfahrungen aus dem Projekt, um sie im späteren Projektfortschritt zu integrieren. Das aus dem Gegensatz von Generalunternehmer und Subdienstleister erwachsene Rollenverständnis beider Anteilseigner behinderte in der ersten Projekthälfte die Kommunikation auf Augenhöhe, abseits der vertraglich vorgegebenen Hierarchie.

Lösung

Mit der Neustrukturierung des Projekts im Revisionsprojekt verfolgte das Management hinsichtlich der Zusammenarbeit die Strategie, Kommunikationsbarrieren abzubauen und so eine Projektumsetzung ohne Hierarchiedifferenzen unter den Anteilseignern zu ermöglichen. Dieser Weg der Kooperation auf Augenhöhe, trotz der formalen Unterscheidung in General- und Subunternehmer, stärkte das Teamverständnis.

Aufgaben wurden neu gegliedert und beispielsweise das Thema Datacenter wechselte innerhalb der ESNO von T-Systems International zu EADS Secure Networks.

Erfahrung

Ein klares Rollenverständnis der Beteiligten ist für den Projekterfolg unerlässlich. Aufgaben sollten umfassend und insbesondere überschneidungsfrei definiert sein. Zeigt sich im Projektverlauf, dass Aufgaben hinzugekommen oder neu zu organisieren sind, ist eine enge Kommunikation der Anteilseigner auf Augenhöhe erfolgskritisch. Der Stärkung des Teamcharakters, neben den bestehenden, formalen Unterschieden durch die Beauftragung, kommt eine zentrale Bedeutung zu. Die Geschäftsführung trägt die Aufgabe, gegenläufige Tendenzen früh zu erkennen und losgelöst von ihrer eigenen Zugehörigkeit zu einem Anteilseigner aufzulösen. Die Organisationsform eines einzusetzenden Steering-Komitees könnte geeignet sein, diese Anforderung umzusetzen.

Hinsichtlich des Kunden sollte der Generalunternehmer die alleinige Kommunikationsschnittstelle sein (One-face-to-the-customer-Prinzip), wenn die strategischen Themen im Mittelpunkt stehen. Seine Aufgabe ist es, das Projekt zu steuern, den Kunden zu betreuen und Anforderungen und Erwartungen abzustimmen, um für das Projekt eine professionelle wie effiziente Zusammenarbeit zu ermöglichen. Gleichzeitig sind die Interessen der weiteren Anteilseigner durch den Generalunternehmer gegenüber dem Auftraggeber angemessen zu vertreten.

Übergreifendes Ziel des Interimsprojekts

Situation

Das Interimsprojekt verfolgte aus Sicht der ESNO zwei Projektziele: den Vertrag des Auftraggebers BDBOS inhaltlich wie zeitlich zu erfüllen und über das Interimsprojekt hinaus auch die nachfolgende Betriebsphase als Auftragnehmer zu gewinnen. Unter Erreichung der ersten beiden Ziele kann auch der Reputationsgewinn durch ein erfolgreiches Projekt als indirektes, weiteres Ziel angesehen werden. Zwischen der ESNO und ihren Anteilseigner EADS Secure Networks und T-Systems International bestand das Projektziel, eine vorgegebene Rendite als Zielvorgabe zu erreichen.

Herausforderung

In der ersten Projekthälfte war es unter dem hohen Zeitdruck schwierig, das Projektziel in seiner Gesamtheit zu erfassen. Teilverträge wurden noch während des Projektstarts abgestimmt und beeinflussten somit auch die Anforderungen und Aufgabenzuteilung für den Auftragnehmer. Dennoch galt es, auf Grundlage der bekannten Anforderungen bereits technische Lösungen zu definieren.

Der Aspekt der Verantwortungsabgrenzung findet sich auch im Projektziel wieder. Eine unterschiedliche Herangehensweise an das Projekt beider Anteilseigner hemmte die schnelle Umsetzung zum Projektbeginn.

Lösung

Der Abstimmung der Teilverträge wurde eine hohe Priorität eingeräumt, um möglichst schnell auf eine stabile Planungsbasis zurückgreifen zu können. Zu diesem Zweck wurden Steuerkreisrunden als Entscheidungsgremium mit Führungskräften der ESNO und BDBOS etabliert. Der Abstimmungsprozess in diesem Gremium führte zu Prozess- und Prioritätsentscheidungen – die inhaltliche Einflussnahme auf das Projekt wurde bewusst vermieden.

Das interne Projektziel Folgeauftrag wurde unter neuen Voraussetzungen revidiert. Es zeigte sich, dass der Betrieb unter engen Compliance-Auflagen und daraus resultierend mit erhöhten Risiken für den Anbieter verbunden war. Die ESNO entschied sich, die Teilnahme an der Ausschreibung für die Betriebsphase nicht aufrechtzuerhalten.

Erfahrung
Die vertraglichen Vereinbarungen sollten vor der technischen Umsetzung abgeschlossen sein. Sind Anforderungen mit Projektbeginn noch nicht in der Tiefe zu fassen, können diese grob benannt und für eine spätere Definition der Details vorgemerkt werden.

Der Aufwand, bereits realisierte technische Lösungen auf neue Inhalte anzupassen, steigt überproportional mit jedem Projekttag. Methodisch kann die rechtzeitige Definition durch ein zentrales Kundenmanagement auf Seiten des Generalunternehmers unterstützt werden. Dieser weist auf die Problematik nachgelagerter Anpassungen hin und unterstützt seinen Kunden dabei, sich auf das übergreifende Projektziel zu fokussieren.

Zusammenarbeit mit den Fachabteilungen
Situation
Im zeitlichen Projektverlauf wurde zunächst die IT-Infrastruktur aufgebaut. Die IT-Applikationen wurden im nächsten Schritt auf dieser Plattform integriert und anschließend die für das Projektziel und das Projekt selbst bereitgestellten Services professionalisiert.

Die IT positionierte sich zu Projektbeginn als zentraler Entscheidungsträger für alle IT-Projekte. Sobald auf die grundlegende IT-Infrastruktur zurückgegriffen werden konnte, verstärkte die IT den Einbezug der Fachabteilungen für die Bereiche Applikationen und Services. Die Rolle der IT wechselte so von zentral zu Business-drives-IT. In dieser neuen Positionierung nennen die Fachabteilungen ihre Anforderungen und fragen die IT aktiv zur Umsetzung nach. Die IT qualifiziert die gestellten Anforderungen und konsolidiert sie mit den Anforderungen weiterer Fachabteilungen. Die Fachabteilung trägt die Rolle eines internen Kunden, für den die Leistungen der IT erbracht werden.

Der IT-Einkauf wurde zentral umgesetzt. Der Anteilseigner EADS stellte hierfür seine globale Einkaufsorganisation zur Verfügung. Der Geschäftsführer der ESNO trug die Budgethoheit für das Projekt und gab die vorformulierten Bestellanforderungen der Mitarbeiter der IT frei.

Herausforderung
Es galt die Abläufe der Entscheidungsfindung zwischen der IT und den Fachabteilungen von einem zentralen zu einem Business-drives-IT-Ansatz weiterzuentwickeln. Zu Projektbeginn war es auf Grund der überschaubaren Komplexität noch möglich Ad-hoc-Anfragen isoliert umzusetzen. Im weiteren Verlauf war es erforderlich die Anforderungen enger aufeinander abzustimmen und hierfür detailliert zu erfassen.

Durch die zentralisierte Herangehensweise wurde das Ziel verfolgt, Synergieeffekte in den Prozessabläufen auszunutzen. Gleichzeitig galt es die für das Projekt erforderliche Fle-

xibilität und Unabhängigkeit der Entscheidungsfindung zu erhalten. Beide konkurrierenden Ziele waren miteinander zu vereinbaren.

Es zeigte sich, dass die gestellten Anforderungen immer wieder auf geänderte Ge-
schäftsprozesse und -vorgaben anzupassen waren. Diese „Moving Targets" gefährdeten die
Umsetzungsqualität, das Budget und das Einhalten des Fertigstellungszeitpunkts der IT-
Lösungen, die zur Realisierung der gestellten Anforderungen vorbereitet wurden.

Lösung

Mit dem Übergang zur Positionierung Business-drives-IT wurde jeder IT-Applikation ein
Ansprechpartner auf Geschäftsseite zugewiesen, der als zentraler Business Owner die Projektverantwortung aus Geschäftssicht trug.

Die Einführung eines professionalisierten Prozesses zur Aufnahme, Bewertung, Entscheidung und Steuerung von Geschäftsanforderungen wurde durch ein Change Advisory Board (CAB) auf Grundlage der ITIL-Empfehlung unterstützt. Die Ad-hoc-Anfragen
wurden so gebündelt und unter Beachtung aller Unternehmensentwicklungen umgesetzt.
Dies ermöglichte Synergien bestmöglich zu nutzen, die Umsetzungsgeschwindigkeit zu erhöhen und die geplanten Budgets einzuhalten.

Zusätzlich wurden Quality Gates als projektübergreifende Qualitätsmerkmale definiert
und angewendet. Diese unterteilten die IT-Projekte in Phasen und definierten Zwischenziele, die auf Grundlage der Quality Gates hinsichtlich ihrer Qualität und des erreichten
Umsetzungsstandes bewertbar waren. Mit dieser Analyse war es möglich, falls erforderlich,
früh korrigierend in die Projekte einzugreifen.

Je nach Bedarf des IT-Projekts wurde ein Release Management dimensioniert und eingeführt.

Der Einkauf der IT-Leistungen wurde über das gesamte Interimsprojekt an die Mutter-
gesellschaft EADS ausgelagert, um Einkaufssynergien bestmöglich zu nutzen. Falls es für
eine schnelle Reaktion erforderlich war, konnte der Geschäftsführer auf Basis gesonderter
Regelungen Einkäufe direkt tätigen.

Erfahrung

Jede Phase des Projekts profitiert von projektweit einheitlichen Prozessen und Regelwer-
ken zur Abstimmung von Anforderungen zwischen der IT und den Fachabteilungen. Geeignete Tools unterstützen dieses Vorgehen und sollten je nach konkretem Bedarf zu den
Prozessen hinzugezogen werden.

Jedes Projekt muss sich für den Übergang von Ad-hoc-Anfragen zu einem kanalisierten
Anforderungsmanagement neu aufstellen und professionalisieren. Direkt zu Beginn sollten die grundlegenden Strukturen geschaffen werden, um diese Veränderung möglichst
nahtlos zu unterstützen und operative, inhaltliche Tätigkeiten in dieser Projektphase zu
beschleunigen.

Der zentrale Einkauf der EADS entlastete das Projekt durch die Übernahme der operativen Einkaufsfunktion und erzielte die gewünschten Synergieeffekte. Die Möglichkeit des
direkten Einkaufs durch den Geschäftsführer sollte gegeben sein, um eine hohe Flexibilität
und Reaktionsgeschwindigkeit, falls im Ausnahmefall erforderlich, zu gewährleisten.

Business Owner auf Seiten des Geschäfts integrieren die Fachabteilung in die IT-Projekte und übertragen die erforderliche Verantwortung. Der Verantwortliche der Fachabteilung wird so in die Lage versetzt, Entscheidungen nicht nur mitzutragen, sondern diese auch im Kontext aller IT-Projekte zu bewerten. Entscheidungen der IT, die einem anderen Projekt höhere Priorität zuteilen, kann er so nachvollziehen.

Innovationsmanagement
Situation
Das Thema Dokumenten-Management-System (DMS) wurde als Innovationsthema entwickelt, da dieses zunächst nicht Bestandteil des Vertrags war.

Die Weichen für die Hardwareplattform der IT-Infrastruktur, z. B. die Serverarchitektur, wurden sehr früh im Projekt gestellt.

Herausforderung
Zur Umsetzung von Innovationsthemen wurden personelle Ressourcen benötigt, die bereits durch die operativen Projekttätigkeiten gebunden waren.

Durch die gesetzte Hardwareplattform war der erzielbare Effekt für Innovationen im Bereich der IT-Infrastruktur sehr gering. Es galt, mit diesen Vorgaben den IT-Betrieb zu gewährleisten.

Lösung
Die IT konzentrierte sich im Projekt auf die vertraglich vorgegebenen, klassischen IT-Themen. Auf die Entwicklung von Innovationsthemen, mit der Ausnahme des DMS, wurde bewusst verzichtet. Für das DMS konnte auf Vorerfahrungen zurückgegriffen werden, die es ermöglichten, das projektspezifische Innovationsthema als Dienstleistung ohne zusätzliches Risiko zu entwickeln und den Fachabteilungen bereitzustellen.

Erfahrung
Durch den Verzicht auf Trends und Innovationsthemen konnte eine planungssichere, ausgereifte IT-Plattform bereitgestellt werden. Dieser bewusste Verzicht auf die Integration von Trends, gerade bei zeitkritischen Projekten, sollte zur Steigerung der Zuverlässigkeit und damit als Vorteil bewertet werden. Themen sind dann für eine Integration reif, wenn sie sich im Markt durch einen signifikanten Leistungsvorsprung in vergleichbaren Projekten bewährt haben. So wurde z. B. die Virtualisierung der Serverlandschaft im Projekt noch nicht verfolgt, wird aber mit dem heutigen Erfahrungsstand sowie auch im Projektkontext als ein realisierbares Innovationsthema angesehen. Es erscheint umfassend ausgereift und zuverlässig.

Informationsmanagementstrategie
Situation
Es existierte keine niedergeschriebene Informationsmanagementstrategie für das Projekt. Der Projektvertrag zwischen der BDBOS und der ESNO entspricht dem Lastenheft und sein Umsetzungsplan infolgedessen der Unternehmensstrategie zur Erreichung der Pro-

jektziele. Da das Projekt durch die IT geprägt ist, beinhaltet der Projektvertrag viele IT-strategischen Aspekte.

Herausforderung

Auf Grund der Einzigartigkeit des Themas konnte die ESNO auf keine Vorerfahrungen zurückgreifen. Bekannte IT-strategische Fragen wurden im Rahmen des Projektvertrags berücksichtigt. Eine darüber hinausgehende IT-Strategie, die Vorerfahrungen auf das Projekt überträgt und für dieses qualifiziert, konnte so nicht vorbereitet werden.

Lösung

Aufgabe des Projektleiters war es, alle Projektbereiche zu erfassen, untereinander abzustimmen und die zukünftige Ausrichtung zu planen. Diese Verantwortung lag ausschließlich in seinem Aufgabenbereich und ein eigenständiges Strategiedokument als Hilfsmittel zur Abstimmung war nicht erforderlich.

Für ausgewählte Teilbereiche, wie beispielsweise die IT-Architektur, wurden Fachkonzepte erstellt, die mit strategischem Charakter für die Einzeldisziplinen Ziele und Maßnahmen vorgaben.

Erfahrung

Eine dokumentierte IT-Strategie unterstützt das Projekt dabei, fachübergreifend Zusammenhänge zu erkennen, IT-Anforderungen eindeutig und vollständig zu stellen sowie innerhalb des Projekts für eine einheitliche Begriffswelt Sorge zu tragen. Je nach Projektinhalt ist die IT-Strategie innerhalb der Unternehmensstrategie oder eigenständig zu dokumentieren – im gezeigten Beispiel entspricht die Unternehmensstrategie in großen Teilen der IT-Strategie.

Der Projektleiter kann von der IT-Strategie als Kommunikationsmittel profitieren, um seine Richtungsentscheidungen im Unternehmen abzustimmen und zu kommunizieren.

Die IT-Strategie benennt und begründet den generellen Umgang mit Innovationsthemen innerhalb des Projekts. Einzelne Themen werden in ihr genannt, jedoch zur Beschleunigung des Strategieprozesses in diesem Schritt noch nicht inhaltlich entwickelt. Die Entwicklung kann im Projektverlauf zum zweckmäßigen Zeitpunkt parallel umgesetzt werden.

4.2.1.2 Prozesse
Design und Reife der Prozesse
Situation

Für das Projekt wurden die Prozesse der IT nach Anforderung im Projektverlauf individuell an die Anforderungen angepasst und zu großen Teilen neu definiert.

In Teilbereichen konnte mit ITIL auf etablierte IT-Infrastrukturprozessvorlagen zurückgegriffen werden. Diese bildeten die Grundlage für beispielsweise die Prozesse des Helpdesks. So wurden die Ad-hoc-Anfragen zum Projektbeginn durch kanalisierte Abläufe professionalisiert.

Herausforderung

Die Mitarbeiter konnten sich zu Beginn nicht auf eingespielte Prozessabläufe verlassen, sondern waren gefordert, den Unsicherheiten der Prozessvorlage mit einem hohen Maß an Eigenständigkeit und intuitiver Lösungsorientierung zu begegnen.

Dies zeigte sich auch in der problembezogenen Kommunikation der Projektmitarbeiter untereinander, die so mehr die Ursache anstelle der Lösung in den Vordergrund stellt.

Lösung

Zur Projektmitte wurde das Qualitätsmanagement als Ergebnis des Revisionsprojekts für das Projekt priorisiert, eingeführt und entwickelt.

Eine Übersicht über alle Projektprozesse wurde mit zunehmendem Projektfortschritt, jeweils nach Erfordernis entwickelt und in Form des Projekthandbuchs dokumentiert. Dieses beschreibt neben den Abläufen auch die den Prozessen zugrundeliegenden Projekt- und Organisationsstrukturen.

Die Ad-hoc-Anfragen konnten durch die Einführung einer Regelkommunikation reduziert werden. Projektinterne Absprachen erfolgten wöchentlich, externe Informationen, z. B. gegenüber den Anteilseignern oder des Kunden, monatlich.

Die Anfragen innerhalb der IT-Infrastruktur wurden durch den Helpdesk nach ITIL-Muster konsolidiert. Dies führte zu einer Effizienzsteigerung in beiden Prozessgruppen: IT-Infrastruktur und Projektkommunikation.

Erfahrung

Das Prozessdesign sollte als Grundlage für die Systeme und Organisation angesehen werden. Zu diesem Zweck gilt es, dieses möglichst früh zu bestimmen und zu formulieren. Gegebenenfalls können Unsicherheiten durch sinnvolle Annahmen minimiert werden. Es erscheint zielführend, eher einen Prozess im Projektverlauf mehrfach zu aktualisieren, als ihn undefiniert einzuführen und damit auf die einheitliche Interpretation durch die Prozessteilnehmer zu vertrauen.

Analog dem Key-Account-Konzept für die IT-Applikationen sollten auch für die Prozesse Hauptverantwortliche auf Seiten der Fachabteilungen ausgewählt werden, um ein enges und stets aktuelles Business-IT-Alignment zu gewährleisten.

Einhaltung der Service-Level-Agreements
Situation

Zielsetzung des Gesamtprojekts ist es, den Betrieb des BOS Digitalfunknetzes für die BDBOS aufzubauen (Service Transition-Phase). Zur Beschreibung der Dienstleistungen wurden Service Level Agreements (SLAs) definiert und in Form des Vertrags zwischen der BDBOS und ESNO vereinbart. Die SLAs sind somit einer der zentralen Vertragsbestandteile und Grundlage für die Projekterfüllung.

Die SLAs klären die Leistungsparameter der Ziellösung zwischen Auftraggeber und Auftragnehmer. Für die projektinterne Bewertung der IT-Services zwischen IT und den Fachabteilungen wurde auf vertragliche Vereinbarungen verzichtet.

Zur Bewertung des Grades der Erfüllung der SLAs wurden 96 Kennzahlen (KPIs) definiert, die häufig eine hohe Komplexität zeigten. Diese war durch den Auftraggeber vorgegeben und verfolgte das Ziel, Unsicherheiten der Leistungsdefinition zu minimieren und die Vertragserfüllung sicherzustellen.

Herausforderung

Im Projektverlauf steigerte sich die Komplexität der SLAs zunächst unerkannt zu einer immer größeren Herausforderung und zeigte sich zur Projektmitte überraschend als kritisch für den gesamten Projekterfolg.

Zusammen mit den SLAs entwickelte sich auch die Berechnung der enthaltenen Messgrößen aufwendiger als zu Projektbeginn angenommen. Die für ihre Berechnung erforderliche IT-Infrastruktur erreichte die Grenze des technisch Möglichen.

Lösung

Ein Audit des Auftraggebers analysierte die Herausforderungen im Bereich der SLAs und Kennzahlen und zeigte den erforderlichen Handlungsbedarf. Zur Umsetzung wurde ein internes Revisionsprojekt initiiert. Dieses hatte zur Aufgabe, die Schwächen in der SLA-Definition aufzuzeigen und zu kanalisieren sowie geeignete Lösungsansätze zu entwickeln.

Im Zuge des Revisionsprojekts kam es auch zu einem Wechsel der Geschäftsführung des Projekts. Zum neuen Geschäftsführer wurde der bisherige Abteilungsleiter des Dienstleistungsentwurfs berufen. Dies stärkte das Thema Service und positionierte den Servicegedanken als Leitthema des Projekts auf oberster Ebene.

Auf Grund der Neuausrichtung des gesamten Projekts wurden die SLAs, die Messgrößen und die Technik in enger Zusammenarbeit mit dem Auftraggeber BDBOS neu bewertet und an geeigneten Stellen in ihrer Komplexität reduziert.

Das Projekthandbuch wurde hinsichtlich der neuen Ausrichtung aktualisiert und als Dokument zur internen Abstimmung und Kommunikation herangezogen.

Erfahrung

Auftraggeber und Auftragnehmer können beide profitieren, wenn sie bereits in der Vertragsausgestaltung eng zusammenarbeiten und Unsicherheiten mit der Vereinbarung realistischer Zwischenziele begegnen. Ein Zwischenziel kann auch, wie bereits dargestellt, ein geeignetes Vorprojekt sein.

Der Auftragnehmer sollte an den entsprechenden Stellen seine Erfahrungen einbringen können. Die frühe Zusammenarbeit erscheint trotz des höheren Zeitbedarfs zu Projektbeginn als lohnende Investition für den Erfolg des Gesamtprojekts.

Die schon aufgezeigte Methodik der Quality Gates kann ebenso im Bereich der SLAs Anwendung finden, um Ziele und Zwischenergebnisse zu definieren. Dieses Werkzeug ist eine Möglichkeit, um der hohen Bedeutung des Qualitätsmanagements im Bereich der SLAs gerecht zu werden.

Das Projekthandbuch sollte über seine Anfangsrolle eines einmalig dokumentierten Projektvorhabens hinauswachsen und mit neuen Erkenntnissen kontinuierlich aktualisiert werden. Es wird so zu einem strategischen Instrument der internen Projektplanung, -abstimmung und -kommunikation.

Einsatz von Standardframeworks

Situation

Das Projekt stammt aus der Telekommunikationsbranche und der Schwerpunkt des Projektziels lag auf dem Aufbau von Telekommunikationsdienstleistungen. Als Kernframework für das Netzmanagement wurde das aus der Telekommunikation bekannte FCAPS-Modell der ISO angewandt. Dieses deckt die Felder Fault Management, Configuration Management, Accounting Management, Performance Management und Security Management, jeweils aus kommunikationstechnischer Sicht ab.

Begleitende Frameworks waren ISO 2700x und BSI Grundschutz für die IT-Sicherheit und das ISO 9000 Framework für das Qualitätsmanagement.

Herausforderung

Das FCAPS-Modell ist technisch ausgerichtet und beinhaltet insbesondere keine Vorlagen für die Projektorganisation.

Im Zusammenhang des Revisionsprojekts zeigte sich, dass der Aspekt Dienstleistungen als wesentliches Projektziel idealerweise mit den Methoden der IT zu strukturieren ist. FCAPS als Standard konnte den Punkt Services und ihre Definition über SLAs nicht ausreichend abdecken.

Weitere Standards und Frameworks der Telekommunikation standen und stehen für die spezielle Konstellation der IT-Aspekte des Projekts nicht zur Verfügung.

Lösung

Das Revisionsprojekt richtete das Projekt auf seine Dienstleistungen aus. Zusammen mit der bestehenden Telekommunikationsinfrastruktur waren so die Voraussetzungen zur vollständigen Vertragserfüllung gegeben. Zur Strukturierung und Erfassung der Services wurde das ITIL V3 Framework herangezogen und für die spezifischen Projektanforderungen analysiert und reduziert.

Die Prozesse Service Desk, Monitoring, Problem-, Incident- und Change-Management, Instandhaltung, Service Level Management, Capacity und Availability Management sowie Continuity und Desaster Recovery wurden im Rahmen der Anpassung umgesetzt. Zur Unterstützung der Prozesse wurden Applikationen, wie beispielsweise eine Configuration Management Database (CMDB), hinzugezogen und unternehmensweit eingeführt.

FCAPS und ITIL deckten in Kombination das geforderte Leistungsspektrum des Projekts vollständig ab. Die Vereinheitlichung beider Frameworks und Begriffswelten aus Telekommunikation und IT entsprach einer erneuten Definitionsphase zur Projektmitte. Diese erhielt höchste Priorität und wurde organisatorisch innerhalb der Geschäftsführung umgesetzt. Mit dieser konzeptionellen Anpassung gelang es die Neuausrichtung des Projekts auf die Dienstleistungen effizient umzusetzen.

Beide Anteilseigner formulierten durch die zweite Definitionsphase eine einheitliche und gemeinsame Begriffswelt aus IT und Telekommunikation für das Projekt.

Erfahrung

Frameworks unterstützen das Projekt dabei, Prozesse vollständig zu erfassen und effizient zu gestalten. Entscheidend ist, dass die Spezifikation des Frameworks der Projektzielsetzung entspricht. Ist dies zunächst nicht der Fall, können weitere Frameworks hinzugezogen und auf die Projektanforderungen angepasst werden.

Der Prozess der Auswahl, Adaption, Kombination und Einführung eines oder mehrerer Frameworks führt automatisch zu einem einheitlichen Begriffsverständnis innerhalb des Projekts und vereinfacht auf diese Weise die Kommunikation nach innen und außen.

Entwicklungsprozess

Situation

Dem Entwicklungsprozess für das Projekt lag das aus der IT bekannte Wasserfallmodell zugrunde. Dies verfolgt das generelle Ziel, die Applikationen und Dienstleistungen möglichst vollständig im ersten Schritt zu erfassen und zu beschreiben, um sie nachfolgend gesamtheitlich umzusetzen.

Herausforderung

Zu Beginn des Projekts mussten Annahmen über den benötigten Detaillierungsgrad der Anforderungen getroffen werden. Mit den Erfahrungen des Projektverlaufs galt es die Detaillierung kontinuierlich anzupassen.

Lösung

Das Wasserfallmodell in seiner idealisierten Form erlaubt es nicht, in der Entwicklungsphase erneut die Definition der Inhalte und Detaillierung aufzunehmen. Daher wurde dieses starre Modell in ein iteratives Vorgehen mit Zwischenzielen weiterentwickelt.

Die Abstimmung der Change Requests wurde durch das Change Advisory Board (CAB) unterstützt und der IT-Leiter früh als Berater in den Entscheidungsprozess der Fachabteilungen einbezogen.

Erfahrung

Für dynamische Projekte konnte sich das Wasserfallmodell nicht bewähren, da zu Projektbeginn die zukünftigen Erfahrungen nicht in die Bewertung der Anforderungen und Detaillierung einfließen können. Darüber hinaus entspricht die Annahme, dass zu Beginn des Projekts bereits alle Anforderungen identifizierbar sind, nicht der tatsächlichen Projektrealität.

Besser eignen sich iterative Verfahren, wie beispielsweise Scrum[1], die ein kontinuierliches Business-IT-Alignment innerhalb der Projekte gewährleisten. Neue oder geänderte

---

[1] Scrum („Gedränge") ist ein Framework zur agilen Entwicklung komplexer Produkte. Hierzu wird ein empirischer, iterativer Prozess angewendet, der in kurzen Intervallen Produktfunktionen aufnimmt, bewertet und priorisiert. In der nachfolgenden Sprint-Phase werden die ausgewählten Anforderungen durch das Entwicklungsteam umgesetzt, bevor wieder eine Abstimmungsschleife auf Basis des neuen Produktstatus beginnt (s. Schwaber und Sutherland 2011).

Anforderungen können in diesen Verfahren schneller erkannt und berücksichtigt werden als im idealisierten Wasserfallmodell.

Der IT-Leiter sollte sich über die reine Technik hinaus als interner Berater positionieren und seine Unterstützung früh in den Projekten der Fachabteilungen anbieten. Diese sind umgekehrt für die erweiterten Leistungen der IT für die Geschäftsunterstützung zu sensibilisieren. Die IT positioniert sich so gemäß IT-enables-Business.

Finanzplanung

Situation

Es zeigte sich, dass die Anforderungen des Vertrags unterschiedlich tief definiert waren. Im Gegensatz zur hohen Komplexität der SLAs gab es Teilbereiche der Vereinbarung, in denen die Erfahrungen des Projektverlaufs eine spätere Verfeinerung erforderlich machten.

In der Folge musste auch die Finanzplanung für das Projekt und die IT mehrfach angepasst werden.

Herausforderung

Die Anpassungen könnten die Reputation und das Vertrauen der Anteilseigner in das Projekt und das Erreichen der gesetzten Renditevorgabe gefährden.

Es musste ein Weg gefunden werden, auch inhaltlich offene Fragen zu identifizieren und in der Finanzplanung realistisch zu berücksichtigen.

Lösung

Als Ergebnis des Revisionsprojekts wurden die Anforderungen neu strukturiert und vollständig dargestellt. Mit diesem Gesamtbild war es möglich, die Anforderungen realistisch zu bewerten und die Finanzplanung einmalig anzupassen, um ausreichende Mittel zur Verfügung zu stellen.

Auf der organisatorischen Seite priorisierte die Geschäftsführung mit Beginn des Revisionsprojekts das Ziel, die eigene Fehlerkultur zu stärken. Die frühzeitige Identifikation und offene Kommunikation des Bedarfs für Budgetanpassungen eröffnete für das Projekt die Chance der rechtzeitigen Korrektur von Abweichungen.

Erfahrung

Die Mitarbeiter des Projekts und insbesondere die Entscheider des Managements sollten ihre Erfahrung in der Bewertung der Budgets von Großprojekten einbringen können. Die Zuverlässigkeit der eigenen Finanzplanung bestimmt in hohem Maß das Vertrauen zwischen dem Projekt und seinem Auftraggeber sowie seinen Anteilseignern. Im gezeigten Projekt gelang es durch die einmalige Budgetanpassung zur Projektmitte, eine stabile Planungsbasis der Finanzen bereitzustellen und im Ergebnis das Vertrauen der BDBOS und Anteilseigner zu stärken.

Die Projektleitung sollte eine offene Fehlerkultur schaffen, um den inhaltlichen wie finanziellen Aspekt des Entwicklungsstandes realistisch bewerten zu können. Nur so bietet sich ihr die Möglichkeit, eine zuverlässige Planungsbasis zu schaffen, Abweichungen aktiv zu korrigieren und Kosten einzusparen.

In der Planung zu berücksichtigen ist der typischerweise hohe Bedarf für externe Beratung. Der Anteil der externen Mitarbeiter und der damit verbundenen Ausgaben steigt bis zum Projektende stetig an. Zum Projektstart, der im Vergleich zum Ende durch opportunistische Abläufe gekennzeichnet ist, sollten Externe zur methodischen Unterstützung verstärkt hinzugezogen werden. Ihre Aufgabe zu diesem frühen Zeitpunkt ist es, die für die folgende Projektentwicklung erforderlichen Strukturen, Prozesse, Gremien und Handbücher zu entwickeln und Vorerfahrungen in das Projekt einzubringen.

4.2.1.3   Umsetzung
Risiko und Sicherheit
Situation
Für das Projektziel, den Aufbau des Betriebs des Digitalfunknetzes für Behörden mit Sicherheitsaufgaben, sind auch an den Aspekt Sicherheit innerhalb des Interimsprojekts hohe Anforderungen gestellt.

Diese Anforderungen sind über die SLAs innerhalb des Vertrags definiert worden.

Für das Projekt repräsentiert das Thema Risiko und Sicherheit organisatorisch der Security Manager, der in einer Stabsfunktion beim Geschäftsführer angeordnet ist.

Herausforderung
Die hohe Bedeutung der Sicherheit für das Projekt wurde mit der Priorisierung als Stabsfunktion der Geschäftsführung berücksichtigt. Die Herausforderung bestand darin, diese Funktion mit einer geringen Personenzahl zuverlässig zu erfüllen und dabei Abhängigkeiten zu vermeiden.

Lösung
Die Abhängigkeit wurde mit mehr Personal für den Bereich Risiko und Sicherheit minimiert.

Erfahrung
Der Bedarf für den Bereich Risiko und Sicherheit ist mit dem Projektbeginn in Abstimmung mit den Anteilseignern und dem Auftraggeber zu ermitteln. Die personelle Unterstützung sollte ausreichend vorhanden sein, um in diesem erfolgskritischen Aspekt die Zuverlässigkeit zu steigern und Abhängigkeiten von einzelnen Mitarbeitern zu vermeiden.

Externe Unterstützung
Situation
Berater unterstützten das Projekt insbesondere in Fachdisziplinen, beispielsweise der IT-Entwicklung. So gelang es Spezialwissen in das Projekt zu integrieren und interne Mitarbeiter zu entlasten. Managementtätigkeiten wurden fast ausschließlich intern erbracht.

Herausforderung

Externe Ressourcen sind einer höheren Fluktuation unterworfen als interne. Es galt die erworbene Kompetenz, die mit den Beratern verbunden war, über deren Beauftragung hinaus für das Projekt zu sichern.

In Beachtung der Sicherheit mussten Methoden etabliert werden, um das Risiko des Datenverlusts – absichtlich und unabsichtlich – durch externe Kräfte zu minimieren.

Lösung

Das Management und die Projektführung wurden durch interne Mitarbeiter für das Projekt etabliert. Diese trugen die Aufgabe, externe Berater aktiv zu steuern und den Wissenstransfer zu gewährleisten.

Berater wurden neben ihren fachlichen Qualifikationen, priorisiert nach ihren Kommunikationsfähigkeiten, ihrer Motivation, sich in die Projektteams zu integrieren, und den erhöhten Sicherheitsanforderungen ausgewählt.

Das Requirement-Management wurde intern umgesetzt. So konnte die Verlässlichkeit der Inhalte und ihrer Priorisierung gesteigert werden, da hierfür umfassende Projektkenntnisse erforderlich waren.

Erfahrung

Externe Berater können das Projekt insbesondere durch Wissen ergänzen. Ihre Fähigkeit, sich als Teil der Projektteams zu integrieren, sollte ein gleichwertiges Auswahlkriterium sein. Die Managementaufgaben sollten aus Gründen der Zuverlässigkeit und Sicherheit intern erfolgen.

Zusätzlich können operative Tätigkeiten mit geringem Aufwand ausgelagert werden. Sicherheitsrisiken sind in diesen Bereichen als vergleichsweise gering einzuschätzen.

Operative Themen sollten intern erfolgen, wenn sie für den Projekterfolg kritisch sind. Das Requirement-Management trug für das Projekt Digitaler Behördenfunk diese Rolle.

Der Aufwand, Berater auszuwählen und zu steuern, ist nicht zu unterschätzen und als Bestandteil der Ressourcenplanung für das Management zu berücksichtigen.

Ergebnisorientierte Projektkultur

Situation

Enge Zeit- und Ergebnisvorgaben führten dazu, dass im Zweifel Situationen zu optimistisch und Abweichungen innerhalb der Teilprojekte verspätet kommuniziert wurden.

Ein Projektoffice unterstützte das Projekt operativ und entlastete so das Management und die Fachabteilungen, die verstärkt ihre Kernaufgaben wahrnehmen konnten.

Herausforderung

Durch das verspätete und gehäufte Bekanntwerden von Abweichungen in der Projektplanung sind die Möglichkeiten, korrigierend gegenzusteuern, eingeschränkt.

Die Konstellation aus mehreren Anteilseignern erfordert ein gemeinsames Verständnis, gleichberechtigt am Projektgeschehen teilzunehmen. Es galt Wege zu finden, eine projektinterne Kommunikation auf Augenhöhe zu etablieren.

Lösung

Die Entwicklung der eigenen Fehlerkultur innerhalb des Revisionsprojekts wirkte sich, neben der Finanzplanung, ebenso günstig auf die realistische Bewertung der inhaltlichen Projektergebnisse aus. So wurden die Mitarbeiter gestärkt, ihre Teilprojekte sachbezogen einzuschätzen und offen zu kommunizieren. Umgekehrt beinhaltete die Fehlerkultur auch die Bereitschaft des Managements, Abweichungen gemeinsam und konstruktiv zu bewältigen.

Erfahrung

Das Management und die Fachabteilungen sollten durch ein operatives Projektoffice dahingehend unterstützt werden, sich auf ihre Kerntätigkeiten fokussieren zu können.

Qualifikation des Managements

Situation

Bis zum Revisionsprojekt konzentrierte sich die Geschäftsführung mit Planen und Steuern auf ihre klassischen Managementaufgaben. Insbesondere erfolgte keine Einflussnahme auf die technischen Projektentscheidungen.

Herausforderung

Für das Management zeigte sich, dass Know-how gleichermaßen aus den Bereichen Management, Telekommunikation und IT anzuwenden war.

Lösung

Mit dem Revisionsprojekt nahm die Geschäftsführung bewusst, neben ihren Managementtätigkeiten, auch am technischen Projektgeschehen teil. Anspruch und Ziel war, die Vorgänge bis einschließlich der dritten Organisationsebene nachzuvollziehen.

Erfahrung

Die Verbindung der Managementfunktion aus einerseits unternehmerischem Handeln und andererseits technischer Integration in die Projektentscheidungen führt zu schnellen Entscheidungswegen, die maßgeblich zum Projekterfolg beitragen. Entscheidungstiefe und -geschwindigkeit gilt es in einem für das Projekt erforderlichen Maß in Balance zu halten.

Bestehende Erfahrungen des Managements in Großprojekten der gleichen oder einer ähnlichen Branche stärken die Entscheidungsfindung. Das Management benötigt darüber hinaus ausreichende Fachinformationen in technischen Gebieten und muss diese für seine übergreifende Planung und Steuerung berücksichtigen.

4.2.2 Auswertung

4.2.2.1 Erfahrungsschwerpunkte

Die folgenden Erfahrungsschwerpunkte sind für das Projekt Digitalfunk BOS charakteristisch:

- Die interne Aufgabenabgrenzung zwischen den Anteilseignern ist entscheidend für klare Verantwortlichkeiten.
- Das Revisionsprojekt zur Projektmitte ermöglichte die Neuausrichtung als IT-Projekt.
- Die Auswahl von Standards und Frameworks sollte der Projektzielsetzung entsprechen.
- Eine ergebnisorientierte Projektkultur, in der Fehler offen kommuniziert werden, ist wesentlich zur Einhaltung verbindlicher Termine.

4.2.2.2 Einflussfaktoren (Tab. 4.7)

Tab. 4.7 Auswertung der Einflussfaktoren für das Projekt Digitalfunk BOS

Name	Ergebnis	Erläuterung
Projektvolumen	◔	Das Gesamtprojektvolumen betrug 300 Mio. €.
Zeitdruck aus Sicht der IT	◑	Ein geplantes Projektende wurde verschoben. Das Interimsprojekt definierte die Projektneuausrichtung.
Anwendbare IT-Vorerfahrungen	○	Es waren keine Erfahrungen übertragbar.
Internationalität des Projekts	◔	Alle Projektteilnehmer und Standorte befinden sich in Deutschland und liegen somit im gleichen Land.
Eigenständigkeit des Projekts	●	Die ESNO GmbH ist eine eigenständige Projektgesellschaft mit Sitz in Berlin. Es existieren zwei Anteilseigner.
IT-Bezug des Gesamtprojekts	●	Ausgehend von einem Telekommunikationsprojekt zeigte sich im Projektverlauf, dass das Gesamtprojekt einem IT-Infrastrukturprojekt entsprach. Das Projekt ist somit als IT-Projekt zu bewerten.

4.3   Elbphilharmonie Hamburg

4.3.1   Ergebnisse der Fallstudie

Das Projekt Elbphilharmonie Hamburg verfolgt das Ziel, ein international führendes Konzerthaus in der Hansestadt Hamburg zu schaffen und damit ein neues Wahrzeichen für die Stadt zu etablieren. Das Vorhaben wird seitens der Medien auch als „Europas größte Kulturbaustelle" bezeichnet.

Die Elbphilharmonie wird in prominenter Lage, auf dem alten Kaiserspeicher A in der HafenCity, nach Entwürfen des renommierten Baseler Architekturbüros Herzog & de Meuron erbaut. Mit der Fertigstellung wird das Gebäude eine Höhe von 110 m und 26 Stockwerke besitzen. Die Glasfassade aus individuell hergestellten Glaselementen sowie die geschwungene, kronenförmige Dachform prägen die Architektur und herausragende Erscheinung.

Drei Konzertsäle stehen in dem Konzerthaus zur Verfügung, von denen der größte eine Kapazität von rund 2150 Sitzplätzen bereitstellt. Das NDR Sinfonieorchester wird in der Elbphilharmonie residieren.

Des Weiteren sind im gleichen Gebäude 45 exklusive Wohnungen, ein Luxushotel, ein Parkhaus und eine frei zugängliche Plaza auf Höhe des Dachs des ursprünglichen Kaiserspeichers vorgesehen.

Neben den vielfältigen Nutzungsmöglichkeiten der Elbphilharmonie eröffnet sie für die Stadt Hamburg die Möglichkeit, die hohe Öffentlichkeitswirkung zu nutzen und sich mit ihr als Wahrzeichen international zu repräsentieren. Ähnlich ist dies Vorbildern wie Sydney, Kopenhagen oder Oslo mit ihren Opernhäusern bereits gelungen.

Auftraggeber für das Projekt ist die Elbphilharmonie Hamburg Bau GmbH & Co. KG (Elbphilharmonie KG) vertreten durch die ReGe Hamburg Projekt-Realisierungsgesellschaft mbH (ReGe Hamburg). Die ReGe Hamburg ist eine städtische Tochter mit privatwirtschaftlicher Organisation und wird von Behörden und Institutionen der Stadt Hamburg auf Grundlage von Geschäftsbesorgungsverträgen beauftragt. Ihre Kerntätigkeit liegt im Projektmanagement großer Bauvorhaben für Hamburgs öffentliche Verwaltung mit den Schwerpunkten Hochbau, Infrastruktur, Naturschutz und Wasserwirtschaft.

Die Elbphilharmonie KG hat mit der Objektgesellschaft ADAMANTA Grundstücks-Vermietungsgesellschaft mbH & Co. Objekt Elbphilharmonie Hamburg KG (ADAMANTA) einen Leistungsvertrag über den Bau, die Finanzierung, die Funktionsgewährleistung, das Gebäudemanagement sowie Teile der Planung geschlossen (Abb. 4.9).

Auftragnehmer der ADAMANTA ist die HOCHTIEF Solutions AG. Die eigentliche Beauftragung für den Bau und das Facility Management (FM) erfolgte durch zwei separate

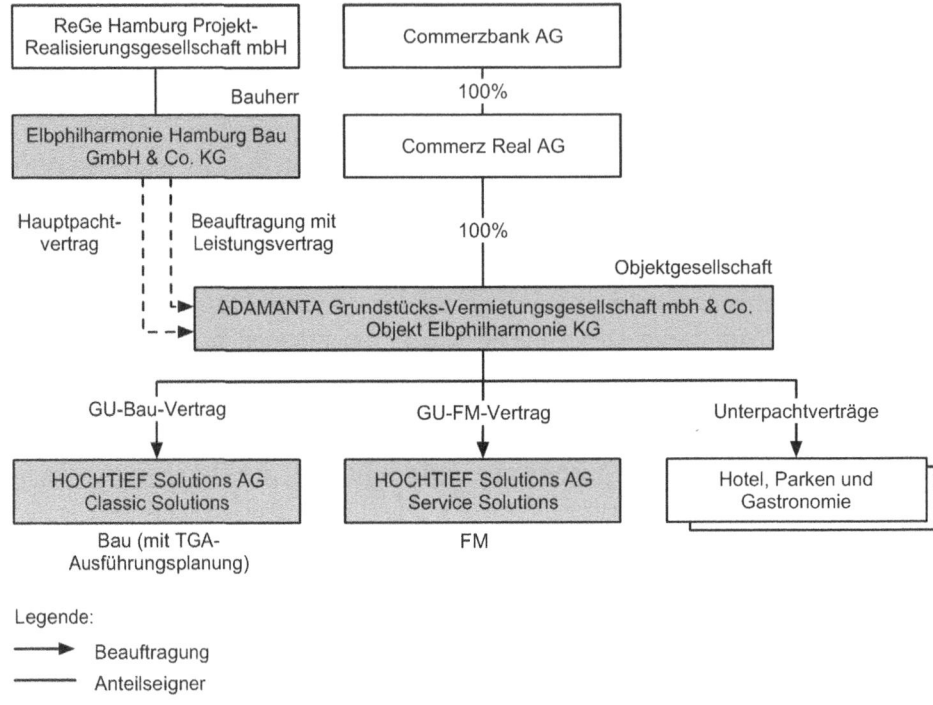

Abb. 4.9 Anteilseigner und Beauftragung

Generalunternehmer-Verträge an die Segmente Classic Solutions und Service Solutions, gemäß ihren jeweiligen Aufgabengebieten innerhalb der AG.

Ergänzt werden die beiden GU-Verträge durch Vollmachten der ADAMANTA, die beiden Segmenten jeweils die Projektleitung für ihren Leistungsbereich übertragen und die direkte Abstimmung mit dem Bauherrn Elbphilharmonie KG ermöglichen.

Der erste beider Verträge ist der GU-Bau-Vertrag und beinhaltet alle Leistungen der TGA[2]-Ausführungsplanung und des Baus durch das Segment Classic Solutions. Der zweite Vertrag GU-FM definiert und beauftragt die Dienstleistungen der Funktionsgewährleistung und des Gebäudemanagements über eine Laufzeit von 20 Jahren durch das Segment Service Solutions. Unterpachtverträge für das Hotel, Parken und die Gastronomie schloss ADAMANTA mit weiteren Unternehmen und vertritt diese in Abstimmung mit dem Bauherrn.

HOCHTIEF konnte sich für die Realisierung des Projekts Elbphilharmonie Hamburg in einer öffentlichen Ausschreibung gegenüber seinem Mitbewerber STRABAG durchsetzen. Die HOCHTIEF Solutions AG trat darin in einer Bietergemeinschaft zusammen mit

---

[2] TGA: Technische Gebäudeausrüstung.

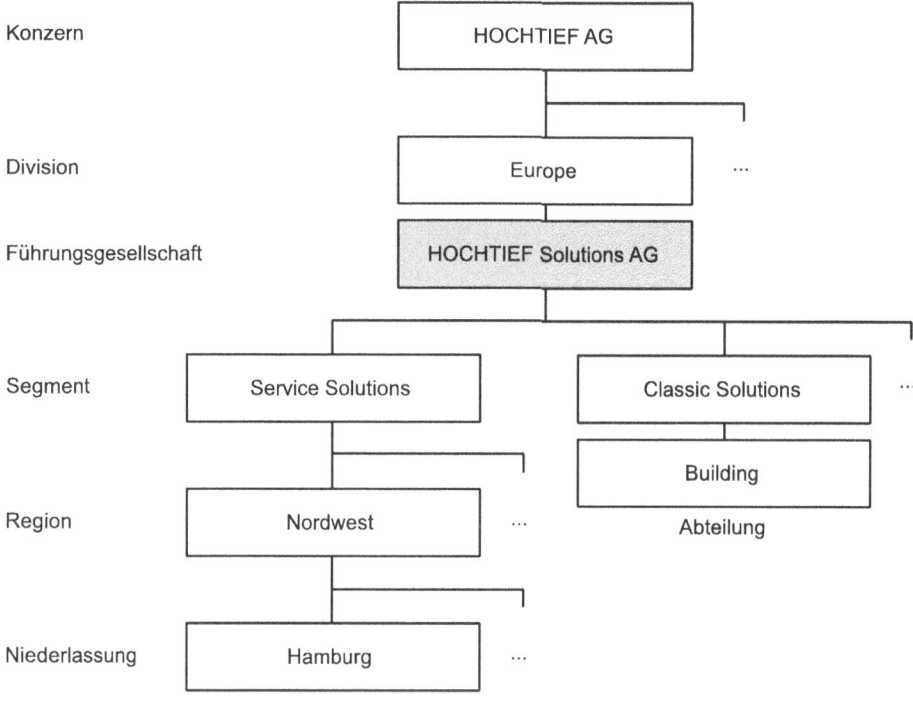

Abb. 4.10 Organisationsstruktur HOCHTIEF und Auftragnehmer

der Commerz Real AG auf. Aus dieser Bietergemeinschaft ist nach Auftragserteilung die ADAMANTA als 100 %ige Tochter der Commerz Real AG hervorgegangen (Abb. 4.10).

Der Konzern HOCHTIEF AG ist nach Divisionen (mit einer Führungsgesellschaft für Europa), Segmenten, Regionen und Niederlassungen organisiert und strukturiert. Das Projekt Elbphilharmonie wird durch die Niederlassung Hamburg des Segments Service Solutions und die Abteilung Building des Segments Classic Solutions realisiert. Die Mitarbeiter beider Segmente bilden für das Projekt Elbphilharmonie jeweils ein eigenständiges Projektteam und Cost-Center. Beide Teams arbeiten im gemeinsamen Projektbüro eng

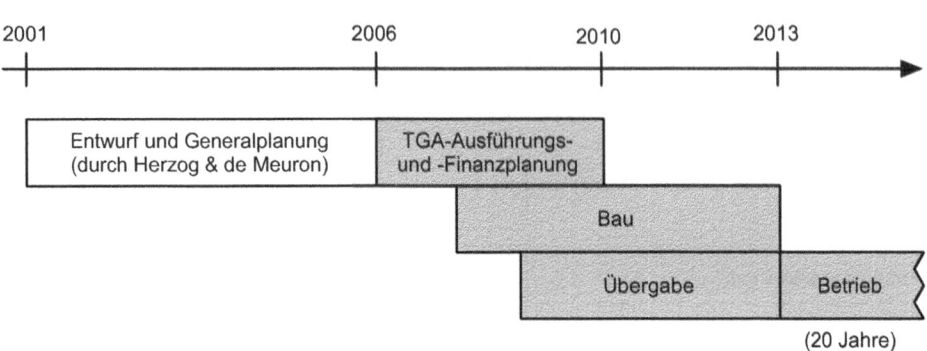

Abb. 4.11 Phasen des Projektverlaufs

zusammen. Eine Projektgesellschaft mit eigener Rechtsform wurde darüber hinaus nicht gegründet (Abb. 4.11).

Das Projekt gliedert sich in fünf Phasen von 2001 über die Fertigstellung 2013 und darüber hinaus. Die erste Phase, Entwurf und Generalplanung (2001–2006), wurde durch das Baseler Planungsbüro Herzog & de Meuron umgesetzt. Die folgenden vier Phasen, TGA-Ausführungs- und -Finanzplanung (2006–2010), Bau (2007–2013), Übergabe (2008–2013) und Betrieb (ab 2013), liegen in der Verantwortung von HOCHTIEF. Die Betriebsphase ist zunächst über einen Zeitraum von 20 Jahren definiert. Insbesondere die letzten vier Phasen Ausführungs- und Finanzplanung, Bau, Übergabe und Betrieb werden

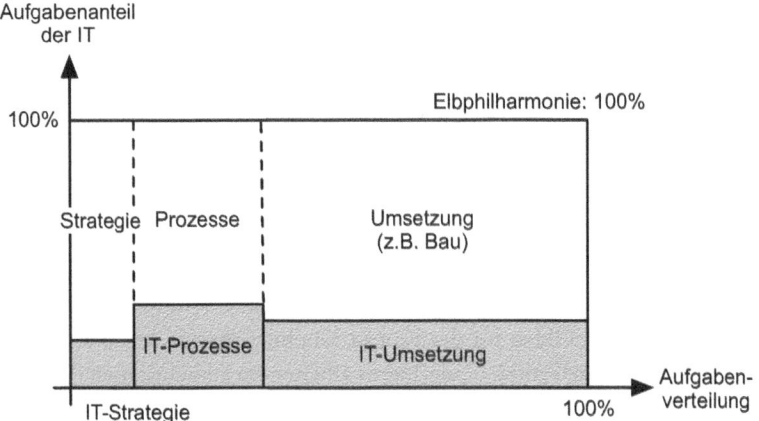

Abb. 4.12 Aufgabenverteilung und Aufgabenanteil der IT am Projekt

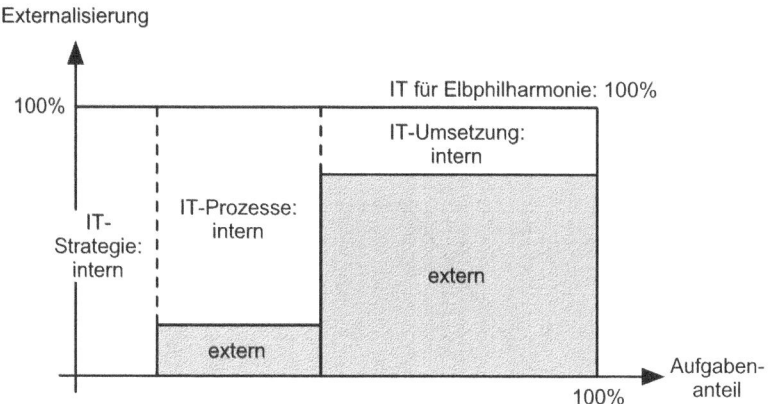

Abb. 4.13 Externalisierung der IT-Leistungen

intensiv durch IT-Management-Aktivitäten und -Dienstleistungen unterstützt und daher im Folgenden für die Fallstudie selektiert (Abb. 4.12).

Bauvorhaben, wie das der Elbphilharmonie Hamburg, sind zu einem hohen Grad standardisierte Projekte, da sie auf umfassende Vorerfahrungen zurückgreifen können. Dies zeigt sich in der charakteristischen Aufgabenstruktur für das Projekt Elbphilharmonie Hamburg. Die Strategie und die Prozesse nehmen beide einen vergleichsweise geringen Anteil am Projekt ein. Die Umsetzung ist dagegen erwartungsgemäß stark ausgeprägt (Abb. 4.13).

Die strategischen IT-Themen wurden vollständig innerhalb des Projekts erbracht. Tätigkeiten aus dem Bereich IT-Prozesse werden zu einem geringen Anteil extern unterstützt (z. B. das Projektmanagement für die eingesetzten Fachapplikationen). Der hohe externe Anteil der IT-Umsetzung folgt aus der Unterstützung des Projekts durch die etablierten IT-Infrastrukturdienstleister des HOCHTIEF-Konzerns.

Leistungen, die nicht im Projektverbund, aber innerhalb der HOCHTIEF-Organisation realisiert werden, zählen projektintern und sind gemäß ihrem Beitrag für das Projekt berücksichtigt. Dies geschieht in Übereinstimmung mit der HOCHTIEF-Projektmethodik,

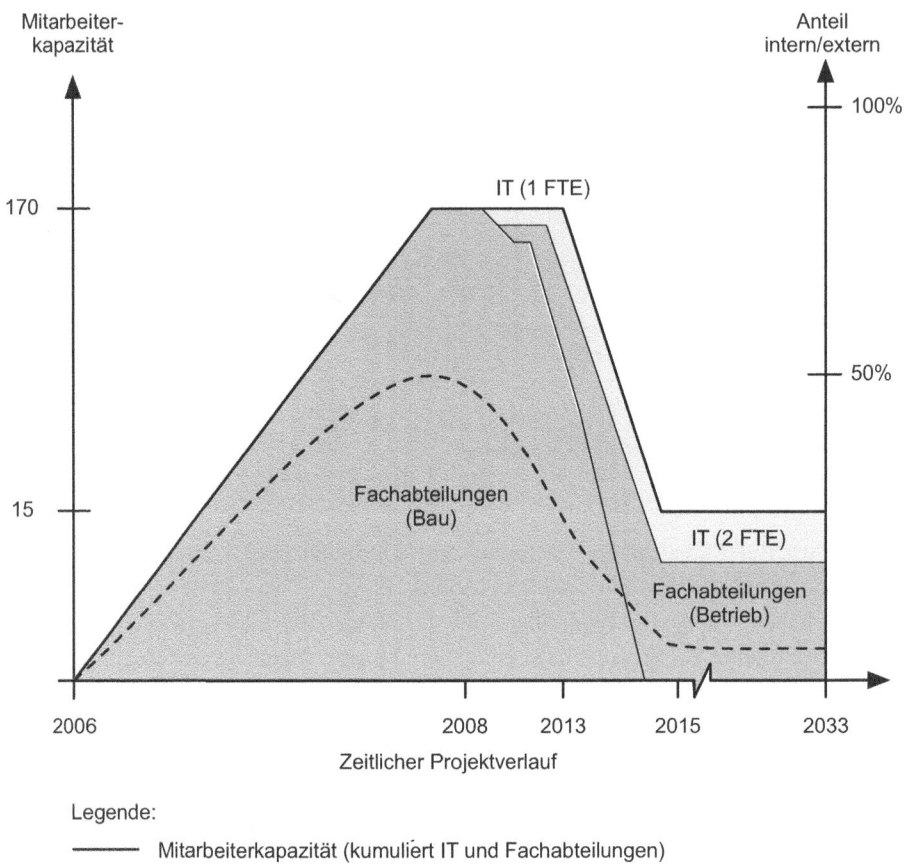

Abb. 4.14 Mitarbeiterentwicklung

die auf Projektgesellschaften verzichtet und projektinterne Mitarbeiter als Angestellte der Konzernsegmente führt (Abb. 4.14).

Die Mitarbeiter des Projekts verteilen sich auf die drei Gruppen Fachabteilungen Bau, Fachabteilungen Betrieb und IT. Ab 2006, über die Spitze 2008 bis nach 2013 fällt der überwiegende Teil der Mitarbeiterkapazität in den Bereich Bau, entsprechend der Phase. Mitarbeiter des Betriebs beginnen 2008 mit der Übergabe und wachsen ab 2013 schnell auf ca. 13 an. Die IT-Unterstützung für das Projekt beginnt 2008 mit 2 Mitarbeitern, die zusammen 1 FTE für das Projekt erbringen. Diese bleiben dem Projekt bis 2033 erhalten. Ab 2015 werden sie durch einen zusätzlichen Mitarbeiter für die IT-Infrastruktur, der das Gebäude vor Ort betreut, unterstützt.

Der Anteil intern/extern wird hauptsächlich durch die Fachabteilungen Bau geprägt. Er stieg während der Bauphase bis 2008 auf 50 % an und fällt dann mit Betriebsbeginn auf zu erwartende 10 % ab. Während des Betriebs wird er konstant diesen Anteil halten.

Das Budget für die ersten beiden Phasen, Ausführungs- und Finanzplanung sowie Bau, beträgt 450 Mio. €. Zusätzlich entfallen 140 Mio. € auf die Facility-Management-Dienstleistungen über die Vertragslaufzeit von 20 Jahren in den folgenden beiden Phasen Übergabe und Betrieb. Das Budget, das seitens HOCHTIEF für die IT im Projekt vorgesehen ist, beträgt 1,5 Mio. €.

4.3.1.1   Strategie

In den Interviews konnten die folgenden Kernthemen für die Strategie der IT identifiziert werden:

Öffentliche Aufmerksamkeit für das Projekt

Situation

Neben seinen wirtschaftlichen Interessen und Planvorgaben verfolgt das Projekt Elbphilharmonie Hamburg das Ziel, ein neues Wahrzeichen für die Stadt Hamburg zu schaffen. Zur Erreichung dieses Ziels tragen verschiedene Aspekte der Projektkonzeption bei:

Mit der Lage des Projekts am alten Kornspeicher ist es prominent in das Stadtbild und das touristische Zentrum von Hamburg eingebettet.

Der Auftraggeber entschied sich für den Entwurf eines renommierten Architekturbüros, das seine Umsetzungskompetenz in vergleichbaren Projekten bereits international unter Beweis stellen konnte.

Der Entwurf der Architekten zeigt einen hohen konzeptionellen Anteil. Beispielsweise die diversifizierte Fassade aus Glaselementen, die aufwendige Konstruktion des Dachs oder die Aussichtsplattform auf Höhe des alten Speichers.

Die Akustik der Konzertsäle wurde unter Einbeziehung eines hierfür beauftragten, unabhängigen Akustikkonzepts optimiert.

Mit diesen Merkmalen einher geht eine hohe öffentliche Aufmerksamkeit und umfassende mediale Berichterstattung zu allen Fragen des Projekts. Aus Sicht von HOCHTIEF zeigt sich seine Bedeutung in der hohen Referenzwirkung des Projekts Elbphilharmonie Hamburg für das gesamte Unternehmen.

Herausforderung

Das für das Ziel Wahrzeichen erforderliche, aufwendige Gebäudekonzept der Architekten führte zu einer komplexen Bau- und Finanzplanung. Diese mussten die vielen unterschiedlichen Teile des Gebäudes berücksichtigen und vollständig im Projektbudget erfassen.

Auch an die inhaltliche Umsetzung ihres Entwurfs stellte das Architekturbüro hohe Ansprüche. Beispielsweise sind für die gewünschte Akustik spezielle Materialeigenschaften zu berücksichtigen.

Die IT-Systeme für das Projekt mussten in der Lage sein, die komplexe Architektur, Planung und Materialienauswahl effizient zu erfassen und zu strukturieren. Analog galt es die Arbeitsprozesse auf die gesteigerte Datenmenge vorzubereiten und Workflows sowie ihre Schnittstellen zu am Projekt beteiligten Unternehmen individuell anzupassen.

Lösung

Um den hohen architektonischen Anforderungen gerecht zu werden, wurden für ihre Umsetzung gezielt innovative Lösungen gesucht, bewertet und umgesetzt. Die Konzertsäle sind beispielsweise mit einer speziellen Verkleidung (Weiße Haut) versehen und der Stahlbau des Hauptsaals ist flexibel gelagert, um akustische Einstreuungen aus dem belebten Hamburger Hafen und Stadtgebiet auszuschließen.

Materialien mit den geforderten Eigenschaften konnten ausgewählt und beschafft werden. Die Auswahl beruhte dabei nicht nur auf ihrer Funktion und dem Anschaffungspreis, sondern berücksichtigte bereits Aspekte des Betriebs wie zukünftige Verfügbarkeit, Wartungskosten, Wartungszyklen oder Reinigungskosten. Zum Beispiel wurden Materialien, deren Verfügbarkeit nicht langfristig sichergestellt werden konnte, schon in der Bauphase als zusätzliche Charge angefordert und als Reserve für einen eventuell erforderlichen Austausch gelagert.

Systemseitig unterstützt wurde die Bau-, Übergabe- und Betriebsplanung durch ein Computer-Aided-Facility-Management-(CAFM-)System, das in der Lage ist, alle drei Phasen strukturell und prozessseitig zu unterstützen. Um dem Wunsch des Kunden und speziellen Anforderungen des Projekts nachzukommen, wurde losgelöst vom Konzernstandard ein separates CAFM für das Projekt Elbphilharmonie Hamburg ausgewählt, angepasst und eingeführt.

Erfahrung

Der Anspruch eines Wahrzeichens und die damit einhergehende öffentliche Aufmerksamkeit haben für das Projekt direkte wie indirekte Folgen.

Direkt sollte berücksichtigt werden, dass Vorhaben, die im Fokus der Wahrnehmung stehen, einer aufmerksamen Pressearbeit unterliegen sollten. Informationen sollten zunächst zwischen den Projektbeteiligten abgestimmt und einheitlich veröffentlicht werden.

Indirekt folgt aus der erforderlichen, anspruchsvollen architektonischen Gestaltung eine überdurchschnittlich komplexe Realisierung. Alle drei Phasen Bau, Übergabe und Betrieb sind hinsichtlich ihrer Inhalte, Strukturen und Prozesse komplex und wenig standardkonform. Das Projekt profitierte von der Möglichkeit, eine CAFM-Lösung exakt nach den spezifischen Projektanforderungen auszuwählen und alle drei Phasen in einer Gesamtlösung zu integrieren.

Vorteilhaft ist die kombinierte Umsetzung des Baus und Betriebs durch einen Dienstleister, da Betriebsaspekte, wie beispielsweise Wartungskosten, bereits in der Bauphase berücksichtigt werden können. Zusätzlich ist keine Migration der IT-Systeme in die spätere Betriebsumgebung erforderlich, was sich günstig auf Kosten und Zeit auswirkt sowie mit der Umstellung verbundene Risiken minimiert.

Abstimmung zwischen General- und Ausführungsplanung
Situation (Abb. 4.15)

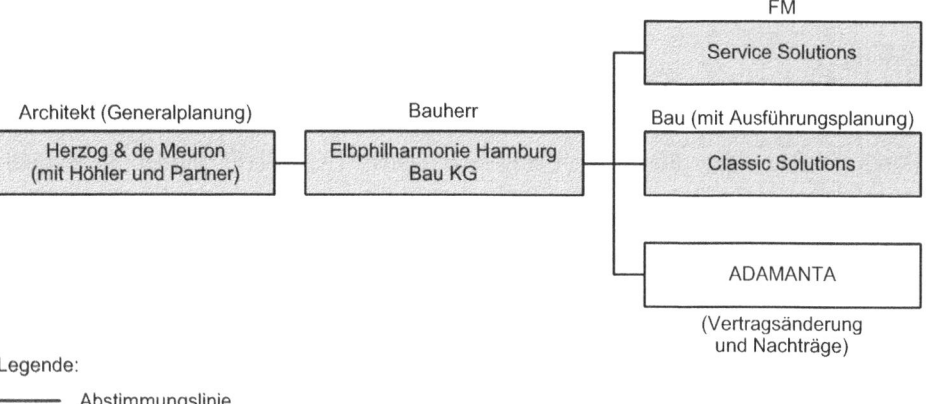

Legende:

────── Abstimmungslinie

Abb. 4.15 Abstimmungslinien zwischen den Projektteilnehmern

Die Planung des Projekts Elbphilharmonie Hamburg teilt sich in die General- und Ausführungsplanung. Der Generalplaner Herzog & de Meuron verantwortete die Entwurfs- und Genehmigungsplanung des Tragwerks des großen Saals. Der Stahl- und Betonbau, der diesen Saal umgibt, wurde in der Ausführungsplanung durch HOCHTIEF entwickelt. Das Verhältnis der Aufwände zur Entwicklung von General- und Ausführungsplanung entspricht etwa 20 zu 80. Die Anpassung der baulichen Ausführungsplanung erfordert im Anschluss ebenso eine vollständige Aktualisierung der Facility-Management-Planung hinsichtlich Umfang, Dienstleistungsprozessen und Kosten.

Anfangs wurden Planungsinhalte jeweils mit dem Bauherrn und Auftraggeber Elbphilharmonie KG abgestimmt, der wiederum den dritten Planungsteilnehmer informierte. Es kam insbesondere nicht zu einer direkten Abstimmung zwischen dem General- und dem Ausführungsplaner.

Die Objektgesellschaft ADAMANTA wurde für Vertragsänderungen oder bei Nachträgen in die Abstimmung miteinbezogen. In allen anderen Fragen stimmten sich die beiden Segmente Classic Solutions und Service Solutions direkt, auf Grundlage ihrer Vollmachten, mit dem Bauherrn ab.

Herausforderung
Im Laufe des Projekts ergaben sich Änderungen in der Generalplanung. Beispielsweise wurde neben den vorhandenen Sälen ein dritter Konzertsaal der Planung hinzugefügt. Die Planung der Ausführung und des Facility Managements mussten infolge der geänderten Generalplanung ebenfalls aktualisiert werden. Dies führte zu einer Verlängerung der Bauzeit und einer Steigerung der Kosten für das Projekt.

Die IT musste sich analog auf die geänderten Vorgaben der Planung anpassen und diese berücksichtigen. Das Life Cycle Management für die Planung innerhalb des CAFM-Systems rückte in den Fokus, was zunächst nicht als Systemanforderung bekannt war.

Lösung

Zur Aufklärung der Bauverzögerung und Kostensteigerung des Projekts Elbphilharmonie wurde im Mai 2010 der Parlamentarische Untersuchungsausschuss Elbphilharmonie durch die Hamburger Bürgerschaft eingesetzt. Seitens HOCHTIEF wurden die zusätzlichen Kosten als Nachtrag berücksichtigt.

Das für das Projekt eingesetzte, vom Konzernstandard unabhängige CAFM-System erleichterte die nachträgliche Priorisierung des Life Cycle Managements für die Planung. Die geforderten Anpassungen konnten mit diesem System ohne zusätzlichen Zeitverlust integriert werden.

Erfahrung

Der Parlamentarische Untersuchungsausschuss Elbphilharmonie identifizierte uneinheitliche Verträge zwischen der ReGe Hamburg und ihren Vertragspartnern Generalplaner und Ausführungsplaner. Insbesondere in der Terminplanung zeigten sich unterschiedliche Angaben, die zu Verschiebungen und einer Verlängerung der Bauzeit führten.

Bauprojekten sollte ein einheitlicher, in allen Teilaspekten abgestimmter Planungsprozess zugrunde liegen. Dies kann durch zwei Ansätze bereits in der Ausschreibungsphase gelöst werden:

- Eine Möglichkeit ist, direkte Abstimmungslinien zwischen General- und Ausführungsplaner schon in der Ausschreibung vertraglich vorzugeben. Dieses Vorgehen ist schneller und weniger anfällig für Abstimmungsfehler als die indirekte Abstimmung der Planungsinhalte über den gemeinsamen Auftraggeber.
- Die zweite Variante verbindet General- und Auftragsplanung zu einer Gesamtplanung und vergibt diese an genau einen Dienstleister. Auch so ist ein einheitlicher Informationsstand gewährleistet und es ist nur eine Abstimmungslinie zwischen Auftraggeber und -nehmer zu etablieren.

Neben diesen geschäftsstrategischen Erfahrungen zeigt sich für die IT, dass sie auf Veränderungen des Projektumfeldes oder Anpassungen der Anforderungen einerseits selbst flexibel reagieren muss, andererseits auch für die Fachabteilungen Systeme bereitstellen sollte, die fortlaufendes Ändern im Rahmen eines Life Cycle Managements unterstützen. Mit CAFM und DMS profitieren gerade die Kernsysteme der Bau- und Betriebsplanung von dieser häufig vernachlässigten Funktionalität.

4.3.1.2 Prozesse

In den Interviews konnten die folgenden Kernthemen für die Prozesse der IT identifiziert werden:

Einbettung der Prozesse in die Konzern-IT

Situation

Das Projekt Elbphilharmonie wird vollständig innerhalb des HOCHTIEF-Konzerns umgesetzt. Es hat damit keine rechtliche Eigenständigkeit, im Gegensatz zu Projekten mit losgelöster Projektgesellschaft.

Der HOCHTIEF-Konzern definiert regulatorische Vorgaben im Rahmen seiner Corporate Governance. IT-relevante Bestandteile dieser Vorgaben sind die Compliance-Richtlinie sowie die IT-Sicherheits- und die Datenschutzrichtlinie.

Die IT für das Projekt Elbphilharmonie Hamburg stellt für das Projekt Dienstleistungen aus den Bereichen IT-Management und IT-Umsetzung zur Verfügung:

- Definition von IT-Richtlinien und deren Abstimmung innerhalb des Konzerns
- Management und Umsetzung der IT-Anforderungen mit den Projektfachabteilungen
- Gewährleistung der IT-Sicherheit und des Datenschutzes
- IT-Sourcing für Hard- und Software
- Helpdesk für Endanwender
- Systemadministration

Herausforderung

Da es innerhalb von HOCHTIEF umgesetzt wird, gelten für das Projekt die Corporate-Governance-Richtlinien des Konzerns. Diese sind an den Anforderungen des Gesamtkonzerns orientiert und berücksichtigen nicht die individuellen Gegebenheiten der Projektstruktur. Diese ist hinsichtlich ihrer Dimensionierung deutlich kleiner und erfordert die Möglichkeit, flexibel auf Veränderungen zu reagieren.

Neben den Konzernvorgaben ergeben sich Anforderungen aus dem Projektvertrag mit dem Auftraggeber. Dort sind für die Kommunikation erforderliche IT-Prozesse, -Schnittstellen und -Standards ausgehend von den Kundensystemen definiert. Ihre Integration in die Projekt-IT ist eine verbindliche Vorgabe zur Zielerreichung.

Die Ziele der Konzern- und Vertragsvorgaben gilt es gleichzeitig zu erreichen. Die Herausforderung liegt darin, konkurrierende Teilaspekte zu erkennen und Differenzen im Sinne beider Ziele aufzulösen.

Lösung

Um den Konzern- und Vertragsvorgaben gleichzeitig gerecht zu werden, wurden die tangierten Prozesse in operative Standardprozesse und strategische Managementprozesse unterschieden, um sie anschließend unabhängig und über getrennte Strukturen umzusetzen.

Die operativen Prozesse wurden unter Einhaltung der HOCHTIEF-Corporate-Governance konzernintern eingeführt. Hierzu zählen die Prozesse des Helpdesk (außer First-Level-Support) und die Systemadministration. Der First-Level-Support und Schulungen erfolgten für die Bereiche CAFM und DMS durch den internen CAFM-Koordinator (IT-Funktion), um direkte, schnelle Hilfe im Projektalltag zur Verfügung zu stellen. Erst in zweiter Instanz wurde der Konzernhelpdesk hinzugezogen.

Eher strategische Prozesse wie die Definition der IT-Richtlinien, des Anforderungs-managements, der IT-Sicherheit und des Datenschutzes wurden bewusst von den Konzernstrukturen separiert und im Projekt etabliert. So gelang es, die verbindlichen Kundenanforderungen hinsichtlich der Prozesse, Schnittstellen und Standards im Facility Management innerhalb der projekteigenen CAFM-Lösung zu erfüllen. Zur Minimierung von Sicherheitsrisiken wurden die projektspezifischen Anwendungen auf einer separaten IT-Infrastruktur (Server) außerhalb des HOCHTIEF-Netzwerks integriert.

IT-Sourcing für Hard- und Software erfolgte in Abstimmung mit der Konzern-IT, um Synergieeffekte zu nutzen. Die projektspezifische CAFM-Lösung wurde nach Konzernvorgaben in einem transparenten, durch externe Beratung unterstützten Prozess ausgewählt.

Erfahrung

Projekte, die in Konzernstrukturen eingebunden sind, sollten sich im nötigen Maß aus diesen herauslösen, um in die Lage versetzt zu werden, projektspezifische Anforderungen, die z. B. vertraglich oder in Kundenwünschen vorgegeben sind, flexibel umsetzen zu können. Gleichzeitig kann der Konzern das Projekt durch sein Angebot an erprobten, industrialisierten Standardprozessen unterstützen. Mit der Einteilung der Prozesse in operative und strategische gelang es, auch ihre Umsetzung zu entflechten und bestmöglich effizient durch die Konzern- und Projekt-IT zu unterstützen.

Die externe Beratung half, aktuelle Marktentwicklungen in der Systemauswahl zu berücksichtigen und in das Projekt zu integrieren. Daneben erleichterte die Unabhängigkeit und Methodik des Beraters, die Entscheidungen über das Projekt hinaus auf Konzernebene zu vertreten.

Auch die IT-Infrastruktur sollte den Anwendungen folgend eigenständig für das Projekt betrieben werden. Als vorteilhaft erwiesen sich die einfachere Auswahl und Entscheidung sowie die Tatsache, dass Sicherheitsrisiken durch neue Systeme für den Konzern minimiert werden konnten. Partner des Projekts arbeiten nur mit den externen Projektsystemen und benötigen insbesondere keine Zugänge in das sensible HOCHTIEF-Netzwerk.

Trennung der prozessorientierten und technischen IT

Situation

Aus der Projektumsetzung ergeben sich für die IT Aufgaben über alle Disziplinen hinweg: IT-Strategie, -Prozesse und -Umsetzung. Ihre Einbettung in die Konzern-IT zeigte, dass sich operative Tätigkeiten für eine Unterstützung durch die Konzern-IT eignen, wohingegen strategische Aspekte eher innerhalb des Projekts zu lösen sind.

Neben dieser grundsätzlichen Aufteilung ergeben sich im Projektalltag immer wieder operative Aufgaben, die projektindividuell und flexibel umzusetzen sind, da sie beispielsweise tiefes, internes Prozess-Know-how des Projekts erfordern oder seinen Gesamtfortschritt blockieren.

Die Charakteristik eines standardisierten Bauprojekts, wie der Elbphilharmonie Hamburg, bedingt, dass der Umfang dieser operativen Ausnahmen nicht ausreicht, um einen separaten IT-Mitarbeiter für das Projekt mit den genannten Tätigkeiten konstant auszulasten.

Herausforderung

Für die genannten Ausnahmen gilt es, innerhalb des Projekts IT-Strukturen zu schaffen, damit diese unabhängig vom Konzern gelöst werden können.

Gleichzeitig muss die Vorgabe, dass hierfür nicht eigens ein IT-Mitarbeiter zur Verfügung gestellt werden kann, berücksichtigt werden.

Darüber hinaus sind die zu erwartenden, operativen Vorgänge aus zwei differenten Bereichen. Der Bereich IT-Prozesse (CAFM, DMS, …) erfordert ein anderes Qualifikations- und Erfahrungsprofil als die eher technisch geprägte IT-Umsetzung. Im Projekt wären aus diesem Grund mindestens zwei IT-Mitarbeiter für beide Bereiche bereitzustellen, was sich zusätzlich negativ auf ihre individuelle Auslastung auswirkt.

Lösung

Die unterschiedlichen Aufgaben wurden anhand des gezeigten Profils in prozessorientierte IT und technische IT unterschieden.

Aktiv unterstützt wird das Projekt Elbphilharmonie Hamburg durch die Funktion der CAFM-Koordination auf der Prozessseite und IT-Koordination auf der technischen Seite.

Der CAFM-Koordinator besitzt tiefes Prozess-Know-how, nimmt Anforderungen auf, führt das Customizing durch und ist erster Ansprechpartner und Trainer für die Fachabteilungen. Seine Bezeichnung CAFM basiert auf seinem zugrundeliegenden Kernprozess FM, jedoch steht er auch für darüber hinausgehende Prozessthemen zur Verfügung. Die CAFM-Integration der gezeigten, separaten CAFM-Lösung für die Elbphilharmonie Hamburg wird durch einen externen Dienstleister erbracht und ist vollständig innerhalb des Projekts enthalten.

Analog erbringt der IT-Koordinator die technische IT (IT-Infrastruktur) für das Projekt. Seine Aufgaben umfassen die Unterstützung der Fachabteilungen mit technischer Hilfestellung, First-Level-Support und die Administration der Standardbüroanwendungen und des Projektservers.

Zusätzlich zum regionalen IT-Koordinator wird im Bedarfsfall und insbesondere während des Betriebs (ab 2015) ein weiterer IT-Koordinator für das Projekt im Gebäude vor Ort hinzugezogen. Dieser unterstützt die Einrichtungen des Gebäudes analog zum regionalen IT-Koordinator in technischen Fragen direkt im Objekt (Abb. 4.16).

Beide Funktionen, CAFM- und IT-Koordinator, sind innerhalb der HOCHTIEF-Organisation auf regionaler Ebene angeordnet. Dies eröffnet die Möglichkeit, durch die parallele Bearbeitung mehrerer Regionalprojekte die Auslastung jeder Funktion auszugleichen und Spitzen zu minimieren.

Beratende Aufgaben haben auf prozessorientierter Seite der SAP-Betrieb und die FACILIS-Entwicklung (Standard-CAFM-Lösung des HOCHTIEF-Konzerns auf Microsoft-Navision-Basis). Der Einsatz des FACILIS-Systems ist ergänzend für die internen kaufmänni-

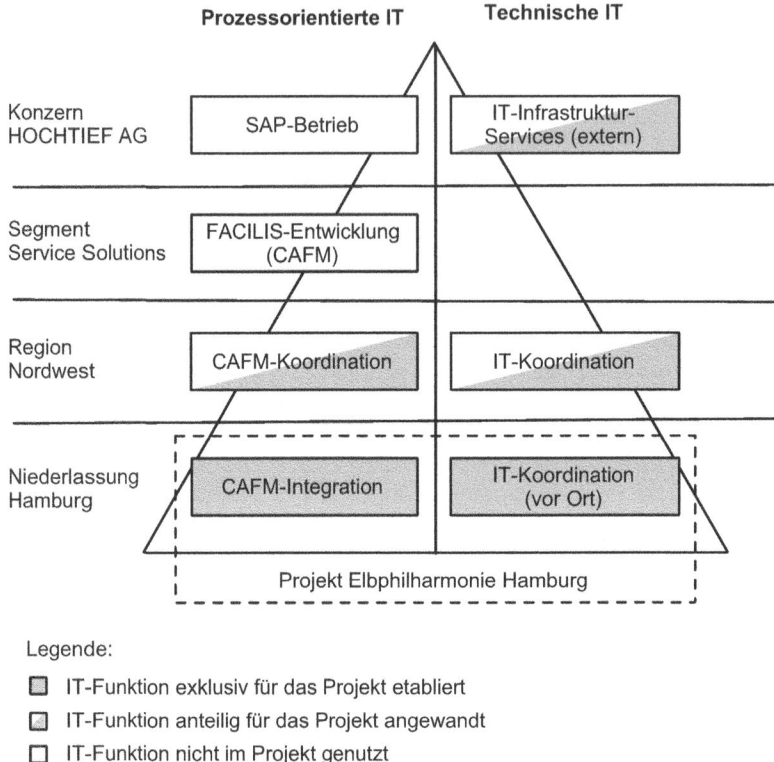

Abb. 4.16 Prozessorientierte und technische IT entlang der Organisationsebenen

schen Prozesse (ERP) im Rahmen der Betriebsphase vorgesehen. FACILIS wird zu diesem
Zeitpunkt über eine Schnittstelle an das CAFM-System der Elbphilharmonie angebunden.

Technische IT-Dienstleistungen für das Projekt, z. B. Helpdesk (vorrangig Second-Le-
vel-Support), Hardwarebereitstellung und -konfiguration, sind mit den IT-Infrastruktur-
Services extern vergeben.

Erfahrung

Die Trennung beider Funktionen in CAFM- und IT-Koordinator erzielt die gewünschten Effekte der schnellen, flexiblen und projektkundigen Unterstützung. Beide agieren als
First-Level-Support für die Fachabteilungen, lösen Probleme direkt oder qualifizieren diese für den Konzernhelpdesk vor.

Günstig zeigte sich auch die Positionierung der Koordinatoren als erster Ansprechpartner und Vertreter der Fachabteilungen in konzerninternen und externen IT-Ent-
scheidungsprozessen. Diese nahmen darin bewusst die Seite der Fachabteilungen ein und
wurden so von diesen als Unterstützer und nicht, wie häufig, als limitierender Faktor eingeschätzt.

Die gleichzeitige Bearbeitung mehrerer Projekte auf regionaler Ebene hat sich als vorteilhaft erwiesen, um die IT-Mitarbeiter konstant auszulasten. Es zeigt sich, dass ca. fünf Projekte parallel bearbeitet werden können, ohne dass die damit verbundenen organisatorischen Aufwände die inhaltliche Umsetzung belasten. Dies hat Gültigkeit für durchschnittliche Bauvorhaben. Projekte der Größe wie derjenigen der Elbphilharmonie Hamburg sind priorisiert und mit weniger Nebentätigkeiten zu unterstützen. CAFM- und IT-Koordinator stehen diesem Projekt mit je 0,5 FTE zur Verfügung.

Integration der Prozesse und Systeme
Situation
Für den Bau, die Übergabe und den Betrieb der Elbphilharmonie werden verschiedene Softwareapplikationen eingesetzt. CAFM, DMS und Projektmanagement (als Teil des ERP) bilden die Fachapplikationen, ERP und Büroanwendungen die genutzten Standardapplikationen.

Mit Projektbeginn waren die genutzten Anwendungen nicht in eine Anwendungslandschaft integriert, sondern existierten in ihren Abläufen und Daten isoliert voneinander.

Die Integration der Systeme, über die Projektgrenzen hinaus, mit den Systemen des Kunden ist vertraglich vorgegeben. Die zugrundeliegenden Lastenhefte sind im Projektvertrag zwischen HOCHTIEF und der ReGe Hamburg Projekt-Realisierungsgesellschaft enthalten.

Herausforderung
Es zeigte sich zu Projektbeginn, dass die hauseigenen Systeme stark an den Bedürfnissen des HOCHTIEF-Konzerns ausgerichtet sind. Dies erschwerte die Integration mit den Anwendungen des Kunden und der Partner, die ihrerseits für ihre Unternehmen unabhängig angepasst wurden. Es gilt, trotz der jeweils geschlossenen Architektur, die Systeme aller Projektbeteiligten und die darauf basierenden Geschäftsprozesse zu integrieren und zu automatisieren.

Die Integration der IT-Prozesse und -Anwendungen innerhalb des Projekts ist von den externen Vorgaben unabhängig. Diese ist die IT-seitige Voraussetzung für effiziente Arbeitsabläufe der Fachabteilungen hinsichtlich Zeit, Qualität und Kosten.

Lösung
Zur Vorbereitung der Integration wurde durch den Projektleiter analysiert, welche Prozesse und enthaltenen Funktionen zu integrieren sind, um die Lastenhefte zu erfüllen und die gewünschte Effizienzsteigerung zu erzielen.

Es zeigte sich, dass die Prozesse des ERP, wie Budgetplanung, Einkauf, Reporting und Projektmanagement, unabhängig der weiteren Anwendungen des Projekts durchgeführt werden können. Die eingesetzten Büroapplikationen tragen keine prozess- oder datenführende Rolle und müssen daher ebenfalls nicht mit externen Systemen integriert werden.

Da diese dem Microsoft-Standard entsprechen, ist der Austausch der Dokumente innerhalb des Konzerns, mit dem Kunden und den Partnern sichergestellt.

Die Integration der Kernanwendungen CAFM und DMS konnte durch die konzernunabhängige Auswahl des CAFM-Systems erleichtert werden. Die Anforderungen des Projekts, der Kunden und des Partners waren in den Lastenheften definiert oder konnten direkt mit den Teilnehmern bereits vor Beginn der Entscheidung für ein Produkt abgestimmt werden. So ergab sich ein gesamtheitliches Bild der benötigten und zu integrierenden Funktionalität, das in der Auswahl der projektspezifischen CAFM-Lösung Anwendung fand.

Die ausgewählte CAFM-Anwendung beinhaltet alle Module, um den gesamten Gebäudelebenszyklus von der Planung, über die Ausführung bis zum Betrieb prozessseitig abzubilden. Die typischerweise vorhandenen Systembrüche und insbesondere die damit erforderliche Migration zwischen Bau- und Betriebsphase konnten so vermieden werden.

Die Funktionen des DMS wurden zusätzlich innerhalb der CAFM-Applikation integriert, um beide Funktionsbereiche in einem Produkt eng zu integrieren. Das CAFM ist im Ergebnis die zentrale Fachapplikation für das Projekt und vereint alle Bau- und Facility-Management-Prozesse (FM) über Module innerhalb eines Systems. Seine Prozesse sind somit die einzigen, die mit dem Kunden und den Projektpartnern abzustimmen waren.

Erfahrung

Für das Projekt Elbphilharmonie Hamburg konnte die IT-Landschaft durch die unabhängige Auswahl und die frühe Einbindung des Kunden und der Partner passgenau nach den erforderlichen Projektanforderungen und -prozessen ausgewählt werden. Die Konsolidierung der Prozesse in eine Applikation reduziert den Bedarf für projektinterne Systemschnittstellen und die Integration der Projektteilnehmer beschränkt sich auf die Anbindung eines Leitsystems.

Dieses Vorgehen gelingt, wenn allumfassende Systeme auf dem Markt der Branche verfügbar und erprobt sind, sowie diese zusätzlich in ihren Teilmodulen ausreichend für die zu unterstützenden Aufgaben qualifiziert sind.

Ist dies nicht gegeben, muss die erforderliche Gesamtfunktionalität auf mehrere Applikationen verteilt werden. Um dennoch eine paarweise Integration zu vermeiden, können diese jeweils über Schnittstellen auf eine gemeinsame, standardisierte Datenquelle oder ein zentrales Leitsystem zugreifen (Sternanordnung/Drehscheibe). So können in ihren Bereichen qualifizierte Produkte miteinander kombiniert werden, sofern sie in ihren Schnittstellen an einem gemeinsamen Datenstandard ausgerichtet sind.

Der Fokus verschiebt sich für dieses Modellszenario weg von der individuellen Applikationsfunktionalität hin zu deren Schnittstellenkompetenz. Industriestandards für Schnittstellen (Remote Procedure Call, CORBA etc.) und Datenformate (XML, EDIFACT etc.) liefern die benötigten, international einheitlichen Vorlagen.

4.3.1.3   Umsetzung

In den Interviews konnten die folgenden Kernthemen für die Umsetzung der IT identifiziert werden:

Outsourcing von Infrastrukturdienstleistungen

Situation

HOCHTIEF wird von zwei externen Partnern zur Erbringung der IT-Infrastrukturdienstleistungen unterstützt. SIS (Siemens Information Services) ist hierbei Generalunternehmer und verantwortet den Servicedesk mit Servicehotline und das Softwarelizenzmanagement. Subunternehmer von SIS ist Capgemini für das Rechenzentrum, WAN und Kommunikation (E-Mail, Internet). Die Serviceprozesse sind zwischen SIS und HOCHTIEF durch einen SLA in ihren angebotenen Leistungseigenschaften definiert.

Herausforderung

Die HOCHTIEF-Prozesse sind auf das Projekt Elbphilharmonie Hamburg auf Grund der dargestellten Besonderheiten nicht im Standard anwendbar. Zusammen mit der abweichenden IT-Landschaft des Projekts ist die Serviceerbringung nach den Konzernstandards für die externen Partner zeitaufwendig und anspruchsvoll.

Der SLA orientiert sich an den üblichen Arbeitsgegebenheiten von HOCHTIEF. Zum Beispiel sind die Reaktionszeiten des SLAs den HOCHTIEF-Arbeitszeiten angepasst. Dieser SLA ist nur eingeschränkt für das Projekt anwendbar, da es von den typischen Arbeitsrahmen abweicht. Beispielsweise ist häufig eine schnelle Reaktion der IT auf zeitkritische Probleme erforderlich, um den eng gesteckten Projektzeitplan nicht zu verzögern.

Lösung

SIS und Capgemini übernehmen die zeitlich unabhängigen und standardisierten Infrastrukturleistungen für das Projekt, wie die Installation der Standardapplikationen auf den Clients und die Betreuung des Projektservers. Spezielle und zeitkritische Services übernehmen im ersten Schritt der CAFM- und IT-Koordinator, entsprechend ihrem Verantwortungsbereich. Sollte für diese eine Lösung nicht direkt zu erzielen sein, wird auf den Standardsupportprozess von HOCHTIEF zurückgegriffen. Beide Koordinatoren qualifizieren entsprechende Anfragen der Anwender aus IT-Sicht vor und reichen diese an den Helpdesk weiter.

Erfahrung

Vertraglich definierte Standardprozesse sind für eine externe Unterstützung im Rahmen definierter SLAs gut geeignet. Für individuelle Prozesse und zeitkritische Anfragen außerhalb der SLAs sollten projektinterne Strukturen vorhanden sein. Im analysierten Beispiel Elbphilharmonie Hamburg sind dies der CAFM- und IT-Koordinator, die unmittelbar für das Projekt zur Verfügung stehen.

In Fällen, in denen der Servicedesk heranzuziehen ist, beschleunigen die Koordinatoren mit ihrer Vorqualifikation die Serviceerbringung, da unnötige Schleifen auf Grund unklarer Problembeschreibung vermieden werden. Diese kommunizieren im Idealfall direkt mit dem für die Lösung verantwortlichen Dienstleister, um die Prozessgeschwindigkeit weiter zu erhöhen und Fehlerquellen in der Übermittlung durch Dritte zu minimieren.

Qualifikation der IT-Mitarbeiter

Situation

Wie dargestellt, ist der CAFM-Koordinator des Projekts verantwortlich für alle Prozessfragen und der IT-Koordinator für den technischen Bereich der Infrastruktur.

Zusätzlich beinhaltet das Projekt strategische IT-Aspekte, wie beispielsweise die der Softwareauswahl, Budgetplanung- und vergabe, sowie IT-Richtlinienentwicklung in Abstimmung mit dem HOCHTIEF-Konzern, Kunden und den Partnern. Diese nehmen nur ca. 10 % der gesamten IT-Leistungen ein, sind auf Grund ihrer Tragweite aber in besonderem Maß für das Gesamtprojekt erfolgskritisch.

Herausforderung

Beide Aufgabenbereiche, CAFM- und IT-Koordinator, erfordern einerseits IT-Fachkompetenz und zusätzlich die Qualifikation, diese in Gesprächen mit den Endanwendern in deren lösungsorientierte Sicht zu transferieren.

Analog zu den Funktionen der CAFM- und IT-Koordination nehmen die Aufgaben der IT-Strategie eine für das Projekt wichtige Rolle ein, würden indes einen eigenen Projektmitarbeiter hierfür nicht konstant auslasten. Gleichzeitig ist es problematisch, diese wichtigen Entscheidungen außerhalb des Projektumfeldes und möglicherweise ohne umfassende Projektkenntnis zu treffen. Es galt einen Weg zu finden, die Anforderungen zur Entwicklung der IT-Strategiethemen unter diesen Voraussetzungen zu erfüllen.

Lösung

Für das Projekt wurde ein CAFM-Koordinator ausgewählt, der eigene, mehrjährige Erfahrungen als Anwender in der für das Projekt ausgewählten CAFM-Lösung einbringt. In Kombination mit dem IT-Hintergrundwissen war es so möglich, die Anforderungen der Fachabteilungen in der Tiefe nachzuvollziehen und in IT-Lösungen zu erfüllen. Zusätzlich leitete er die Schulungen für alle Projektmitarbeiter und erhielt auf diesem Weg direktes Feedback und die Möglichkeit, seine Anwendererfahrungen neben der IT weiterzugeben.

Die Entscheidungen und Tätigkeiten der IT-Strategie wurden ihrer Rolle folgend hoch priorisiert und direkt durch den Gesamtprojektleiter umgesetzt. Dieser leitete die Auswahlprozesse, Abstimmung und Richtlinienentwicklung und verantwortete alle weiteren Inhalte des IT-Managements. Während des Baus und der Übergabe entsprach der Anteil der IT-Aktivitäten durchschnittlich 20 % mit Spitzen von 40 %. Im Betrieb sinkt der strategische IT-Managementanteil und kann vernachlässigt werden.

Erfahrung

Es zeigte sich, dass eigene Praxiserfahrung in der Anwendung der Lösungen seitens der IT-Mitarbeiter nicht nur das Verständnis erleichtert, sondern auch ihre Wahrnehmung und Stellung als Partner in den Teams der Fachabteilungen stärkt. Dies vereinfacht die Umsetzung eines effizienten Business-IT-Alignments, da mit dem gegebenen Vertrauen auch Entscheidungen akzeptiert werden, die individuell einschränkend empfunden werden. Diese treten typischerweise auf, wenn Anforderungen einer Fachabteilung zurückgestellt oder abgelehnt werden müssen, da sie mit der durch die IT angestrebten Gesamtlösung und den Interessen anderer Fachabteilungen in Konflikt stehen.

Mit der Bündelung der strategischen IT-Aktivitäten beim Projektleiter können Entscheidungen schnell und unabhängig getroffen werden, wie im gezeigten Projekt Elbphilharmonie Hamburg beispielsweise in der Auswahl der Systemlandschaft realisiert. Voraussetzung ist, dass der Projektleiter die nötige, für ihn typischerweise fachfremde IT-Kompetenz in das Projekt einbringen kann.

Zur Unterstützung des Projektleiters in diesem Szenario hat sich der Einsatz externer Beratung als vorteilhaft erwiesen. Diese kann mit Fachwissen, methodischer Kompetenz und operativer Umsetzung zur Entwicklung der strategischen IT-Themen beitragen und ermöglicht dem Projektleiter sich auf seine Kernaufgaben der Gesamtprojektsteuerung zu konzentrieren. Gleichzeitig behält er dennoch die finale Entscheidungsbefugnis innerhalb des Projektkontexts für Themen der IT.

4.3.2 Auswertung

4.3.2.1 Erfahrungsschwerpunkte

Die folgenden Erfahrungsschwerpunkte sind für das Projekt Elbphilharmonie Hamburg charakteristisch:

- Die Isolation des Projekts innerhalb des Konzerns erlaubt die eigenständige Entwicklung der IT ohne Restriktionen.
- Die öffentliche Aufmerksamkeit des Projekts erfordert eine erprobte IT-Unterstützung ohne Experimente.
- Eine Planungsgrundlage, die Veränderungen unterworfen ist, erfordert von der IT sich flexibel auf neue Gegebenheiten anzupassen.
- Operative IT-Prozesse können innerhalb der Konzern-IT eingebunden werden.

4.3.2.2 Einflussfaktoren (Tab. 4.8)

Tab. 4.8 Auswertung der Einflussfaktoren für das Projekt Elbphilharmonie Hamburg

Name	Ergebnis	Erläuterung
Projektvolumen	◔	Das Gesamtprojektvolumen betrug 450 Mio. €. Davon sind 14 Mio. € für den Bereich Facility Management vorgesehen.
Zeitdruck aus Sicht der IT	◑	Das Projekt Elbphilharmonie besitzt ein geplantes Projektende, das im Projektverlauf wiederholt verschoben wurde.
Anwendbare IT-Vorerfahrungen	◔	Erfahrungen aus ähnlichen Bauprojekten konnten für das Projekt herangezogen werden. Auf Grund der Projektdimension, Projektstruktur und herausragenden Stellung existierten jedoch keine Vorlagen, die direkt Anwendung finden konnten.
Internationalität des Projekts	○	Sowohl Projekt als auch Produktionsstätte befinden sich mit Hamburg am gleichen Standort.
Eigenständigkeit des Projekts	◑	Das Projekt Elbphilharmonie nimmt innerhalb des HOCHTIEF-Konzerns ein eigenständiges Projekt mit separater Projektorganisation ein. Es ist wirtschaftlich gesehen Bestandteil des Konzerns.
IT-Bezug des Gesamtprojekts	◔	Die IT trägt ergänzend als Unterstützung für das Projekt bei. Die Aufgaben des Informationsmanagements werden zentral durch den Projektleiter verantwortet.

4.4 Fossiles Kraftwerk

4.4.1 Ergebnisse der Fallstudie

Kraftwerke erzeugen Strom und thermische Energie mit vielfältigen Nutzungsmöglichkeiten für Industrie und Privathaushalte. In ihrem allgemeinen Energieumwandlungsprozess entsteht durch Verbrennung oder Kernspaltung zunächst Wärmeenergie, die über eine Turbine in Rotationsenergie und schließlich in elektrische Energie umgewandelt wird. Je nach Primärenergieträger und gewünschtem Resultat setzt der Prozess früher oder später

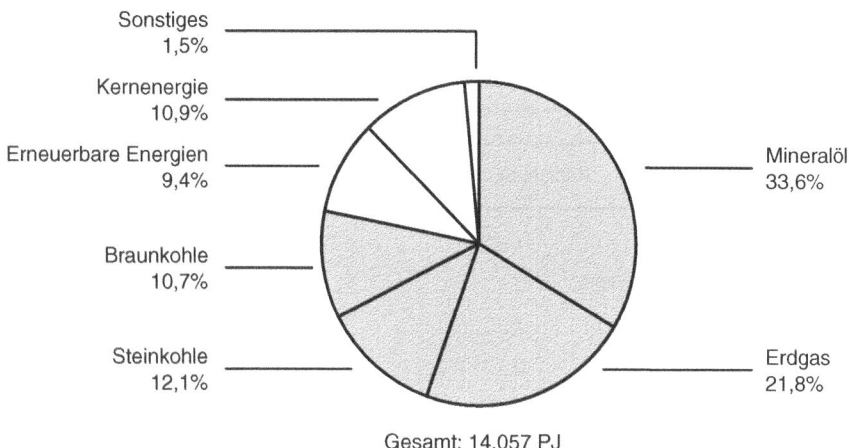

Gesamt: 14.057 PJ

Abb. 4.17 Primärenergieverbrauch nach Energieträgern in Deutschland 2010

an. Beispielsweise kann die Rotationsenergie einer Windkraftanlage über den Generator direkt in elektrische Energie umgesetzt werden, wohingegen Atomenergie durch Spaltung in einem Kernreaktor zunächst in Wärme umgewandelt wird und diese über eine Turbine die Rotationsenergie erzeugt (Abb. 4.17).

Die fossilen Brennstoffe Mineralöl, Erdgas, Braunkohle und Steinkohle sind Grundlage zur Gewinnung von 78 % der jährlich in Deutschland erzeugten Energie und 60 % der jährlichen Bruttostromerzeugung in Deutschland (BMWi 2011). Mit dem Ausstieg der Bundesregierung aus der Atomenergie im Jahr 2011 ist neben erneuerbaren Energien auch wieder mit einer wachsenden Bedeutung fossiler Energieträgern zu rechnen, da diese Kraftwerkstypen in der Lage sind, die schwankende Stromeinspeisung flexibel auszugleichen. Der Anteil erneuerbarer Energien an der Stromerzeugung soll, gemäß der Planung der Bundesregierung im Jahr 2010, in den Schritten 35 % (2020), 50 % (2030), 65 % (2040) auf 80 % bis 2050 wachsen (s. BMWi und BMU 2010, S. 5).

Diese Fallstudie geht im Folgenden von einem Projekt für ein generisches Kraftwerk mit fossilen Energieträgern (z. B. Steinkohlekraftwerk, Braunkohlekraftwerk) aus, wie es von Siemens für seine Kunden realisiert wird. IT-seitig werden die weiteren Kraftwerkstypen von Siemens nahezu identisch unterstützt (Abb. 4.18).

Die Siemens AG ist in 4 Sektoren und 17 Divisionen unterteilt. Der Sektor Energy bietet Produkte und Lösungen für die Erzeugung und Übertragung elektrischer Energie. Der dargestellte Kraftwerkstyp mit fossilen Energieträgern ist der Division Fossil Power Generation zugeordnet.

Siemens Energy Sector erzielte im Geschäftsjahr 2011 einen Umsatz von 27,6 Mrd. € und ist mit 97.000 Mitarbeiter weltweit tätig (s. Siemens 2011). Jährlich werden ca. 25 Kraftwerksprojekte durch die Division Fossil Power Generation realisiert. Wettbewerber von Siemens in diesem Bereich sind General Electric, Alstom und Hitachi.

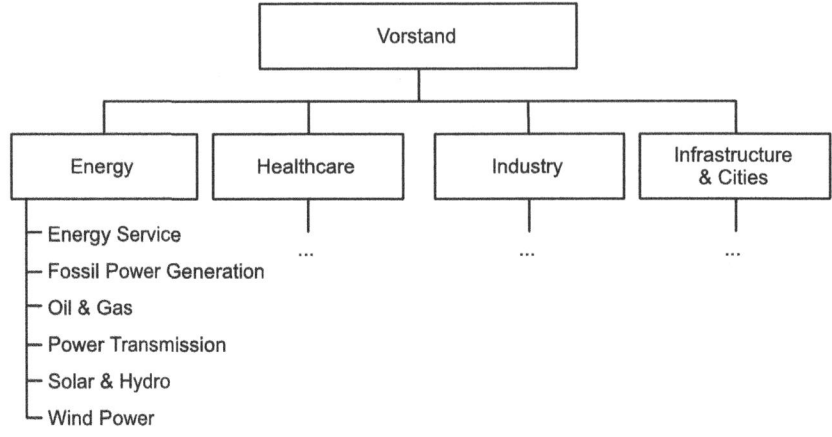

Abb. 4.18 Organisationsstruktur der Siemens AG

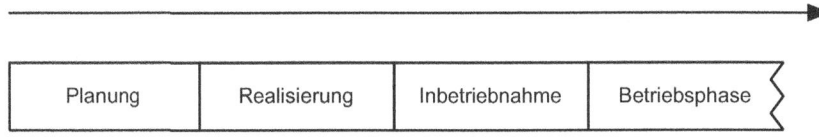

Abb. 4.19 Phasen des Projektverlaufs

Typische Auftraggeber für Kraftwerke sind Energieversorgungsunternehmen. Diese verkaufen den Strom und die erzeugte Wärme an die Industrie oder private Endkunden (Abb. 4.19).

Der Bau eines Kraftwerks unterteilt sich in die vier Phasen Planung, Realisierung, Inbetriebnahme und Betrieb. Bestandteil der Planung sind die Erstellung des Angebots und die Konzeption (Abb. 4.20).

Der Aufgabenanteil der IT ist über alle Bereiche Strategie, Prozesse und Umsetzung gering, da auf umfassende Vorerfahrungen in der Unterstützung von Kraftwerksprojekten zurückgegriffen werden kann. Die IT in Projekten der gezeigten Art wird durch den hohen Grad der Standardisierung und Modularisierung nicht projektindividuell, sondern projektübergreifend eingesetzt. Dies reduziert die Anteile der IT-Aufgaben, die im Verhältnis auf ein Projekt entfallen (Abb. 4.21).

Themen der IT-Strategie und IT-Prozesse werden vollständig intern realisiert. Die Umsetzung wird in gleichem Maß intern wie extern durch den Dienstleister Atos erbracht. Ende 2010 kaufte Atos Origin die IT-Sparte Siemens IT Solutions and Services und änderte in diesem Schritt seinen Namen vpm Atos Origin zu Atos.

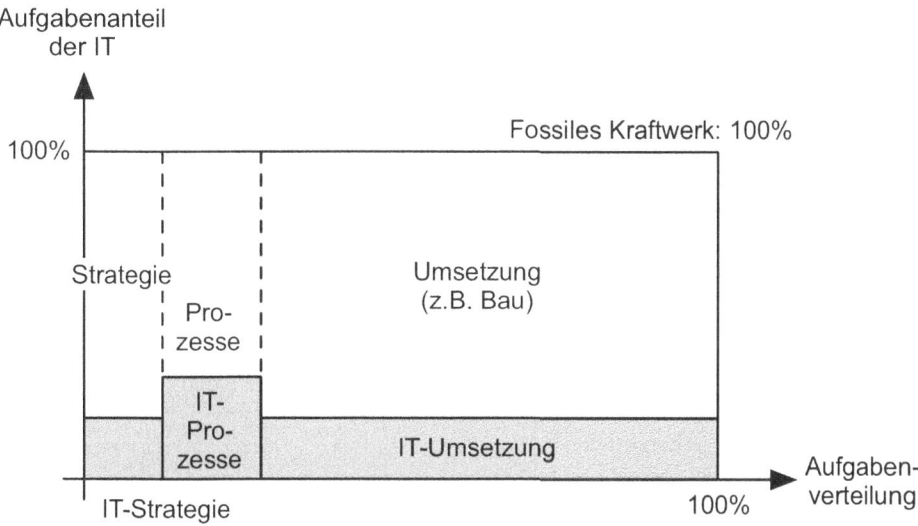

Abb. 4.20 Aufgabenverteilung und Aufgabenanteil der IT am Projekt

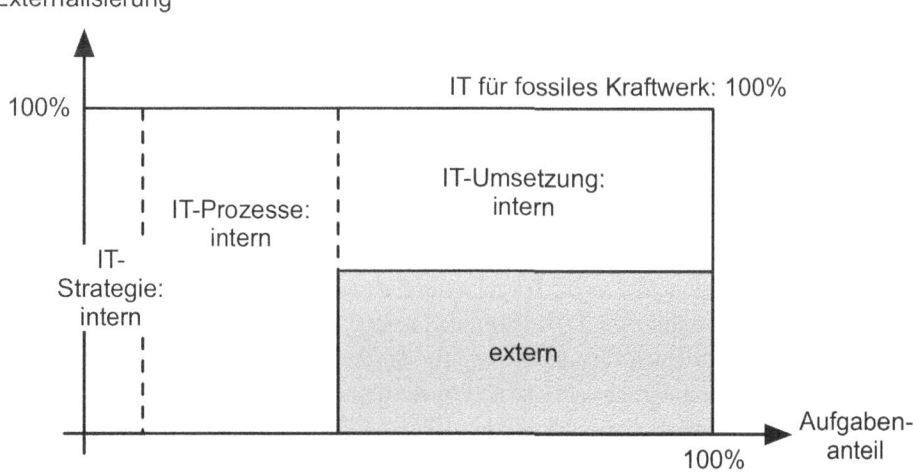

Abb. 4.21 Externalisierung der IT-Leistungen

4.4.1.1 Strategie
Projektindustrialisierung

Situation

Fossile Kraftwerke sind in ihrer Struktur sehr ähnlich und zeigen immer wiederkehrende Elemente (Kessel, Turbine, ...), auch wenn sie unterschiedliche Brennstoffe zur Energiegewinnung nutzen. Der VGB PowerTech e. V. hat hierzu als Fachverband der Strom- und

Wärmeerzeugung einheitliche Richtlinien und Merkblätter in seinen VGB[3]-Standards definiert.

Infolge der gleichartigen Struktur sind die Projekte zum Bau der Kraftwerkstypen auch hinsichtlich ihrer IT sehr ähnlich. Die Fachbereiche stellen in den Projekten wiederkehrende Anforderungen, die zu analogen Prozessen, Systemen und Betriebsstrukturen führen.

Durch die Vielzahl dieser gleichartigen Projekte, die der Siemens-Sektor Energie jährlich realisiert, eröffnen sich Chancen, Synergien und Erfahrungen in einem projektübergreifenden Gesamtansatz zu nutzen.

Herausforderung

Die Synergienutzung im Bereich der IT verfolgt das Ziel, die ähnlichen Projektstrukturen zur Einsparung von Zeit und Kosten zu nutzen und gleichzeitig eine hohe Umsetzungsqualität der Projekte sicherzustellen.

Die Herausforderung besteht in der Identifikation und Formulierung allgemeingültiger IT-Strukturen und -Prozesse, die einheitlich auf jedes Projekt angewendet werden können.

Lösung

Die Planung der IT basiert auf Referenzkraftwerken, die in dieser Form nicht gebaut werden, aber alle typischen Merkmale enthalten. Die Referenzkraftwerke sind jeweils Ausgangspunkt für die Planung der IT-Unterstützung der Projekte.

Die IT-Leistungen aus IT-Beratung, -Applikationen und -Services sind modular aufgebaut. Sie sind gemäß den Referenzkraftwerken vorbereitet und werden für die Projekte individuell kombiniert. Auf Basis der Module entsteht eine Maßnahmenliste für das IT-Projekt-Setup, die auf die analysierten Randbedingungen, Kundenanforderungen und das Referenzmodell eingeht. Ein vergleichsweise kleines, individuelles IT-Projekt für das Kraftwerk setzt die Maßnahmen gemäß der festgelegten Reihenfolge um.

Ergeben sich aus einem Projekt Spezialanforderungen, wird zunächst versucht diese über ein bestehendes Modul des IT-Leistungskatalogs abzudecken. Gelingt dies nicht, wird die Anforderung über einen Change Request für das Projekt hinzugefügt.

Siemens setzt eine unternehmenseigene Projektmethodik auf ITIL-Basis ein. Das PM@ Siemens Projektmanagement berücksichtigt dabei die Prozesserfordernisse für den Kraftwerksbau. Darüber hinaus orientieren sich die Methodiken an internationalen Industriestandards und eigenen, konzerneinheitlichen Vorgaben (Tab. 4.9):

Erfahrung

Die Formulierung von Referenzkraftwerken, der modularisierte Leistungskatalog und die umfassenden Konzernvorgaben ermöglichen eine hoch effiziente, da industrialisierte Umsetzung der IT innerhalb von Kraftwerksprojekten.

---

[3] Vereinigung der Großkesselbesitzer e. V.

Tab. 4.9 In der IT angewandte
Richtlinien und Standards

Industriestandards	Siemens-Standards und -Richtlinien
ITIL	PM@ Siemens Projektmanagement
Sarbanes-Oxley Act (SOX)	Rundschreiben Corporate IT
IFRS	Einkaufsrichtlinie
HGB	Buchungsrichtlinie POS

Durch die parallele Bearbeitung mehrerer Projekte werden die Ressourcen der IT gleichmäßig ausgelastet und es entstehen keine Wartezeiten. Dies führt zu den gewünschten geringeren Kosten pro Projekt bei konstant hoher Umsetzungsqualität.

Gerade zu Projektbeginn ist die IT im gezeigten Ansatz der Maßnahmenliste und Bearbeitung in einem kleinen Projekt vorbereitet und kann sich auf die operative Umsetzung konzentrieren. Strategische IT-Themen werden projektübergreifend, als Teil der Unternehmensvorgaben, definiert.

Portfolioorientierte Innovation

Situation

Die Referenzkraftwerke und der modulare Leistungskatalog werden innerhalb der Projektumsetzung als gegeben vorausgesetzt. Ab diesem Zeitpunkt werden die Inhalte kombiniert, angewendet, aber nicht verändert oder erweitert.

Herausforderung

Es gilt die Referenzkraftwerke, über den Projektkontext hinaus, an neue technische Entwicklungen anzupassen. Das individuelle Projekt selbst ist hierfür nicht der geeignete Rahmen, da die Bewertung der Anforderungen und Modellierung von einem konkreten Projektszenario beeinflusst ist.

Auch der Leistungskatalog ist in der Phase der Projektumsetzung statisch. Informationstechnologische Innovationen und Vorgaben der Corporate Strategy sind über einen separaten Prozess außerhalb der Projektbearbeitung zu integrieren.

Lösung

Ausgehend von der Corporate Strategy passt die IT ihre Plattform und das Modell der Referenzkraftwerke an neue Entwicklungen an. Die Prozesse der Strategieentwicklung und Budgetzuteilung erfolgen jährlich nach den Vorgaben des Unternehmens und unterliegen hoher Vertraulichkeit nach dem Least-Privilege-Prinzip.

Den Projekten wird im Ergebnis ein aktualisierter Leistungskatalog zur Verfügung gestellt. Neue IT-Applikationen und -Services fließen so indirekt in die Projektrealisierung ein. Innovationen werden mit diesem Vorgehen projektübergreifend im Produktportfolio der IT berücksichtigt und Individuallösungen möglichst vermieden.

Gegenüber den Fachabteilungen nimmt die IT damit die Rolle des zentralen Entscheiders für ihre Kernservices der IT-Infrastruktur und Standardapplikationen (ERP, HR, …)

ein. Die Entwicklung spezieller Fachapplikationen, wie eines Vertriebstools für die Division Fossil Power Generation, verläuft in intensiver Abstimmung mit den fachlichen Entscheidungsträgern nach dem Muster „Business-drives-IT".

Erfahrung
Der projektunabhängige Innovationsprozess auf Basis des IT-Gesamtportfolios führt zu dem gewünschten Effekt, Neuerungen für alle Projekte mit geringem Aufwand bei hoher Plattformstandardisierung einzuführen. Einzelerfahrungen werden so für alle Projekte nutzbar. In ihrer Rolle als System- und Prozessintegrator für die Fachabteilungen sollte sich die IT auf eine langsame Innovation ohne technische Experimente zur Minimierung der mit ihrem Einsatz verbundenen Risiken beschränken.

Die hohe Anzahl gleichartiger, paralleler Projekte rechtfertigt den einmaligen Aufwand eines losgelösten Innovationsprozesses. Die Einheitlichkeit der Plattform ist darüber hinaus Grundlage zur einfachen Wartbarkeit und schnellen Serviceerbringung der IT bei häufigen Wechseln zwischen den Projekten.

Die Strategie- und Budgetprozesse erfolgen unabhängig von den Projekten. Dies ist vorteilhaft, da diese nach Konzernvorgaben abstimmungsintensiver sind und dem dynamischen Projektalltag nicht gerecht werden. Eine projektindividuelle IT-Strategie ist mit dem gezeigten Verfahren nicht erforderlich.

4.4.1.2 Prozesse
Standardorientiertes Business-IT-Alignment
Situation
Kraftwerksprojekte unterscheiden sich bei gleicher Technik in ihrem Projektvolumen, speziellen Kundenanforderungen und den regionalen Rahmenbedingungen.

Daraus resultieren Abweichungen zu den Referenzkraftwerken, die von den Fachbereichen und infolgedessen der IT zu berücksichtigen sind.

Herausforderung
Aus den geänderten Rahmenbedingungen folgen auch für die IT Sonderanforderungen, die nicht im Leistungskatalog zu erfassen sind, da sie nur für ein Einzelprojekt gültig sind.

Die IT trägt die Aufgabe abzustimmen, welche IT-Applikationen, -Services und -Infrastruktur abweichend vom Standard benötigt werden. Es gilt jeweils abzuwägen, ob der erzielbare geschäftliche Nutzen für das Projekt gegenüber dem Aufwand, eine IT-Speziallösung zu schaffen, überwiegt.

Im Prozess des projektindividuellen Business-IT-Alignments hat die IT die Akzeptanz der von ihr bereitgestellten Tools seitens der Fachbereiche sicherzustellen.

Lösung
Das Business-IT-Alignment wird geschäftsseitig von Business Excellence unterstützt. Business Excellence ist zentraler Ansprechpartner der IT für die Kraftwerksprojekte und qualifiziert Anforderungen aus fachlicher Sicht vor (Abb. 4.22).

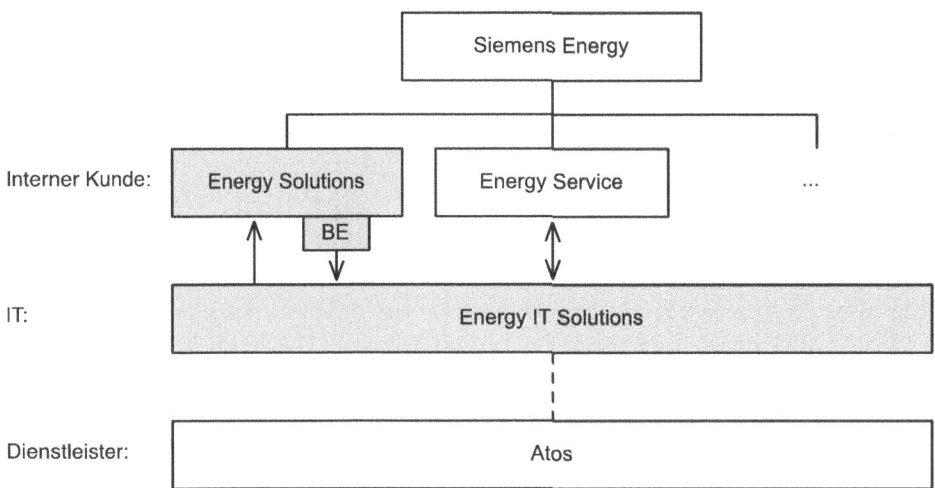

Abb. 4.22 Abstimmungslinien zwischen IT und internem Kunden

Das IT-Management koordiniert die Abstimmung mit Business Excellence. Die Verantwortung über das Prozess-Know-how liegt dabei bei den Fachbereichen. In Zusammenarbeit mit BE werden die Kernanwender je Applikation identifiziert und früh in die Lastenhefterstellung integriert. Deren fachliche Prozesssicht wird durch BE technisch vorqualifiziert.

IT bewertet die gestellten Anforderungen auf Basis einer Business-Case-Vorlage hinsichtlich ihres Nutzens, des benötigten Budgets und der Abweichung vom Standard. Ergebnis ist ein projektspezifisches Anforderungsprofil, das in Workpackages konkretisiert wird. Diese werden als Change Request intern oder extern mit Hilfe des Dienstleisters Atos umgesetzt. Nach Fertigstellung erhalten sie den Status „Ready to serve" und können von den Fachbereichen nach Bedarf für das Projekt abgerufen werden.

Erfahrung
Als erfolgskritisch für das Business-IT-Alignment zeigt sich die frühe Einbindung der Anwender in den Erstellungsprozess der Lastenhefte. Typischerweise sind die Ersteller nicht die späteren Endanwender, aber genau diese gilt es für die Akzeptanz der Lösung zu gewinnen. Das Management sollte dies in der Freigabe der Anforderungen beachten.

Mit dem Ziel einer stabilen IT-Plattform sollte die IT alle Beteiligten auf die Problematik der Einbindung standardferner Anforderungen sensibilisieren. Sie trägt dabei die Verantwortung dafür, den Nutzen gegenüber erhöhten Aufwänden der Wartbarkeit und Serviceerbringung durch die IT abzuwägen.

Eskalation der IT-Infrastrukturprozesse
Situation
IT Services werden intern von Siemens Energy IT Solutions und extern vom IT-Dienstleister Atos bereitgestellt. In Atos ging nach dem Verkauf der Siemens-eigene IT-Dienstleister Siemens IT Solutions and Services (SIS) auf.

Atos übernimmt dabei die eher technischen Services der IT-Infrastruktur, wie Rechenzentrum, Clients, Telekommunikation und Helpdesk, wie früher der Dienstleister SIS. Alle anderen Services, insbesondere die Applikationsentwicklung, verantwortet Siemens intern.

Herausforderung

Die Herausforderung liegt in der Zusammenarbeit mit dem IT-Dienstleister Atos. Historisch auf den ehemaligen Inhouse-IT-Dienstleister SIS zurückgehend, bestehen zu Atos langfristige Exklusivverträge für die genannten IT-Services. In der Projektumsetzung zeigten sich Verzögerungen der vereinbarten Leistungserbringung. Diese haben infolgedessen auch Auswirkung auf die fristgerechte Projektumsetzung.

Lösung

Die Herausforderungen in der Zusammenarbeit mit Atos zeigen sich auf der operativen Projektebene. Die Projektmanager sind angehalten die Einhaltung der Leistungszeitpunkte im Vorfeld zu prüfen und zu steuern.

Gelingt dies nicht, verläuft die Eskalation auf die nächste Managementebene. Übergeordnet wird eine Verbesserung der Zusammenarbeit durch aktives Qualitätsmanagement seitens Siemens angestrebt. Ein Wechsel des Dienstleisters wird auf Grund des langfristigsten Vertrags nicht in Betracht gezogen.

Erfahrung

Die aktive Steuerung des Dienstleisters erfordert einen hohen Einsatz der IT, ist aber zur Sicherstellung der Qualität für das Projekt erfolgskritisch. Die Eskalation hilft punktuell innerhalb des betrachteten Projekts, löst indes die generelle Problematik der Zusammenarbeit nicht für die Zukunft.

Entscheidend ist ein ausbalancierter Mix aus internen und externen Leistungen. Die Komplexität des Service sollte der maßgliche Indikator für die Make-or-Buy-Entscheidung sein. Je komplexer und erfolgskritischer der Aufgabenbereich, desto eher sollte seine Umsetzung intern erfolgen. In sich geschlossene Module, deren Qualität leicht prüf- und bewertbar ist, können an externe Partner vergeben werden (z. B. Java-Entwicklung mit definierten Schnittstellen und verifizierbaren Ergebnissen).

Die Verträge zur Vereinbarung der Zusammenarbeit mit der IT sollten die Auswahl mehrerer Preferred Supplier zulassen, intensiver geprüft werden und kurzfristiger gestaltet sein, um die Unabhängigkeit der IT in jedem Moment gewährleisten zu können.

4.4.1.3 Umsetzung
Informationssicherheit in den Arbeitsprozessen
Situation

Die IT-Security-Richtlinie definiert für den Siemens-Konzern die Anforderungen und Maßnahmen der Informationssicherheit. In ihr sind Zugriffsrechte, User Guidelines, Projekthierarchien, Netzsicherung und weitere Standards (Netzsicherheit auf Baustellen) definiert.

Herausforderung

Die Ausführung der IT-Security-Richtlinie ist, unter Berücksichtigung des Konzernumfeldes, weitreichend und wird den Anforderungen der IT im Projektumfeld nicht gerecht. Es gilt, die Regeln auf die besondere Charakteristik der Projekte und die projektseitigen Kommunikationsprozesse anzupassen. Zielsetzung ist es dabei, die hohen Sicherheitsanforderungen zu erfüllen, aber gleichzeitig einen flexiblen, mobilen Arbeitsprozess zu ermöglichen.

Lösung

Die Mitarbeiter des Projekts gelangen zentral, über eine gesicherte Verbindung, in das Siemens-Unternehmensnetzwerk. Darin arbeiten sie mit einem gesicherten Intranet zur Umsetzung der Unternehmenskommunikation.

Auch die Netzwerkinfrastruktur der Baustellen wird in das Siemens-Netzwerk integriert. Mitarbeiter, die häufig zwischen Büroumgebung und mobiler Nutzung am Produktionsstandort wechseln, finden so eine immer gleiche Arbeitsumgebung vor. Schulungen der IT informieren die Mitarbeiter über die Sicherheitslösungen und sensibilisieren zur Einhaltung der Informationssicherheitsanforderungen.

Die Plattform Global Workshare bietet Siemens und den Projektpartnern einen gemeinsamen, weltweiten Zugang auf Projektdokumente, wie beispielsweise Pläne des Detailengineerings. Diese Arbeitsumgebung ist nicht Bestandteil des Siemens-Netzes, um externen Partnern mit vereinfachten Sicherheitsanforderungen Zugang zu gemeinsamen Dokumenten gewähren zu können.

Erfahrung

Entscheidend für die Akzeptanz der Sicherheitslösungen ist, dass sie sich aus Sicht der Anwender transparent im Hintergrund halten. Sie dürfen deren übliche Arbeitsprozesse nicht behindern oder Arbeitsumgebungen verändern. Die Aufteilung in ein Siemens-internes Netz inklusive Baustelle und ein Global Workshare erleichtert die Realisierung differenzierter Sicherheitsprofile je Anwendungsszenario.

In Ergänzung der technischen Lösungen sind insbesondere die Schulungen für eine erfolgreiche Etablierung der Informationssicherheit entscheidend, da sie sowohl Verständnis als auch aktive Diskussion und Akzeptanz des Themas fördern.

Projektübergreifende Arbeitsweise

Situation

Die IT-Prozesse der Siemens Energy IT Solutions sind hoch standardisiert und für die Umsetzung von ca. 25 parallelen Endkundenprojekten in der Division Fossil Energy ausgelegt.

Herausforderung

Die Struktur, Prozesse und Mitarbeiter der IT-Organisation sind für die gleichzeitige Bearbeitung mehrerer Projekte zu qualifizieren. Die IT-Unterstützung gilt es dabei ohne die eindeutige Zuweisung von einzelnen Mitarbeitern auf ein Projekt zu etablieren, um maximale Unabhängigkeit und Verfügbarkeit in der Serviceerbringung sicherzustellen (kein Key-Account-Ansatz).

Lösung

Um den schnellen Wechsel zwischen den Projekten zu ermöglichen, sind diese eng an den definierten Standards ausgerichtet. Der Leistungskatalog definiert die Zusammenstellung der IT-Applikationen und -Services, die in ihren Inhalten identisch sind.

Um die Vergleichbarkeit der Projekte zu gewährleisten, ist die Umsetzung von Spezialanforderungen zu vermeiden. Für unvorhergesehene Projekteigenschaften sind in den Applikationen Freifelder vorgesehen, die je nach Einsatzszenario unterschiedliche semantische Bedeutung finden. Der Applikationskern verbleibt damit identisch und muss nicht individualisiert werden. Er kann im Verlauf der Serviceerbringung als identisch vorausgesetzt werden.

Erfahrung

Das Management sollte im Fall von häufigen gleichartigen Projekten gegenüber den Projektteilnehmern einheitliche Standards vertreten, um ein effizientes, projektübergreifendes Multiprojektmanagement durch die IT zu ermöglichen.

Die Mitarbeiter der IT sind im gezeigten Ansatz gefordert die Qualifikation mitzubringen, sich schnell in neue Projektsachverhalte und -rahmenbedingungen einzufinden.

4.4.2 Auswertung

4.4.2.1 Erfahrungsschwerpunkte

Die folgenden Erfahrungsschwerpunkte sind für das Projekt Fossiles Kraftwerk charakteristisch:

- Die umfassende Erfahrung ermöglicht es, Projekte maximal industrialisiert und damit effizient zu erbringen.
- Die Innovation erfolgt zentralisiert über ein projektübergreifendes IT-Portfolio.
- Besondere Relevanz hat die Informationssicherheit in den Arbeitsprozessen in Verbindung mit den Konzernstrukturen.
- Die Lastenhefterstellung profitiert von der frühen Einbindung der Endanwender – die Akzeptanz der IT-Lösung steigt.

4.4.2.2 Einflussfaktoren (Tab. 4.10)

Tab. 4.10 Auswertung der Einflussfaktoren für das Projekt Fossiles Kraftwerk

Name	Ergebnis	Erläuterung
Projektvolumen	◐	Durch die Analyse eines Referenzkraftwerks kann keine konkrete Aussage getroffen werden. Die Bewertung basiert auf der durchschnittlichen Einschätzung von Kraftwerksprojekten im untersuchten Bereich.
Zeitdruck aus Sicht der IT	◔	Durch den modularisierten IT-Leistungskatalog können Auslastungsspitzen vermieden werden. Der Zeitdruck aus Sicht der IT ist als vergleichsweise gering zu bewerten.
Anwendbare IT-Vorerfahrungen	●	Die IT arbeitet auf Grundlage von Leistungskatalogen, die projektunabhängig aktualisiert werden. Einzelerfahrungen sind so für alle Projekte nutzbar. Die IT ist zentralisiert und in hohem Maße industrialisiert.
Internationalität des Projekts	◐ (avg)	Kraftwerksprojekte werden weltweit angeboten. Die zentrale IT befindet sich in Deutschland. Je nach konkretem Standort der Produktionsstätte ergibt sich eine unterschiedliche Internationalität für das Projekt.
Eigenständigkeit des Projekts	◔ (min)	Kraftwerksprojekte werden als Projekt innerhalb der bestehenden Linienorganisation umgesetzt. Es existiert eine separate IT-Linienorganisation.
IT-Bezug des Gesamtprojekts	◐	Der Anteil der IT-Aufgaben am Projekt ist, beeinflusst durch den hohen Grad der Industrialisierung, eher gering. Die Aufgabeninhalte der IT sind dennoch als wesentlicher Faktor des Gesamtprojekts zu bewerten.

4.5 Nord-Stream-Pipeline

4.5.1 Ergebnisse der Fallstudie

Nord Stream ist eine Offshore-Erdgaspipeline durch die Ostsee, die das europäische Gasleitungsnetz direkt mit den großen russischen Gasreserven verbindet (Nord Stream 2011a, S. 3). Sie ist derzeit eines der größten Infrastrukturprojekte in Europa (Abb. 4.23).

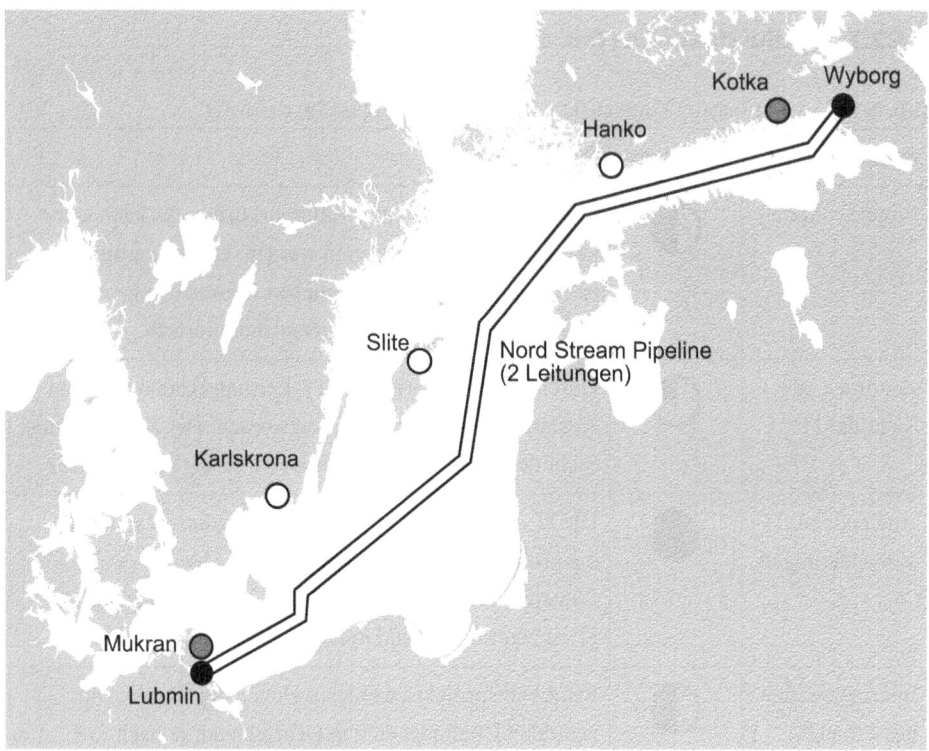

Abb. 4.23 Verlauf der Pipeline

Zielsetzung des Projekts ist, die Energiesicherheit für Europa langfristig sicherzustellen. Eine der Hauptquellen für die Gaslieferung ist das Erdgas- und Erdölfeld Juschno-Russkoje in Westsibirien (Russland). Es bietet eine Kapazität von 1.000 Mrd. m³ Erdgas.

Über zwei Leitungsstränge werden bis zu 55 Mrd. Kubikmeter Erdgas pro Jahr nach Europa geliefert – genug für 26 Mio. Haushalte. Die Strommenge, die mit diesem Volumen erzeugt werden kann, entspricht 33 Kernkraftwerken (Nord Stream 2011b).

Die Leitungsstränge bestehen aus insgesamt 200.000 Rohren mit einer Länge von jeweils 12 m und einem Gewicht von 12 t. Die Rohre für die Pipeline wurden von Europipe (Mühlheim/Ruhr), OMK (Wyksa/Russland) und Sumitomo (Japan) produziert. Der Transport erfolgte über Schiffe und Züge zu den Seehäfen Sassnitz und Kotka (Finnland). In diesen beiden Häfen wurden die Rohre mit Beton ummantelt, um ihr Gewicht zu erhöhen und eine sichere Lage am Meeresgrund zu gewährleisten. Die ummantelten Rohre wurden ausgehend von den beiden genannten Standorten auch auf die Häfen Karlskrona (Schweden), Slite (Schweden) und Hanko (Finnland) verteilt, um die Entfernung zum Rohrverlegepunkt auf maximal 100 Seemeilen (185 km) zu begrenzen. Dies reduzierte die Anzahl der Rohr-Zubringer-Schiffe auf 3. Über spezielle Verlegeschiffe, wie die Castoro Sei von Saipem oder die Solitaire von Allseas, wurden die Rohre auf See miteinander verschweißt und auf dem Meeresgrund verlegt. Pro Tag konnten in diesem Verfahren ca. 3 km Pipeline verlegt werden.

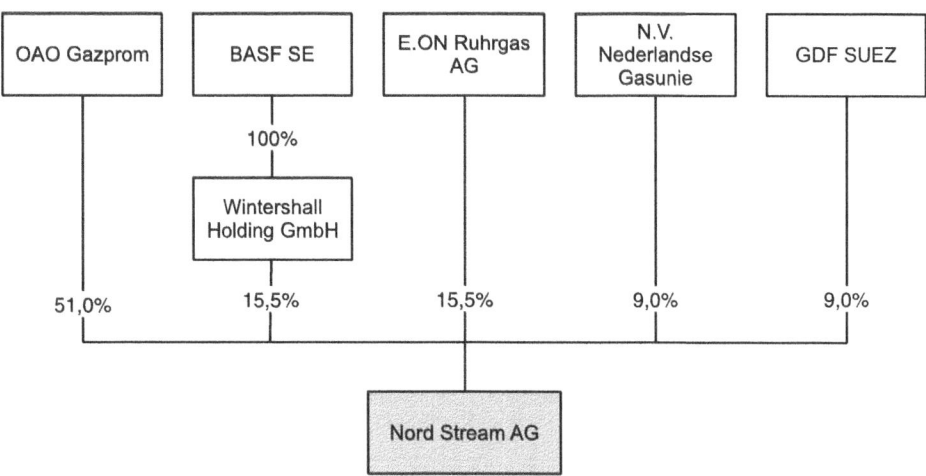

Abb. 4.24 Anteilseigner

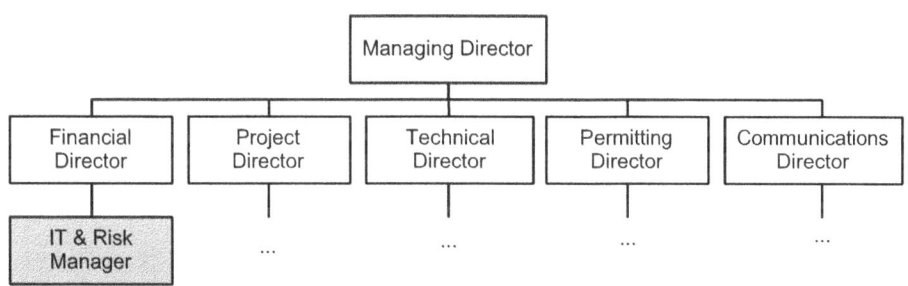

Abb. 4.25 Projektorganisation (Ausschnitt)

Die beiden Hauptleitungsstränge wurden an Land durch weitere Leitungen ergänzt, um die Verbindung der Quelle mit den Abnehmern zu vervollständigen (Abb. 4.24).

Die Nord Stream AG mit Sitz in Zug in der Schweiz ist ein internationales Joint Venture, das zur Planung, zum Bau und zum anschließenden Betrieb der Pipeline durch die Ostsee gegründet wurde. Die Gesellschaft ist mit einem zweiten Büro am Standort Moskau vertreten. Die russische OAO Gazprom ist mit 51 % an dem Gemeinschaftsprojekt beteiligt. Die deutschen Unternehmen BASF SE/Wintershall Holding GmbH und E.ON Ruhrgas AG halten je 15,5 %, die niederländische N.V. Nederlandse Gasunie und das französische Unternehmen GDF SUEZ jeweils 9 % der Anteile (s. Nord Stream 2011a, 4; Abb. 4.25).

Die Projektorganisation ist in die Bereiche Financial, Project, Permitting, Communications und Technical unterteilt. Jeder Bereich wird durch einen Direktor vertreten. Die Direktoren berichten an den Managing Director. Die IT ist dem Bereich Financial zugeordnet und trägt, da kombiniert mit dem Risikomanagement, die Bezeichnung „IT & Risk Management" (Abb. 4.26).

Die Planungen zum Bau der Nord-Stream-Pipeline wurden von der EU unterstützt und das Projekt erhielt einen priorisierten Status im Rahmen des Programms Transeuropäische Netze.

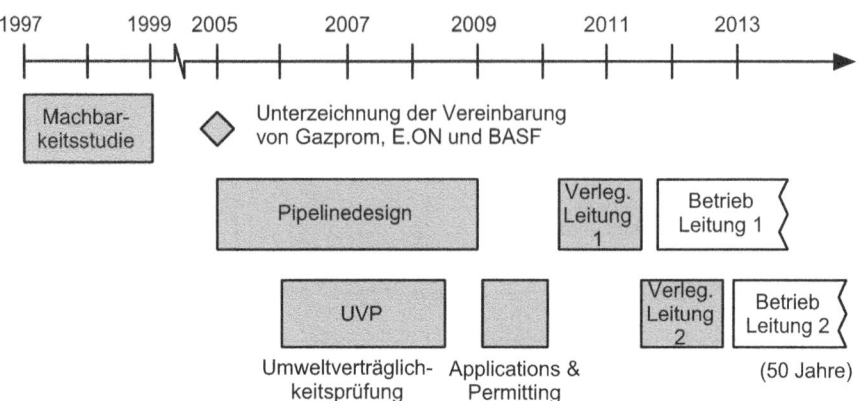

Abb. 4.26 Phasen des Projektverlaufs

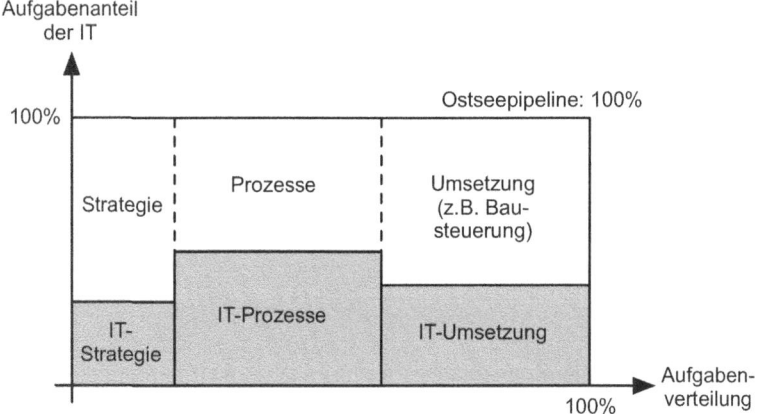

Abb. 4.27 Aufgabenverteilung und Aufgabenanteil der IT am Projekt

Um verschiedene Möglichkeiten des Pipelineverlaufs und deren Auswirkung und Nutzen zu bewerten, wurden zwischen 1997 und 1999 Machbarkeitsstudien ausgearbeitet. Im
Jahr 2005 wohnten der damalige Bundeskanzler Gerhard Schröder und der russische Prä-
sident Wladimir Putin der Unterzeichnung der Vereinbarung von Gazprom, E.ON und
BASF für das Projekt Nord Stream bei.

Im Anschluss wurde die Nord Stream AG durch die Anteilseigner gegründet und begann die Projektrealisierung mit dem Pipelinedesign bis 2009. Parallel verlief von 2006 bis
2008 die Umweltverträglichkeitsprüfung, die unter anderem Voraussetzung für die Genehmigung – Applications & Permitting – im Jahr 2009 war. Der Bau der ersten Leitung
erfolgte von April 2010 bis Mai 2011. Leitung zwei wurde im Mai 2011 begonnen und in
der zweiten Jahreshälfte 2012 abgeschlossen. Der Betrieb begann im November 2011 mit
zunächst einer Leitung und halber Gesamtkapazität. Die zweite Leitung ging im November
2012 in Betrieb und die Pipeline erreichte ab diesem Moment ihre Gesamtkapazität. Beide
Leitungen sind für einen Betrieb von mindestens 50 Jahren ausgelegt (Abb. 4.27).

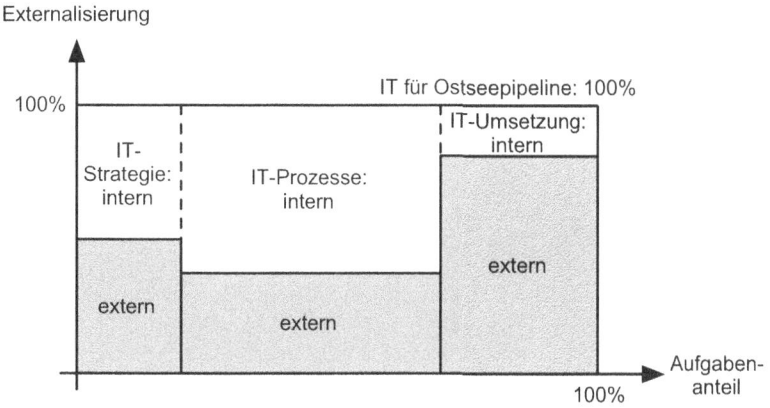

Abb. 4.28 Externalisierung der IT-Leistungen

Der Anteil der Aufgaben, die im Bereich der IT liegen, sind über alle drei Dimensionen Strategie, Prozesse und Umsetzung sehr hoch. Als Projektgesellschaft mit Fokus auf Managementthemen sind die meisten operativen Tätigkeiten an externe Dienstleister vergeben. Damit verbleiben überdurchschnittlich viele Strategie- und Prozessthemen innerhalb des Projekts. IT war im Bereich der Prozessentwicklung, -unterstützung und -dokumentation besonders stark vertreten (Abb. 4.28).

Der Gesamtprojektausrichtung folgend zeigt auch die IT einen hohen Anteil externer Unterstützung. Die IT-Strategie wurde mit Hilfe externer Beratung in Workshops entwickelt und dokumentiert. Daraus resultiert ein auffällig hoher Anteil in diesem Bereich. Die IT-Umsetzung wurde als operatives Thema hauptsächlich an externe Partner vergeben und intern im Rahmen des IT-Managements gesteuert (Abb. 4.29).

Beginnend mit der Unternehmensgründung 2005 wuchs die Anzahl der Mitarbeiter bis 2010 auf 220. Anschließend sank die Zahl im Jahr 2011 auf 170. Hinsichtlich der weiteren Entwicklung ist zu erwarten, dass sie bis 2014 auf ca. 50 Mitarbeiter zurückgehen wird. Mit dieser Kapazität kann der Pipelinebetrieb über die folgenden 50 Jahre gewährleistet werden.

Insbesondere zu Beginn zeigt sich ein hoher externer Anteil für den Projektverlauf, da der Start durch eine führende Managementberatung konzeptionell und operativ unterstützt wurde. Zum Ende der Bauphasen wurden verstärkt die externen Mitarbeiter abgebaut.

Die Gesamtinvestitionen für die Nord-Stream-Pipeline betragen 7,4 Mrd. €. Das Projektbudget verteilt sich überwiegend auf die größten Posten von Offshore-Pipelineprojekten: Rohrherstellung, Logistik, Ingenieursleistungen und die Verlegung der Pipeline (s. Nord Stream 2011a, S. 5). Das IT-Budget vom Projektstart bis zum Beginn der Betriebsphasen betrug 28 Mio. €.

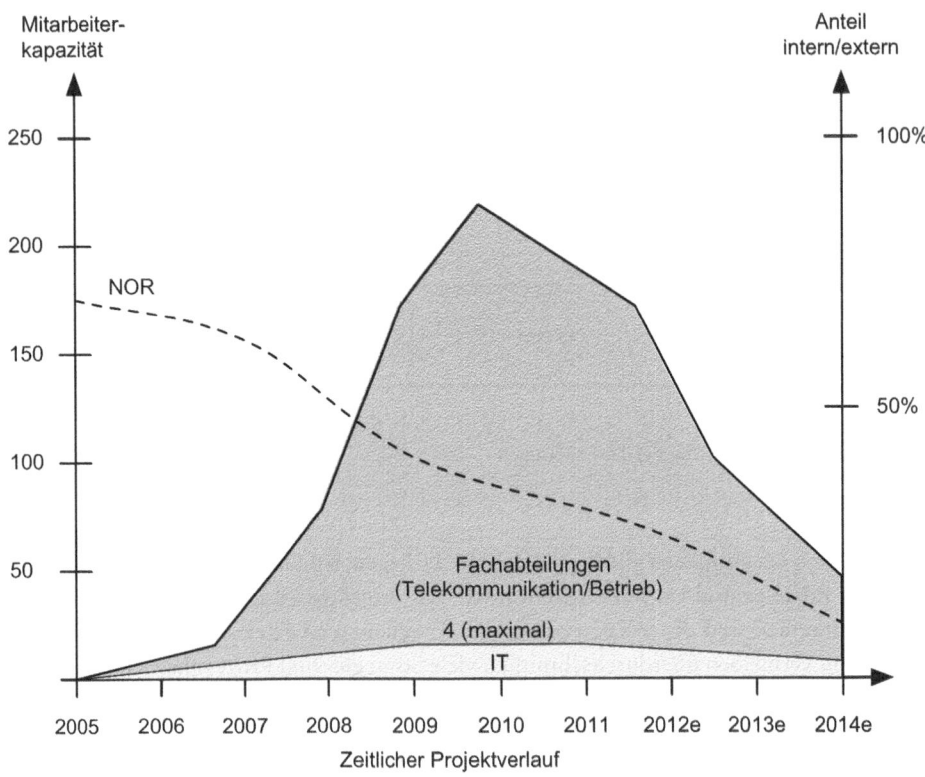

Abb. 4.29 Mitarbeiterentwicklung

4.5.1.1 Strategie

In den Interviews konnten die folgenden Kernthemen für die Strategie der IT identifiziert werden:

Umfangreiches Projektgenehmigungsverfahren

Situation

Die Nord-Stream-Pipeline verläuft durch die Hoheitsgewässer und/oder die ausschließlichen Wirtschaftszonen von Russland, Finnland, Schweden, Dänemark und Deutschland. Diese fünf Länder sind im Sinne internationalen Rechts die Genehmigungsländer des Projekts.

Die Wirtschaftskommission für Europa der Vereinten Nationen definierte im Jahr 1991 in der Espoo-Konvention die Anforderungen an den internationalen Konsultationsprozess grenzüberschreitender Projekte. Beispielsweise wurde festgelegt, die Prüfungen in einer frühen Projektphase umzusetzen und allen betroffenen Staaten die Möglichkeit zu geben, aktiv am Genehmigungsverfahren teilzunehmen. Neben den fünf Ursprungsländern, die gleichzeitig auch betroffene Parteien sind, zählen hierzu Polen, Litauen, Lettland und Estland.

Innerhalb des Nord-Stream-Projekts wurde das Genehmigungsverfahren durch den Fachbereich Permitting umgesetzt. Dieser war zentraler Ansprechpartner zur Beantwortung aller im Rahmen der Genehmigung an Nord Stream gestellten Fragen.

Herausforderung

Das Bauvorhaben der Nord-Stream-Pipeline musste den nationalen Gesetzen der Staaten entsprechen, deren Gebiete sie durchquert. Es war daher erforderlich, dass Nord Stream die Zustimmung aller Länder auf nationaler Ebene einholt, bevor mit dem Bau der Pipeline begonnen werden konnte.

Gemäß der Espoo-Konvention mussten die Ursprungsländer die betroffenen Länder in den Abstimmungsprozess einbeziehen. Seitens Nord Stream bestand die Herausforderung, alle Staaten zusammenzubringen, um den erhöhten Aufwand individueller, bilateraler Abstimmungsprozesse zu vermeiden und das Genehmigungsverfahren für das Projekt effizient umzusetzen. Im Rahmen der Konsultationen nach Espoo-Konvention galt es umfangreiche Untersuchungen und Studien der Umweltprüfungen hinsichtlich der Auswirkungen auf das Ökosystem und den Meeresboden durchzuführen und in einem Nord Stream Espoo-Report zu dokumentieren. Dieser Bericht bildete einen wichtigen Beitrag zur Abstimmung der Länder nach den Vorgaben der Espoo-Konvention und ergänzte die nationalen Umweltverträglichkeitsprüfungen (UVP).

Für die IT bestand die Herausforderung, ein integriertes System zu finden, das es dem Fachbereich Permitting erlaubt, alle Fragen und Antworten des Genehmigungsverfahrens zentral zu erfassen. So sollte die Effizienz und Einheitlichkeit der Beantwortung sichergestellt werden.

Lösung

Im Rahmen des Genehmigungsverfahrens wurden umfangreiche Gespräche mit allen beteiligten Staaten geführt. Nord Stream holte die erforderlichen fünf nationalen Genehmigungen bei den Ursprungsländern des Projekts ein.

Hinsichtlich des internationalen Konsultationsprozesses gemäß Espoo-Konvention wurde ein gemeinsamer Dialog auf europäischer Ebene zusammen mit Politik und NGOs angestrebt. Nord Stream unterstützte diesen Prozess und brachte alle Ursprungsländer und betroffenen Länder an einen Tisch. Die Abstimmung eines gemeinsamen, internationalen Weges erleichterte es den Ursprungsländern, ihre nachgeordneten Verpflichtungen den betroffenen Ländern gegenüber zu erfüllen. Der Gruppenkonsens aller Staaten reduzierte den Aufwand für bilaterale Konsultationen zwischen den Staaten.

Das Nord-Stream-Projekt wurde als ein Top-10-Projekt der Europäischen Union klassifiziert und erhielt damit höchste Aufmerksamkeit. Es bekam aktive Unterstützung aus Wirtschaft und Politik in Deutschland sowie der Europäischen Union.

Die durchgeführten Umweltanalysen waren Ausgangspunkt zur Festlegung des Pipelineverlaufs und -verlegezeitplans. Damit konnten die Auswirkungen auf ökologisch sen-

sible Gebiete, Störungen der Brutzeiten von Vögeln und Laichzeiten von Fischen oder das
Aufwirbeln von Sedimenten minimiert werden. Das Rerouting für die Pipeline erfolgte
unter Bewegung von 1,5 Mio. t Stein am Meeresboden.

Die Fragen und Antworten des Genehmigungsprozesses wurden in einem Grievance-
Management-System erfasst, das auf Grundlage eines CRM-Systems aufgebaut werden
konnte. Den Prozess der Lösungsfindung und Systemauswahl leitete die IT in enger Abstimmung mit dem Fachbereich Permitting.

Ergänzt wurde dieses System durch ein Geoinformationssystem (GIS), das den Partnern, Dienstleistern und beteiligten Staaten einheitliches Kartenmaterial bereitstellte. Die
Ergebnisse der Untersuchungen und Studien flossen in dieses System ein. Zusammen mit
dem Grievance-Management-System bildete das GIS die Grundlage für den Nord Stream
Espoo-Report.

Erfahrung

Es war im Interesse von Nord Stream, ein transparentes und zügiges Genehmigungsverfahren für das Projekt umzusetzen. Die Espoo-Konvention war dahingehend hilfreich,
dass mit ihr die Anforderungen an den internationalen Abstimmungsprozess im Vorfeld
vereinbart und akzeptiert waren. Die aktive Unterstützung und Moderation der Staaten in
ihrer gemeinsamen Konsultation durch Nord Stream führte zu der gewünschten Wirkung,
den Genehmigungsprozess zu beschleunigen.

Es zeigte sich daher, dass europäische Projekte auch in ihrer Genehmigung auf europäischer Ebene ansetzen sollten und die Projektgesellschaft die bilaterale Einigung fördern
kann.

IT-Systeme im Projektumfeld können auch sehr spezielle Anforderungen, wie im Bereich Grievance Management, zielführend unterstützen. Erfolgskritisch war die enge Zusammenarbeit zwischen IT und dem Fachbereich Permitting, da es auf dem Markt keine
vorbereiteten Speziallösungen gab. Zusammen entwickelte man den Lösungsansatz, auf
ein bestehendes CRM-System aufzubauen, das die benötigten Basisfunktionen mitbrachte.
Fach- und IT-Know-how ergänzten sich in der Systemauswahl optimal.

Die Anforderung, eine Lösung bereitzustellen, war zu Projektbeginn unbekannt. Seitens der IT galt es, flexibel auf neue Anforderungen zu reagieren und über statische Lösungsansätze hinauszudenken, die durch projektspezifische Einsatzszenarien erforderlich
wurden.

Differenzierte Rolle der IT im Business-IT-Alignment
Situation
Das Nord-Stream-Projekt konnte auf Grund seiner einzigartigen Aufgabenstellung nicht
auf eine vergleichbare Vorerfahrung zurückgreifen. Die einzelnen Projektprozesse, wie
beispielsweise für den Anlagenbau oder die Logistik, waren isoliert bekannt, jedoch nicht
in ihrer für das Projekt erforderlichen integrierten Form. Die IT übernahm in diesem Umfeld die Aufgabe, die verschiedenen Anforderungen zu konsolidieren.

Die Prozess- und Strukturvorgaben der Fachbereiche zeigten unterschiedliche Reife und Eignung zur Systemintegration durch die IT.

Herausforderung

Die Mitarbeiter des Nord-Stream-Projekts entstammen zum überwiegenden Anteil den Konzernen der Anteilseigner. Das Konzernumfeld prägte auch die Prozessvorgaben, die seitens der Mitarbeiter als Anforderungen gegenüber der IT gestellt wurden.

Diese Prozesse waren in sich innerhalb des Konzerns erprobt und eingesetzt. Zu prüfen war, ob sie auch für den Projektkontext geeignet sind und im Zusammenspiel mit Prozessen anderer Herkunft interagieren.

Die IT wurde durch die Fachbereiche zunächst als technischer Dienstleister wahrgenommen. Sie kommunizierten daher oft auf fertiger Produktbasis und übergingen die Diskussion verschiedener Lösungsansätze mit der IT. Seitens der IT galt es, die Produktanfragen auf die damit zu lösenden Anforderungen zu reduzieren, um dann für Fachbereiche übergreifend eine passende Lösung zu finden. Erschwerend kam hinzu, dass – bedingt durch die Konzernprägung der Mitarbeiter – starke Präferenzen für einzelne Produkte mit individuellen Vorerfahrungen an die IT herangetragen wurden.

In der Prozessentwicklung bestand die Herausforderung, dass die Vorbereitungen der Fachbereiche unterschiedlich weit entwickelt waren und zunächst auf einen einheitlichen, für die Anwendung in IT-Systemen geeigneten Stand gebracht werden mussten. Die IT musste im Rahmen der Prozessentwicklung dafür Sorge tragen, dass auch weniger IT-affine Fachbereiche aktiv in die Kommunikation eingebunden waren. Es galt, jeweils die optimale Rolle und IT-Positionierung zu erkennen und einzunehmen.

Lösung

Die IT nahm in ihrer internen Kommunikation, so weit für sie möglich, die geschäftliche Sichtweise der Fachbereiche ein. Hierzu wurde zunächst gezielt nach der Aufgabenstellung gefragt, um anschließend produktneutral nach Lösungsoptionen zu suchen.

Je nach Fachbereich, Prozess und Zielsystem kam eine unterschiedliche Positionierung der IT, zwischen IT-zentral, Business-drives-IT und IT-enables-Business, in Betracht. Zielsetzung war jeweils die IT-Lösung anforderungsgemäß und effizient für den Fachbereich zur Verfügung zu stellen. Der Ansatz IT-zentral wurde verfolgt, wenn es sich um betriebliche Standardsoftware handelt; Business-drives-IT immer dann, wenn für individuelle Fachbereichsprozesse eine Applikation ausgesucht und angepasst werden sollte. War der Fachbereich wenig erfahren im Einsatz von IT-Lösungen oder waren diese für eine neue Branche zu adaptieren, entsprach der gewählte Ansatz IT-enables-Business:

- IT-zentral: Enterprise Resource Planning, Geoinformationssystem, …
- Business-drives-IT: Grievance Management, Supply Chain Management, Document Management, …
- IT-enables-Business: Pipe-Tracking-System, Intranetportal, …

Die IT brachte im Prozess der Applikationsbereitstellung methodisches und fachliches Know-how ein und positionierte sich ergänzend zur traditionellen, technischen IT als Prozessberater und -integrator für das Projekt. Sie zeigte eine aktive Rolle im Business-IT-Alignment und positionierte sich nach den Erfordernissen ihres internen Anforderers im Projektkontext von Nord Stream.

Das Pipe-Tracking-System (PTS) basiert auf einem Manufacturing-Execution-System (MES), das vorrangig in der Automobilindustrie Anwendung findet. In der durch die IT durchgeführten Modellbildung zeigten sich auf abstrakter Ebene große Ähnlichkeiten beider Einsatzbereiche. Im Gegensatz zu bestehenden PTS sind MES intensiver erprobt und für den Echtzeiteinsatz ausgelegt. Die Adaption des MES für den Einsatz als PTS war trotz des branchenfremden Einsatzes zielführender als die Nutzung bestehender Pipe-Tracking-Lösungen. In diesem Teilprojekt trat die IT als Innovator für die Engineering-Fachbereiche auf.

Erfahrung

Die Prozesskompetenz der IT sollte den Fachbereichen früh im Projekt sichtbar gemacht werden, um sie für eine lösungsorientierte Kommunikation ohne Produktbezug zu sensibilisieren. Anzustreben ist eine vertrauensvolle Partnerschaft auf Augenhöhe jenseits der konservativen Positionierung der IT als interner Technikdienstleister.

Häufig zeigte sich im Prozess der Applikationsauswahl unter Betrachtung aller Lösungsoptionen ein anderes Produkt als das zunächst präferierte vorteilhafter. Die IT kann mit ihrem Gesamtüberblick über die Projekt-IT-Landkarte dazu beitragen, dem Aspekt der Integrationsmöglichkeiten stärkere Beachtung zukommen zu lassen, als es die isolierte Einschätzung der Fachbereiche zulässt.

Die anwendungsbezogene Positionierung nach IT-zentral, Business-drives-IT und IT-enables-Business erscheint zweckmäßig, da die Erfahrungen der IT und Fachbereiche bestmöglich zusammenwirken und die Umsetzungsgeschwindigkeit, die gerade in der frühen Projektphase gefordert ist, erhöht wird.

Wie im Beispiel des Pipe-Tracking-Systems erwies es sich vorteilhaft, die Aufgabenstellung zunächst als Modell zu formulieren, um auch abseits von Branchenlösungen nach Umsetzungsmöglichkeiten zu suchen. Mit der Adaption eines MES gelang es den Themenkomplex Pipe Tracking sehr erfolgreich zu unterstützen. Der Gesamtprozess vom Pipe-Einkauf bis zur Verlegung zeigte durch die enge Integration mit dem ERP-System ein hohes Maß an Automatisierung und Zuverlässigkeit. Grundlage zur Identifikation unkonventioneller Lösungsansätze ist die Bereitschaft, aktiv am Erfahrungsaustausch mit ähnlichen Projektunternehmen und Dienstleistern teilzunehmen.

Aktive Unterstützung der Strategieentwicklung
Situation
Das Unternehmen Nord Stream verfolgte als Projektgesellschaft das Ziel, die Nord-Stream-Pipeline zu planen und zu bauen. Nach Fertigstellung der zweiten Röhre wechselt ihre Rolle zu einer Betreibergesellschaft mit der Aufgabe, russisches Gas von Wyborg nach Greifswald zu liefern.

Diese Ziele der Bauphase sind durch die Erwartungen der Shareholder OAO Gazprom, Wintershall Holding GmbH (BASF), E.ON Ruhrgas AG und GDF SUEZ S.A. vorgegeben: erste Gaslieferung im Jahr 2011 und Fertigstellung der zweiten Leitung 2012.

Innerhalb des Nord-Stream-Projekts wurde zu Beginn der organisatorische Rahmen in einem Projekthandbuch definiert. Dieses beschrieb die Projektziele, -organisation und allgemeine Standards und Richtlinien. Über die Erwartungen und das Projekthandbuch hinaus wurde auf ein Corporate Strategy Document für das Projekt verzichtet.

Ausgewählte Fachbereiche erstellten für ihren Tätigkeitskreis Strategiedokumente und Richtlinien, die auch der IT zur Verfügung gestellt wurden.

Herausforderung

Zu Projektbeginn konnten über die organisatorischen und konzeptionellen Entwicklungen des Projektverlaufs nur Annahmen getroffen werden, da nicht auf Vorerfahrungen zurückgegriffen werden konnte. Das Projekthandbuch erfasste somit nur einen Ausschnitt und war als verlässliche, strategische Grundlage bereits früh überholt.

Zusammen mit dem Verzicht auf eine schriftlich fixierte Unternehmensstrategie stand der IT keine Vorlage zur Verfügung, aus der eine IT-Strategie für das Projekt abgeleitet werden konnte. Somit war es notwendig, die für die IT-Strategie erforderlichen Unternehmensvorgaben im Prozess der IT-Strategieentwicklung anzunehmen, abzuleiten oder gezielt zu erfragen.

Lösung

Die IT-Strategie wurde als Planungsinstrument nach der Integration der Basisapplikationen entwickelt. Ihre Definition und Dokumentation erfolgte in Workshops mit den Mitarbeitern der IT unter Leitung des IT und Risk Managers.

Die generelle Projektzielsetzung, das Projekthandbuch und die Richtlinien der Fachbereiche, wie beispielsweise die Procurement-Richtlinie, wurden als Grundlage zur Ableitung der IT-Ziele herangezogen. Darüber hinaus wurden, wo erforderlich, gezielte Annahmen getroffen, um den geschäftlichen Ausgangspunkt zur Ableitung der IT-Strategie zu vervollständigen.

Im Ergebnis der Workshops wurde der IT Strategy Draft erstellt, der als Vorschlag mit den Direktoren abgestimmt und von ihnen bestätigt wurde. Mit diesem Schritt gelang es, die getroffenen Annahmen zu verifizieren und eine solide Planungsbasis für die IT-Strategie sicherzustellen. Hinsichtlich ihrer Funktion diente sie über die IT-interne Planung hinaus auch zur Darstellung des IT-Portfolios gegenüber den Fachbereichen und zur Stärkung der IT in ihrer Rolle als Prozessintegrator.

In der Umsetzung des Strategieprojekts nahm die IT eine aktive Rolle ein und motivierte so die involvierten Fachbereiche auch zur inhaltlichen Präzisierung der eigenen Richtlinien. Methodisch wurden die fachlichen Entscheidungsträger durch Experteninterviews in den Prozess integriert und ergänzten damit die internen Strategieworkshops.

Erfahrung

Zur vollständigen Umsetzung des Business-drives-IT-Ansatzes sollte der IT die Unternehmensstrategie bekannt sein. Im Nord-Stream-Projekt gelang es, fehlende Informationen durch gezielte Annahmen zu ersetzen und ihre Bestätigung in einer Abstimmungsrunde auf Direktorenebene zu gewährleisten.

Mit der Vorerfahrung des Nord-Stream-Projekts können ähnliche Projekte der Anteilseigner von der erarbeiteten IT-Strategie profitieren und sie als Ausgangspunkt in ihre Strategieentwicklung integrieren. Mit Nutzung dieser Best Practice ist zu erwarten, dass Annahmen noch präziser getroffen werden können.

Zeitlich erscheint es zweckmäßiger, die IT-Strategie in grober Fassung bereits mit Projektbeginn zu definieren, um sie im nachfolgenden Verlauf in kleineren Aktualisierungsprojekten auf neue Projektentwicklungen anzupassen. Sie kann so neben der Anwendung als Planungsinstrument auch früh zur Förderung der internen Wahrnehmung der IT beitragen und die Argumentation von Entscheidungen gegenüber den Fachbereichen neben inhaltlichen Aspekten auch strategisch begründen.

4.5.1.2 Prozesse

In den Interviews konnten die folgenden Kernthemen für die Prozesse der IT identifiziert werden:

Anwendungsbezogener Einsatz von Standardframeworks

Situation

Die IT stellt den Fachbereichen folgende Services zur Verfügung, die den Prozess ausgehend von den Anforderungen der Fachabteilung, über die Entwicklung bis zum IT-Systembetrieb abdecken:

- IT-Governance
- Requirement- und Change-Management
- Process Solution Design
- Application Design
- Application Management
- Data Management
- Infrastructure Management
- Budget Control

In ihrer Umsetzung werden die Services typischerweise in Kombination erbracht.

Die operative Umsetzung erfolgt weitestgehend durch externe Dienstleister. Zu ihnen bestehen SLAs, um die Qualität der Leistungserbringung zu steuern. Intern wird auf den Einsatz von OLAs[4] verzichtet.

---

[4] Operational Level Agreement, firmeninterner Leistungsvertrag.

Tab. 4.11 Anwendung der Standards/Frameworks

Service	COSO	COBIT	ITIL
IT-Governance	■	□	
Requirement- und Change-Management	□		□
Process Solution Design	■	□	
Application Design	□		
Application Management	□		
Data Management	■		
Infrastructure Management	■		□
Budget Control	■		

Legende:

■ Standard/Framework war Vorlage oder Benchmark
□ Bezug zum Standard/Framework, auch in Teilabschnitten

Herausforderung

Das Nord-Stream-Projekt steht im Konzernumfeld seiner Shareholder. Auf Konzernebene ist der Einsatz von Standardframeworks wie COSO, COBIT und ITIL seit längerem etabliert und erprobt. Die Projekterfüllung nach Industriestandards wurde so zu einer Anforderung für das Gesamtprojekt, um es aus Shareholdersicht in Audits nach bekannten und eigenen Verfahren zu steuern.

Analog war die Einhaltung von Compliance-Richtlinien durch die Shareholder und die Unternehmensform der Aktiengesellschaft vorgegeben. Hierzu zählen beispielsweise die Einführung eines internen Kontrollsystems (IKS) unter Anwendung von COSO, die Corporate Security Guideline oder die Procurement Guideline (Definition der Einkaufsprozesse).

In der Adaption der Standardframeworks für das Projektumfeld konnte nicht auf Vorerfahrungen zurückgegriffen werden. Es war daher zunächst erforderlich, die anzuwendenden Frameworks auf die spezielle Nord-Stream-Konstellation und -Dimension zu reduzieren und auch den zeitlichen Aspekt des Projekts zu integrieren.

Lösung

Die konzerntypischen Standards und Frameworks COSO, COBIT, ITIL und ISO 2700x beeinflussten die Definition und Umsetzung der IT-Services (Tab. 4.11).

Das COSO-Modell war Grundlage der jährlichen Audits des internen Kontrollsystems durch PwC und damit vorrangiger Standard für die IT-Services. COSO ist als Kontrollwerkzeug auf die Identifikation von operationellen Risiken, Finanzberichterstattung und Compliance ausgerichtet.

Die IT-Governance und das Process Solution Design zeigen Bezüge zu COBIT, das mit seiner Ausrichtung auf IT die Kontrollziele von COSO ergänzte. ITIL fand in Auszügen wie beispielsweise im Requirement- und Change-Management Anwendung. ISO 9001 wurde im Bereich des Qualitätsmanagements angewandt, hatte aber keinen direkten Einfluss auf die IT-Services. Auch in der Orientierung zu geschäftlichen Standards und Frameworks wie COSO zeigt sich die Fokussierung der Nord-Stream-IT auf Themen des IT-Managements unter Auslagerung der operativen Umsetzung.

Ergänzt wurden die Industriestandards durch interne geschäftliche Vorgaben, wie beispielsweise die Procurement Guideline und die Unterschriftenregelung. Diese Vorgaben definierten die internen Standards des Nord-Stream-Projekts und waren Grundlage zur Automatisierung der Prozesse (z. B. digitales Bestellwesen und Rechnungsworkflow).

Die in den Standards und Frameworks vorgeschlagenen Strukturen waren jeweils Ausgangspunkt zum Aufbau des eigenen IT-Managements. Darüber hinausgehende Inhalte wurden unter Berücksichtigung der speziellen Projektsituation individuell entwickelt. In den jährlichen PwC-Audits wurden die Ergebnisse einer unabhängigen Kontrolle unterzogen und die Ausrichtung entlang des COSO-Standards verfeinert. Dieser Optimierungszyklus aus standardkonformer Entwicklung und externer Prüfung vereinfachte und beschleunigte die Audits mit zunehmendem Projektfortschritt.

Erfahrung
Standards und Frameworks können im Projektkontext erprobte Strukturen einbringen. Sie gewährleisten die relevanten Themen zu identifizieren, vollständig zu erfassen und überschneidungsfrei zu gliedern. Nicht für das Projektumfeld passend sind inhaltliche Vorgaben, die, wie im Beispiel IT-Helpdesk des ITIL-Frameworks, auf ausgereifte Konzernstrukturen mit vielen Mitarbeitern bauen. Darüber hinaus berücksichtigen sie nicht den zeitlichen Aspekt eines Projekts, das stärker als Unternehmen bekannten, aber auch unbekannten Veränderungen unterworfen ist.

Im Nord-Stream-Projekt gelang es, die Inhalte individuell, aber innerhalb der Standardstrukturen zu entwickeln. Die externe Kontrolle könnte noch weiter vereinfacht werden, indem bereits vor der ersten Prüfung die gemeinsamen Strukturen zwischen Unternehmen und Prüfer abgestimmt werden. So ist zu erwarten, dass der Lerneffekt des Optimierungszyklus bereits mit dem Projektbeginn einsetzt.

Auf Grundlage des Projekts entwickelte sich im Bereich der IT-Strategie, der IT Security und der IT-Governance eine Vielzahl von Einzelvorlagen, die für weitere, ähnliche Projekte der Shareholder Anwendung finden können.

Übergang der Services vom Bau auf den Betrieb
Situation
Das Nord-Stream-Projekt umfasst die Planung, den Bau und den Betrieb der Pipeline. Nach Abschluss der Bauphase wechselt die Struktur der Gesellschaft 2012 von einer Projektgesellschaft zum Betreiber der Pipeline.

Herausforderung

Mit der Baufertigstellung 2012 haben sich die Aufgaben der Gesellschaft in der kurzen Zeit von eineinhalb Jahren grundlegend geändert. Auch die IT-Services für das Projekt müssen dieser Veränderung folgen. Die Herausforderung besteht darin, die erforderlichen Änderungen früh zu erkennen, um mit dem Wechsel den Betrieb direkt und vollständig erfüllen zu können.

Seitens der Mitarbeiter sind für den Betrieb andere Qualifikationen gefragt als in der Planung und im Bau. Ihre Anzahl verringert sich im Zuge des Übergangs von 220 auf erwartungsgemäß 50. Es war zu prüfen, ob Systeme durch die geänderten Anforderungen wegfallen oder in ihrer Dimensionierung reduziert werden konnten. Die Übergangsphase begann Mitte 2011 und wurde Ende 2012 abgeschlossen.

Lösung

Zur Identifikation der für den Übergang erforderlichen Maßnahmen seitens der IT wurde ein Übergangsprojekt initiiert. Das Projekt hatte die Aufgabe, die Dimensionierung der bestehenden IT-Infrastruktur auf den Betrieb anzupassen und den Bedarf für neue Services und Applikationen zu erkennen. Beispielsweise wurde als Ergebnis ein Control Room zur Überwachung der Gaslieferungen aufgebaut und IT-seitig unterstützt.

Für die Mitarbeiter der Bereiche Planung und Bau bietet sich die Möglichkeit, ihre Tätigkeit im Projekt South Stream (geplante russisch-italienische Erdgaspipeline durch das Schwarze Meer) fortzuführen, dessen Projektgesellschaft ebenfalls am Standort Zug (Schweiz) niedergelassen ist. Im Dezember 2012 wurde mit dem Bau der Erdgasleitung begonnen.

Erfahrung

Der Einschnitt des Überganges vom Bau auf den Betrieb sollte ebenso intensiv geplant werden wie der Projektbeginn. Der Zeitraum über eineinhalb Jahre reichte aus, um alle Vorkehrungen für den Betrieb zu treffen und die Services anzupassen.

Die Erfahrungen der IT im Aufbau der IT-Services und Applikationslandschaft können auch für ähnliche Pipelineprojekte, wie beispielsweise South Stream, angewendet werden und dort die Planung und Integration der Systeme beschleunigen.

Prozessübergreifendes Requirement- und Change-Management
Situation

Die kaufmännischen Prozesse, Logistikprozesse und Planungsprozesse bilden im Kern das Nord-Stream-Projekt ab. Die kaufmännischen Prozesse führen ausgehend vom Einkauf, über das Bestellwesen, die Kontrolle der Leistungserbringung und die Rechnungsprüfung zur Zahlung.

Die Prozessstränge sind eng miteinander verbunden. Beispielsweise initiiert die Lieferung von Rohren gleichzeitig die Logistikprozesse der Qualitätsprüfung, des Transports und der Verlegung, aber auch die kaufmännischen Prozesse der Rechnungsprüfung und Zahlung. Die Planungsprozesse verweisen auf die Prozesse der Dokumentabstimmung, die wiederum die Planungsprozesse der Nord-Stream-Partner integrieren.

Herausforderung

Durch die eng ineinandergreifenden Prozesse ist es wünschenswert und erforderlich, die zur Unterstützung ausgewählten Applikationen ebenfalls eng zu integrieren. Folglich gilt es Anforderungen nicht isoliert je Applikation zu betrachten, sondern im Kontext der weiteren Anwendungen eine vollständig integrierte IT-Landschaft bereitzustellen. Der spezielle Projektcharakter von Nord Stream erschwerte darüber hinaus die Integration, da häufig nicht auf vorbereitete Branchenschnittstellen der Hersteller zwischen den Applikationen zurückgegriffen werden konnte.

Gestellte Anforderungen betrafen meist mehrere Prozesse und damit mehrere Applikationen. An die IT gestellte Anforderungen und Change Requests konnten nur selten innerhalb einer Applikation erfüllt werden, typischerweise waren sie applikationsübergreifend, auf Grundlage der integrierten Prozesse, zu lösen.

Es galt Wege zu finden, die komplexe, übergreifende Prozess- und Applikationsintegration mit den limitierten Personalressourcen der IT umzusetzen und gleichzeitig einen zuverlässigen IT-Betrieb zu ermöglichen. Auf Grund des hohen Projektvolumens und des im Verhältnis geringen IT-Budgets stellte das Budget keine natürliche Limitierung der Umsetzungskapazität dar. Diese war ausschließlich durch die personelle Komponente bestimmt.

Lösung

Die IT trat als Prozessintegrator für das Projekt auf. Sie analysierte und dokumentierte die Prozesse der Fachbereiche und stimmte sie mit den involvierten Entscheidungsträgern ab. Zielsetzung war es, sie in der Folge in einer vollständig integrierten IT Applikationslandschaft abzubilden. Beispielsweise wurde ein elektronischer Rechnungs-Workflow umgesetzt, der papierbasierte Rechnungen im Dokumenten-Management-System erfasste, sie per eindeutigen Barcode mit den Buchungsdaten des ERP verknüpfte und die Freigabe der Zahlung automatisiert und elektronisch gemäß der Unterschriftenregelung des Unternehmens einholte.

Die identifizierten und genannten Anforderungen und Änderungsbedarfe der Fachbereiche wurden in einer applikationsübergreifenden Requirement- und Change-Übersicht zusammengefasst. Gegenüber den Fachabteilungen erleichterte die zusammengefasste Darstellung die Kommunikation in IT-Services und vermied dieses Abstraktionsniveau durch die Diskussion konkreter Produkte zu verlassen. Aufgabe der IT war es, die jeweils optimale Applikation wie ERP, DMS, Pipe Tracking für die gestellte Anforderung zu ermitteln und in einem folgenden Schritt vorzuschlagen. Proprietäre Schnittstellen wurden, so

weit möglich, vermieden und durch einfache Standardschnittstellen ersetzt, die produkt-
übergreifend möglich waren (z. B. Text, XML, EDIFACT über E-Mail oder Dateisysteme).

Um die vorhandenen IT-Ressourcen bestmöglich zu nutzen, wurden Anforderungen
und Änderungsbedarfe nach ihrer Dringlichkeit und Wichtigkeit bewertet. Für beide Dimensionen wurde eine Einteilung in niedrig und hoch vorgenommen und aus den resul-
tierenden vier Möglichkeiten eine Handlungsoption vorgeschlagen. Diese Kategorisierung
war Grundlage für ein standardisiertes Verfahren zur Entscheidung, Priorisierung und
Festlegung der Umsetzungsreihenfolge. Dies trug dazu bei, unter den vorgegebenen personellen Ressourcen der IT den geschäftlichen Nutzen der IT-Unterstützung zu maximieren.

Erfahrung
Die Mitarbeiter der IT sollten hinsichtlich ihres Qualifikationsprofils, wie im Projekt Nord
Stream, auf die Prozessintegration vorbereitet sein und Know-how zu den betrieblichen
Standardprozessen (wie z. B. Warenwirtschaft, Personal) einbringen.

Der Zukauf von Beratungsleistungen ist im Requirement- und Change-Management
nur eingeschränkt möglich, da im integrierten Applikationsansatz vollständige Kenntnis
und Erfahrungen über alle Projektprozesse erforderlich sind.

Die Projektverantwortlichen sollten sich in der Auswahl ihrer Applikationen ausreichend Zeit lassen, um sicherzustellen, dass die Integration mit den weiteren Applikationen
möglich ist. Hilfreich ist es, auf einfache Standardschnittstellen der Industrie zurückzugreifen, da diese zwar wenig spezialisiert, aber weit verbreitet sind oder einfach hinzugefügt werden können.

Die Vorgehensweise zur Auswahl und Priorisierung von Anforderungen und Ände-
rungsbedarfen sollte mit dem Projektbeginn bereits festgelegt und beispielsweise als Teil
der IT-Strategie kommuniziert werden. Bei limitierter Größe der IT-Organisation kann so
der Maximalnutzen für das Geschäft erzielt werden.

Steuerung der IT-Budgets
Situation
Beginnend mit dem Projektbeginn 2005 wurde die Anzahl der Mitarbeiter von Nord
Stream stetig erhöht. Zu Beginn und auch während des Projektverlaufs war noch nicht ab-
zusehen, welche maximale Anzahl an Mitarbeitern für das Projekt benötigt wird. Auch auf
übertragbare Vorerfahrungen konnte nicht zurückgegriffen werden. Es wurde im Verlauf
des Zuwachses der Mitarbeiteranzahl jeweils von einer geringeren Anzahl ausgegangen,
als tatsächlich im Nachhinein erreicht wurde.

Im Zuge des ERP-Projekts wurden von der IT die Einkaufs- und Buchhaltungsprozesse
modelliert und dokumentiert. Auch an der Entwicklung eines Kontierungsschemas für das
Gesamtprojekt war die IT maßgeblich beteiligt.

Herausforderung

Die Anzahl der Mitarbeiter ist einer der Hauptindikatoren zur Dimensionierung der IT-Services und zur Bemessung des IT-Budgets. Da im Projektverlauf stetig die zu erwartende Anzahl der Mitarbeiter erhöht wurde, lag die Herausforderung für die IT in der realistischen Planung der erforderlichen Kapazitäten und in der Zuverlässigkeit der Finanzplanung.

Die Entwicklung eines Kontierungsschemas resultierte aus dem Bedarf des ERP-Projekts und war zunächst nicht in der IT-Planung vorgesehen. Es galt, dieses fachfremde Thema zusätzlich zum intensiven Projektstart zu entwickeln und zu integrieren.

Lösung

Die IT von Nord Stream arbeitet auf Grundlage von IT-Budgets, die jährlich im Herbst ermittelt und vom Financial Director des Projekts freigegeben werden.

Zur Aufstellung der Budgets werden typische Kennzahlen des IT-Betriebs (KPIs), wie z. B. Kosten pro User, berechnet und auf die zu erwartende Anzahl der Mitarbeiter extrapoliert. Da die Anzahl der Mitarbeiter stärker anstieg als vermutet, wurde darüber hinaus ein zusätzliches Budget als Sicherheit eingeplant.

Das Kontierungsschema wurde durch die IT anhand einer Work Breakdown Structure (WBS) für das Projekt entwickelt. Die WBS entspricht einem Projektstrukturplan, der das Projektziel in kleinere, planbare Teilaufgaben gliedert. Sie ist damit die Grundlage zur Benennung der Projektkostenstellen und ebenso Ausgangspunkt zur Strukturierung des ERP.

Erfahrung

Im Bereich des ERP liegt eine enge Zusammenarbeit zwischen IT und Buchhaltung nahe, jedoch sollte die Buchhaltung die IT von klassischen Buchhaltungsthemen befreien. Gerade während des für die IT intensiven Projektstarts sollte sie sich auf die schnelle Bereitstellung der Arbeitsumgebung fokussieren können.

Das Buchhaltungssystem sollte direkt mit Projektbeginn auf Grundlage einer WBS aufgebaut sein. Hierfür kann und sollten Vorerfahrungen aus vergleichbaren Projekten genutzt werden. Die IT sollte in vergleichbaren Projekten eine eigenständige Kostenstelle erhalten.

4.5.1.3 Umsetzung

In den Interviews konnten die folgenden Kernthemen für die Umsetzung der IT identifiziert werden:

Anwenderorientierte Information Security

Situation

Das Nord-Stream-Projekt ist durch seine internationale Aufstellung geprägt. Seine Projektgesellschaft hat Niederlassungen in Zug (Schweiz) und Moskau. Der Verlegeort der Pipeline ist die Ostsee mit fünf angrenzenden Häfen.

Die Verteilung der Standorte über Europa hinweg erfordert eine hohe Mobilität der Mitarbeiter, insbesondere des technischen Engineerings, über Ländergrenzen hinweg.

Durch das anspruchsvolle Genehmigungsverfahren erzielte das Projekt hohe politische Aufmerksamkeit in Europa und in besonderem Maß seitens der angrenzenden Staaten der Ostsee.

Herausforderung

Die Mobilität der Mitarbeiter begründet besondere Anforderungen an die Informationssicherheit. Es gilt, die Daten auf mobilen Geräten wie Laptops, Mobiltelefonen etc. vor fremden Zugriffen zu schützen. Dieser Schutz ist durch die Mobilität erschwert, da mobile Geräte leichter vergessen oder entwendet werden.

Auch die Kommunikation zwischen dem mobilen Endgerät und dem Unternehmensnetzwerk ist abzusichern, damit Daten und Sprache vertraulich übertragen werden können. Gerade im Kontext der hohen politischen Bedeutung müssen sich alle Projektteilnehmer auf eine vertrauliche Kommunikation verlassen können.

Durch beide Aspekte ist das Nord-Stream-Projekt vor besondere Herausforderungen der Information Security gestellt. Es war erforderlich, eine Balance zwischen einerseits den Einschränkungen der Information-Security-Reglementierungen und -Systemen und andererseits der Benutzerfreundlichkeit der IT-Lösungen zu finden.

Lösung

Die IT verantwortete den Bereich Information Security und war insbesondere auch für alle geschäftlichen Aspekte, über die reine IT Security hinaus, für das Projekt verantwortlich. Der Bereich nahm im Rahmen des Gesamtprojekts eine zentrale Funktion ein. Die erforderlichen organisatorischen Regelungen wurden zum Projektbeginn in der Information Security Strategy identifiziert und dokumentiert. Sie berücksichtigte, dass neben der Sicherheit auch die Benutzerfreundlichkeit der Lösungen Gewichtung fand.

Die strategische Konzeption stellte Anforderungen an die IT-Infrastruktur, das Desaster Recovery und war die Grundlage für entsprechende Trainings der Mitarbeiter:

Bestandteil der technischen Umsetzung war es beispielsweise, dass alle mobilen Datenspeicher (in Laptops, USB-Sticks, Mobiltelefonen) stets zu verschlüsseln sind. Bevorzugte Methode war, die Daten auf Unternehmensservern zu belassen und über VPN auf sie zuzugreifen.

Das Desaster Recovery wurde konzeptionell von der IT entwickelt und durch Desaster-Recovery-Tests in der Praxis erprobt.

Alle Mitarbeiter des Projekts nahmen verbindlich an Information Security Workshops teil und erhielten einen „Information Security Quickstart Guide", der die Information Security Strategy aus Anwendersicht darstellte und reduzierte. Die Kenntnis der organisatorischen Regelungen der Information Security wurde von jedem Mitarbeiter bestätigt. Für neue Mitarbeiter wurden sie, neben weiteren Unternehmensvorgaben, Bestandteil der Mitarbeitereinführung. Die Regelungen verzichten bewusst auf restriktive Vorgaben, um die Eigenverantwortung der Mitarbeiter zu stärken.

Erfahrung

Die Information Security konnte bei Nord Stream erfolgreich sichergestellt werden. Die konzeptionelle Entwicklung und Umsetzung innerhalb der IT ist zielführend, da viele Aspekte durch IT-Lösungen unterstützt werden können. Auch bringt IT das Verständnis mit, sie in Mitarbeitertrainings zu kommunizieren und in das Unternehmen zu integrieren.

Mit der IT, den Fachbereichen und den Direktoren besitzt die Information Security drei Zielgruppen, die unterschiedliche Anforderungen an sie stellen. Zur zielgruppenorientierten Kommunikation sollte das Gesamtkonzept „Information Security Strategy" vereinfacht und reduziert dargestellt werden. Wie im Beispiel Nord Stream ist davon auszugehen, dass die Verständlichkeit die Akzeptanz der Mitarbeiter für IT-Security-Lösungen erhöht, die sie aus anderen Projekten oder ihrem privaten IT-Umfeld nicht kennen.

Die IT sollte sich stets als Partner der Fachbereiche positionieren und IT-Security-Lösungen bevorzugen, die den Arbeitsprozess der Mitarbeiter nicht einschränken. Auch mit dem Verzicht auf restriktive Vorgaben wurden positive Erfahrungen gemacht.

Auf Ebene der Direktoren sollte der geschäftliche Mehrwert der Information Security dargestellt werden: Im Kontext von IT Risk Management leistet die Information Security über den gesamten Projektverlauf gesehen einen Beitrag zur Kostenreduzierung.

Zuverlässigkeit der IT-Dienstleister
Situation
Nord Stream ist ein europäisches Projekt und besitzt weltweit Lieferanten: beispielsweise sind für die Rohrproduktion Lieferverträge mit OMK (Wyksa/Russland) und Sumitomo (Japan) vereinbart.

Herausforderung
Die international integrierten Arbeitsprozesse mit den Dienstleistern erfordern, dass sich die IT-Services hinsichtlich ihrer Verfügbarkeit an den Projektpartnern orientieren. Dies erfordert von den zur Erbringung der Services herangezogenen IT-Dienstleistern ein gleiches Maß an Verfügbarkeit und Internationalität.

Neben der gesteigerten Anforderung in ihrer Auswahl gilt es die Qualität und Einhaltung der Servicelevels stets zu überprüfen und sicherzustellen.

Lösung
Neben den statischen Parametern Internationalität, Verfügbarkeit und Qualität bestimmte die erforderliche Servicedimensionierung die Auswahl der Dienstleister. Die Dimensionierung war abhängig von der zu erwartenden Unternehmensgröße, die im Projektverlauf wiederholt nach oben korrigiert wurde. Es wurden IT-Dienstleister ausgewählt, die in ihrer Größe zum Projekt passen, aber auch weitere Entwicklungsschritte mittragen können.

Der Parameter Internationalität zeigte sich in der Kommunikation und dem Service-umfang: Der Dienstleister musste in der Lage sein, alle IT-Services in Englisch zu erbrin-gen und dies über 24 h und auch an Wochenenden. Für alle Services wurden gemeinsam mit dem Dienstleister realistische SLAs entwickelt und vertraglich vereinbart. Auf die Fest-legung von Vertragsstrafen wurde verzichtet.

Im Prozess der Serviceerbringung wurden die Qualität und die Dimensionierung über ausgewählte KPIs hinterfragt. Beispielsweise wurde für das DMS ermittelt, welche Kosten pro Mitarbeiter und pro Dokument anfallen. Die KPIs waren Grundlage zur Bewertung des Service und Benchmark im Vergleich mit alternativen Lösungsoptionen.

Nord Stream verfügt über eine projekteigene Einkaufsabteilung. Diese bündelt alle Ein-kaufsaktivitäten für die Fachbereiche und die IT.

Erfahrung
Projekte sollten sich die Möglichkeit und Bereitschaft, auch Dienstleister auszutauschen, erhalten. Hierfür ist es erforderlich, die eigene Unabhängigkeit in jedem Moment sicher-zustellen. Die Serviceerbringung sollte von regelmäßigen Qualitätskontrollen begleitet sein und ihre Messung in Form von KPIs ermöglicht werden.

Als zielführend erwies sich der Auswahlparameter, die Unternehmensgröße des IT-Dienstleisters am eigenen Projekt auszurichten. Hierfür sollten möglichst genaue Annah-men darüber getroffen werden, wie sich die Projektgesellschaft entwickelt. Dies sichert die Möglichkeit des weiteren Wachstums genauso wie eine hohe Priorisierung des eigenen Vorhabens seitens des Dienstleisters. Letzteres ist für eine schnelle und pragmatische Pro-jektumsetzung entscheidend.

Der Aspekt der Lösungszeit innerhalb der SLAs war weniger zeitkritisch, da der Ver-zicht auf einen Service im Worst Case erst nach Tagen zu einer Unterbrechung der Rohr-versorgung zum Verlegeschiff führen würde.

Konzentration auf IT-Management und Governance
Situation
Der Rahmen des Nord-Stream-Projekts war durch die Vorgabe der Anteilseigner gesetzt, dass erstes Gas 2011 geliefert werden sollte und die Fertigstellung der zweiten Röhre 2012 abgeschlossen sein sollte. Mit der Unternehmensgründung 2005 hatte Nord Stream für dieses ambitionierte Ziel 5 Jahre Zeit, um es zu erreichen.

Die Hauptparameter für das Projekt waren die einzuhaltende Zeitvorgabe und die Er-füllung der hohen Qualitätsstandards. Das Budget wurde angemessen festgelegt, um beide Parameter sicher zu erfüllen.

Das Projekt konnte auf keine vergleichbaren Vorerfahrungen zurückgreifen. Die Mitar-beiter der Anteilseigner brachten Erfahrungen, gerade im technischen Bereich, ein, jedoch existierte auch bei den Anteilseignern keine übergreifende Vorlage für das Gesamtprojekt.

Herausforderung

Zur Erreichung des Projektziels innerhalb von 5 Jahren musste die Nord-Stream-Projekt-gesellschaft schnell in der Lage sein, ihre umfangreichen Aufgaben zu strukturieren und umzusetzen. Hierzu mussten Wege gefunden werden, innerhalb kürzester Zeit das Projekt zu initiieren und die Aufgaben zu steuern. Es galt ein für das Nord-Stream-Projekt optimales Verhältnis zwischen Eigen- und Fremdleistung zu finden und gleichzeitig dem Anspruch an die Umsetzungsqualität und -geschwindigkeit gerecht zu werden.

Durch die sehr gute Wirtschaftslage am Hauptstandort Zug (Schweiz) gab es eine hohe Nachfrage bei geringem Angebot auf dem lokalen Personalmarkt. Dies erschwerte die Personalbeschaffung für das Projekt, neben den hinzugezogenen Mitarbeitern der Anteilseigner.

Das Fehlen von Vorlagen machte es erforderlich, das Projekt von Grund auf zu planen und zu entwickeln. Dies erschwerte insbesondere den Projektstart und führte zu einer unsicheren Planungsbasis für die IT, die häufigen Änderungen unterworfen war.

Der Umfang der Aufgaben der IT war daher gerade zu Projektbeginn stark erhöht und es galt diesen mit den limitierten Personalressourcen zu bewältigen.

Lösung

Die Fachbereiche und insbesondere die IT konzentrierten sich im Projekt auf Management- und Governance-Themen. Sie übernahmen damit die Abstimmung und Steuerung der Aufgaben, die operativ durch Dienstleister umgesetzt wurden. Beispielsweise wurden zu Beginn die ersten Projektaufgaben, wie z. B. das Projekthandbuch, durch eine führende Managementberatung übernommen, die im weiteren Verlauf für das Grievance Management eingesetzt und erst zur Projektmitte in ihrer Kapazität reduziert wurde.

Der IT & Risk Manager verantwortete als zentraler Ansprechpartner die Themen der IT und vergab deren Entwicklung an ausgewählte Dienstleister. Dabei wurde er von externen Beratern unterstützt, die langfristig und tief in das Projekt integriert waren. Die Beratung umfasste sowohl strategische Themen der Governance und Projektkonzeption als auch die operative Unterstützung der Entwicklungsprozesse und -dokumentation.

Der IT & Risk Manager konnte sich so weitestgehend auf das projektübergreifende IT-Management und das Business-IT-Alignment für die Kernservices fokussieren.

Auch für die IT-Infrastruktur mit Helpdesk wurde früh ein externer Partner ausgewählt. Im Projektverlauf zeigte sich auf Grund des gestiegenen Themenumfanges und der erforderlichen Verfügbarkeit der Bedarf, ausgewählte Infrastrukturprozesse und das Applikationsmanagement durch interne IT-Mitarbeiter zu unterstützen oder zu übernehmen. Der IT & Risk Manager definierte mit den Beteiligten die anzustrebende Fertigungstiefe der IT je nach Anwendung und gewähltem Dienstleister.

Erfahrung

Die umfangreiche und tiefe Integration externer Berater und Dienstleister ermöglichte Nord Stream die anspruchsvollen Aufgaben innerhalb des gesetzten Zeitplans zu erfüllen. Somit kann der Managementansatz im Kontext der speziellen Projektanforderungen als erfolgreich bewertet werden.

Es ist dabei gerade innerhalb der IT zu berücksichtigen, dass mit zunehmendem Outsourcing auch die Abhängigkeiten zu Dienstleistern steigen. Industrieübergreifende Standards in Schnittstellen und Datenformaten steigern die Unabhängigkeit von Einzellösungen und belassen die Möglichkeit eines Dienstleisterwechsels beim Auftraggeber. Ist die Zeit verfügbar, so zeigt die Nord-Stream-Erfahrung, sollten zentrale Applikations- und Infrastrukturservices auch intern umgesetzt werden.

Die Make-or-Buy-Entscheidungen sind, ohne vergleichbare Vorerfahrung, jeweils im Kontext des konkreten Dienstleisters, der internen Ressourcen und der Aufgabenstellung zu wählen. Vorteilhaft erscheint hier, wenn das Projekt bereits auf ein erprobtes Dienstleisternetzwerk zurückgreifen kann. Dies würde auch zur Entlastung der IT gerade zu Projektbeginn beitragen, da der Aufwand der Dienstleisterauswahl und das Wechselrisiko reduziert wären.

Die Konzentration auf IT-Management und IT-Governance erfordert von den Mitarbeitern die Fähigkeit des Vendor Managements mit hohem Social- und Cultural-Skill-Anteil, gerade im Umfeld eines internationalen Projekts wie Nord Stream. Darüber hinaus ist eine geschäftsorientierte, breite Qualifikation der IT-Mitarbeiter mit individuellen Themenschwerpunkten gefragt.

4.5.2 Auswertung

4.5.2.1 Erfahrungsschwerpunkte

Die folgenden Erfahrungsschwerpunkte sind für das Projekt Nord-Stream-Pipeline charakteristisch:

- Je nach IT-Projektinhalt sollte die IT eine differenzierte Rolle im Business-IT-Alignment einnehmen: IT-enables-Business, Business-drives-IT oder IT-zentral. Die IT entscheidet sich im Gegensatz zum Stand der Wissenschaft nicht pauschal für eine Ausrichtung, sondern differenziert sich je nach IT-Projektinhalt in industriellen Großprojekten.
- Mit ihrem Überblick über das Gesamtprojekt kann die IT die Strategieentwicklung aktiv unterstützen.
- Die Informationssicherheit sollte den Anwender in den Mittelpunkt stellen – IT Security Guidelines.
- Für einen schnellen Aufbau der IT sollte sie sich auf das IT-Management konzentrieren und operative Bereiche outsourcen.

4.5.2.2   Einflussfaktoren (Tab. 4.12)

Tab. 4.12 Auswertung der Einflussfaktoren für das Projekt Nord-Stream-Pipeline

Name	Ergebnis	Erläuterung
Projektvolumen	●	Das Gesamtprojektvolumen betrug 8,5 Mrd. €.
Zeitdruck aus Sicht der IT	◕	Über alle Projektbereiche hinweg waren verbindliche Zieltermine definiert. Für wesentliche Meilensteine der IT-Projekte waren intern und mit Dienstleistern verbindliche Termine vereinbart.
Anwendbare IT-Vorerfahrungen	○	Die IT konnte auf keine Vorerfahrungen aus vergleichbaren Projekten zurückgreifen.
Internationalität des Projekts	◕	Nord Stream besitzt Standorte in Zug (Schweiz) und Moskau. Das Produktionsgebiet ist die Ostsee und ihre Häfen. Das Projekt ist somit international aufgestellt bei ähnlicher bis gleicher Arbeitskultur.
Eigenständigkeit des Projekts	●	Die Nord Stream AG ist eine eigenständige Projektgesellschaft. Die Anteilseigner bilden ein Joint Venture.
IT-Bezug des Gesamtprojekts	◑	Die IT ist in die zentralen Projektaufgaben der Planung, Logistik, Warenwirtschaft und Dokumentation eingebunden und übernimmt eine führende Rolle in der Projektprozessmodellierung. Sie kann als wesentlicher Faktor des Projekts angesehen werden.

4.6   Polyethylenanlage SHARQ

4.6.1   Ergebnisse der Fallstudie

Das SHARQ-Projekt hatte zum Ziel, eine Polyethylenanlage am Petrochemiestandort Al Jubail in Saudi-Arabien zu entwickeln, zu bauen und in den Betrieb zu übergeben. Das erzeugte Produkt LLDPE (Linear Low Density Polyethylen) ist ein Kunststoff und wird vor allem in Rohrleitungssystemen für die Gas- und Wasserversorgung und in Verpackungsmaterialien eingesetzt. Es ist einer der wichtigsten Massenkunststoffe mit hoher Nachfrage aus China und Indien.

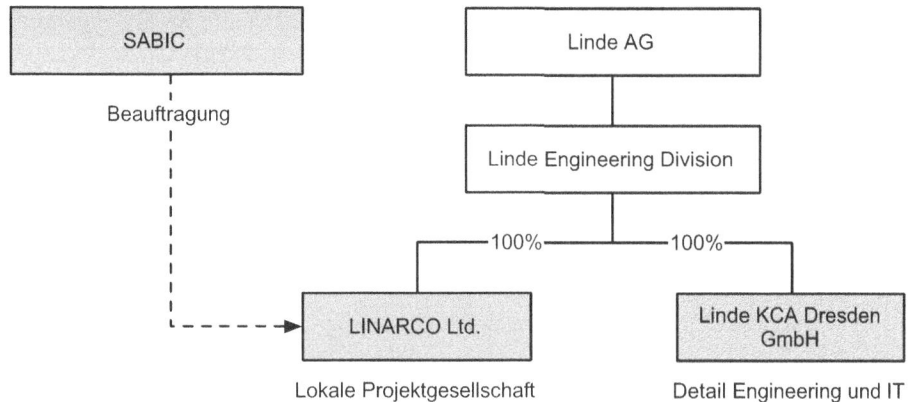

Abb. 4.30 Gesellschaftsstruktur des Projekts

Realisierendes Unternehmen ist die Linde AG. Linde ist in den Branchen Gas, Anlagenbau und Fördertechnik aktiv. Das Projekt SHARQ entstammt dem Chemieanlagenbau.

Die Anlage besitzt eine jährliche Produktionskapazität von 800.000 t Polyethylen. Dies
entspricht ca. 50 % der jährlich in Deutschland produzierten Menge (s. Destatis 2007;
Abb. 4.30).

Die Projektgesellschaft Linde Arabian Contractors Ltd. (LINARCO Ltd.) ist eine am
Projektstandort in Saudi-Arabien gegründete Tochter der Linde AG. Das Projekt ist dem
Geschäftsbereich Linde Engineering Division zugeordnet. Der Sitz des Unternehmensbe-
reichs Linde Engineering ist Höllriegelskreuth bei München. Das Aufgabengebiet ist die
Planung und Konstruktion schlüsselfertiger Chemieanlagen.

Die Linde-KCA-Dresden GmbH, ebenfalls eine Tochter der Linde AG, ist durch ihre
Mutter mit dem Detail Engineering für das Projekt SHARQ beauftragt. Sie konnte mit
dem Projekt ihre Marktposition in den Produktlinien Chemie-, Gas- und Biotechnolo-
gieanlagen weiter ausbauen. Die IT-Funktionen verteilen sich auf die Projektgesellschaft
LINARCO Ltd. und die Linde-KCA-Dresden GmbH.

Auftraggeber für dieses Projekt ist ein von der teilstaatlichen SABIC (Saudi Basic Industrial Corp.) geführtes Konsortium unter der Beteiligung japanischer Investoren. SHARQ
war ausgehend von bereits realisierten Sauerstoffanlagen das erste Polymerprojekt der Linde AG für SABIC.[5] Linde erweiterte darin seine Geschäftsbeziehungen mit SABIC um eine
neue Technologie (Abb. 4.31).

Das Projekt SHARQ begann im Unternehmen Linde-KCA-Dresden mit dem Basic
Engineering im Jahr 2004. Darauf aufbauend folgte das Detail Engineering, das im Jahr
2006 abgeschlossen wurde. LINARCO begann den Bau und die Montage im Jahr 2005 und
schloss diese Projektphase Mitte 2007 ab. Die Inbetriebnahme zusammen mit der Projekt-

---

[5] Dr. Aldo Bellonini, Mitglied des Vorstands der Linde AG und verantwortlich für den Unterneh-
mensbereich Gas und Engineering.

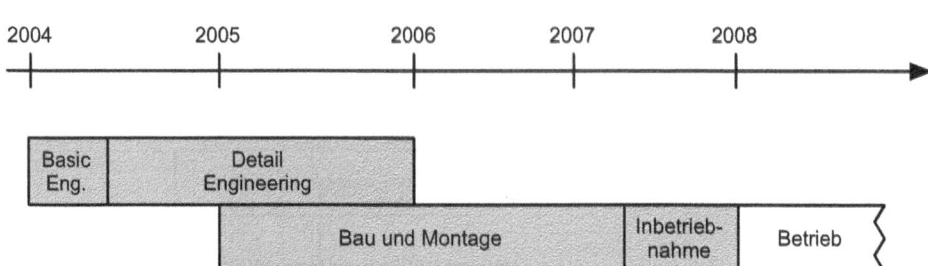

Abb. 4.31 Phasen des Projektverlaufs

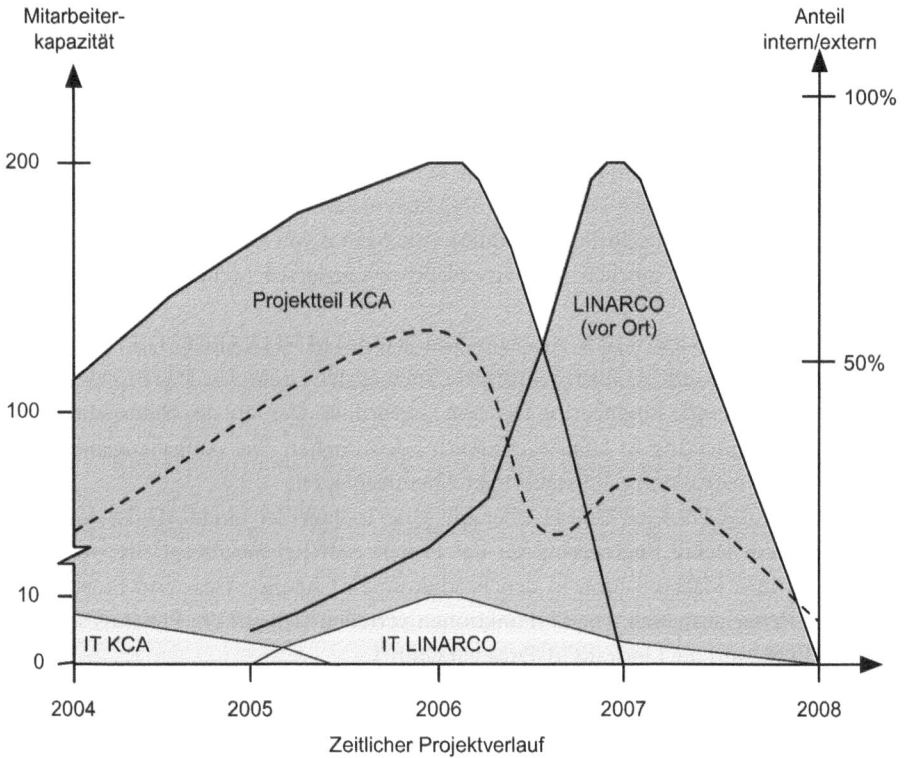

Legende:

———— Mitarbeiterkapazität (kumuliert IT und Fachabteilungen)

- - - - Anteil intern/extern [%]

Abb. 4.32 Mitarbeiterentwicklung

übergabe an den Kunden bis 2008 war die letzte Phase, die durch LINARCO umgesetzt wurde. Ab diesem Jahr war die Anlage durch SABIC in Betrieb (Abb. 4.32).

Die Umsetzung des Projekts über zwei Tochterunternehmen zeigt sich auch in der Mitarbeiterentwicklung. Beginnend mit Linde-KCA-Dresden startete das Projekt mit 120

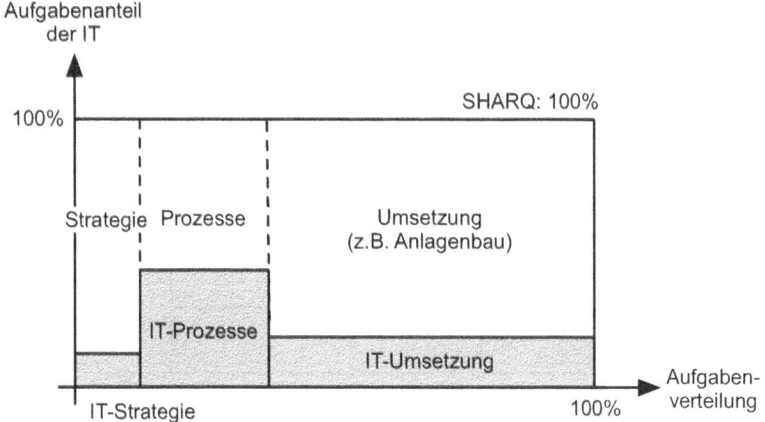

Abb. 4.33 Aufgabenverteilung und Aufgabenanteil der IT am Projekt

Mitarbeitern. 9 entfielen davon auf die IT. Diese wurden bis Mitte 2005 stetig reduziert. Die maximale Mitarbeiterkapazität mit 200 wurde in Dresden im Jahr 2006 erreicht. Mit Abschluss des Projekts in Dresden 2007 konnten die Mitarbeiter für weitere Projekte der Linde AG zur Verfügung gestellt werden.

Parallel zur Reduktion der Mitarbeiterkapazität in Dresden wurde vor Ort in Al Jubail die LINARCO als lokale Projektgesellschaft aufgebaut. Beginnend im Jahr 2005 wuchs die Anzahl der Mitarbeiter bis 2007 auf 200. Bis 2008 wurden diese im Verlauf der Inbetriebnahme bis zum Vollbetrieb ab 2008 abgebaut. Das Maximum der für die IT verantwortlichen Mitarbeiter am Projektstandort erreichte LINARCO im Jahr 2006 mit 10 Mitarbeitern.

An beiden Projektstandorten wurden die externen Mitarbeiter nach Erreichen der maximalen Kapazität zuerst und verstärkt abgebaut. Das Projekt am Standort Dresden erreichte Anfang 2006 im Höhepunkt der Mitarbeiterkapazität den größten Anteil externer Mitarbeiter mit 50 %. Der Standort Al Jubail folgte im Jahr 2007 mit 30 % externem Anteil ebenfalls im Moment der maximalen Mitarbeiterkapazität (Abb. 4.33).

Das Projekt konnte im Bereich IT auf Vorlagen zurückgreifen und damit den Aufgabenanteil der IT entlang aller drei Dimensionen Strategie, Prozesse und Umsetzung reduzieren (Abb. 4.34).

Durch die Verantwortung des IT-Managements und der Umsetzung bei Linde-KCA-Dresden war der Bedarf zur Einbindung externer Mitarbeiter im Bereich der IT reduziert.

Die IT-Umsetzung am Produktionsstandort wurde durch Bechtle und Xerox unterstützt. Alle Aspekte der IT-Strategie wurden komplett projektintern entwickelt. (Die IT-Mitarbeiter der Linde-KCA-Dresden GmbH und Linde AG sind als intern gewertet.)

Das Gesamtbudget für das Projekt betrug 900 Mio. €. Hiervon entfielen 1,8 Mio. € auf den Teilbereich IT.

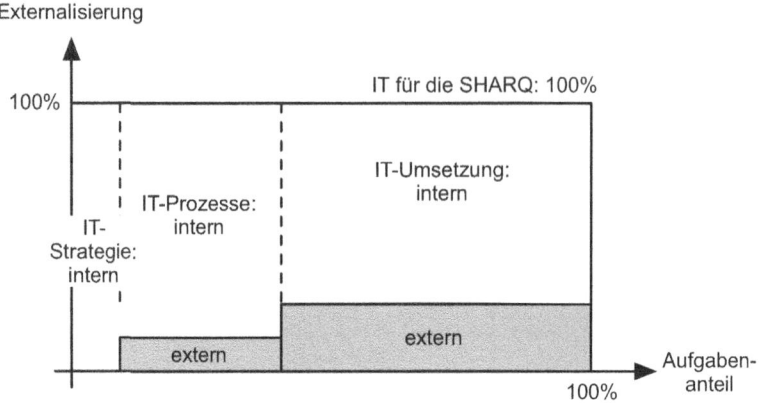

Abb. 4.34 Externalisierung der IT-Leistungen

4.6.1.1 Strategie

Eintritt in einen neuen Markt

Situation

Der Markt für Chemieanlagen in Saudi-Arabien verzeichnet ein hohes Wachstum und bietet damit für Linde eine ideale Expansionsmöglichkeit.

Mit dem Projekt SHARQ betrat Linde den Markt für Polymeranlagen in Saudi-Arabien. Für die Tochter Linde-KCA-Dresden war es das erste Großprojekt am genannten Standort.

Herausforderung

Linde verfügt als Konzern über weitreichende Erfahrungen im chemischen Anlagenbau. Mit dem Eintritt in einen neuen Markt galt es diese auf die lokalen Gegebenheiten anzupassen und auf die Projektdimension zu skalieren.

Dem Projekt kam auf dem Markt starke Beachtung zu und nahm folglich für Linde eine große Bedeutung ein. Zielsetzung war es, nach einer erfolgreichen Umsetzung als Referenzprojekt die Grundlage für die weitere Zusammenarbeit mit SABIC am Standort Saudi-Arabien zu schaffen und die Reputation von Linde auf dem Markt weiter zu steigern. Das Projekt stand daher unter großer Beachtung einerseits durch den Auftraggeber SABIC, aber auch seitens weiterer Marktteilnehmer.

Für Linde-KCA-Dresden und den Standort Dresden bot sich mit dem Projekt die Chance, die Umsetzungskompetenz für internationale Großprojekte innerhalb des Konzerns zu belegen und damit auch für zukünftige Aufgaben das Gesamtprojektmanagement zu übernehmen. Wie jedes Großprojekt erfolgte das Reporting des Projektstatus bis auf Vorstandsebene. Die hohe interne Positionierung steigerte die Motivation, aber auch gleichzeitig den Erfolgsdruck, dem das Projekt standzuhalten hatte.

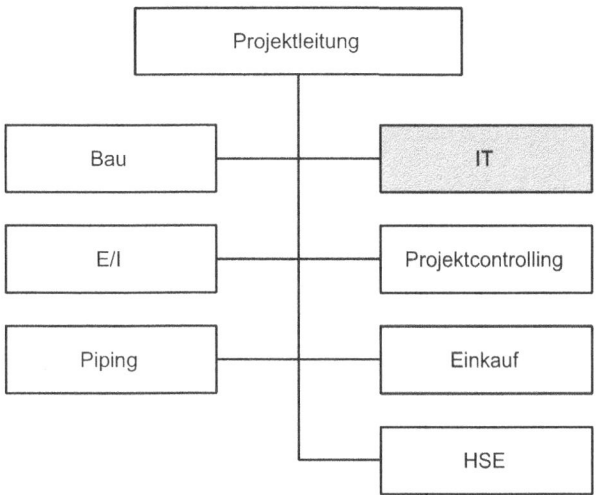

Abb. 4.35 Projektorganisation

Lösung

Das Projekt entgegnete dem Erfolgsdruck mit einer klaren strategischen Positionierung für klassische, erprobte Methoden zur Minimierung sämtlicher Risiken, die eine Projektfertigstellung gemäß Beauftragung und Planung gefährden könnten.

In diesem Rahmen wurde bereits zum Projektstart die Rolle der IT bewertet und für das Gesamtprojekt als erfolgskritisch eingeschätzt. Ihre Bedeutung zeigte sich auch in der organisatorischen Positionierung als eigenständiges Gewerk unter der Projektleitung (Abb. 4.35).

Der Gesamtstrategie folgend bestand die zentrale Aufgabe der IT darin, die Projektrealisierung durch die Fachbereiche zuverlässig zu unterstützen und die mit ihrem Einsatz verbundenen Risiken für das Projekt SHARQ zu minimieren. Strategisch wurde der IT damit gerade nicht die Rolle eines Innovators zugeteilt, sondern bewusst auf klassische Methoden und Technologien zurückgegriffen, die für die Fachbereiche eine erprobte Arbeitsumgebung bereitstellen.

Erfahrung

Die zuverlässige Unterstützung des Projekts durch die IT konnte erfolgreich umgesetzt werden. Durch die Beschränkung auf im Markt und im Konzern erprobte Lösungen und den Verzicht auf die Integration zeitaufwendiger und riskanter Innovationsthemen konnte sich das IT-Management auf die projektspezifischen Herausforderungen, die beispielsweise durch die verteilten Standorte gegeben waren, fokussieren.

Die Positionierung der IT unter der Projektleitung wird ihrer Rolle als erfolgskritischer Unterstützer aller Fachbereiche gerecht und ermöglicht mit der Projektleitung auf Augenhöhe zu agieren. Der strategiekonforme Verzicht auf unerprobte Lösungen kann ihr gegenüber so leichter vertreten und durchgesetzt werden.

4.6.1.2 Einbindung der IT in die Corporate Governance
Situation

Trotz der Einzigartigkeit des Projekts SHARQ, die durch Standort, Dimensionierung und Kundenanforderungen bestimmt war, stehen Projekte von Linde wiederkehrend vor ähnlichen Herausforderungen.

Durch die wiederholte Realisierung ergeben sich für Linde Erfahrungen, die für weitere Projekte zur Steigerung deren Umsetzungseffizienz und Minimierung von Risiken genutzt werden können.

Darüber hinaus verankert die Corporate Governance die Anforderungen an die Informationssicherheit, die jedes Projekt und somit auch SHARQ zur Wahrung des Linde-Know-hows zu erfüllen hat.

Herausforderung

Erfahrungen, Standards und Sicherheitsanforderungen gilt es zentral zu definieren und als Corporate Governance für gleichartige Projekte des Linde-Konzerns einheitlich zur Verfügung zu stellen.

Für das Projekt SHARQ besteht die Herausforderung in der Adaption der Corporate Governance auf die spezifischen Projektanforderungen, die sich unter anderem durch den Eintritt in einen neuen Markt ergeben. Es musste hierbei die Balance zwischen statischen Vorgaben und Flexibilität gefunden werden, um auch den zu erwartenden Änderungsbedarf im zu Beginn unbekannten Projektverlauf strategie- und sicherheitskonform zu integrieren. Gerade der IT soll im gesetzten Rahmen ein großer Entscheidungsraum zugesichert werden.

Zur Steigerung der Wirtschaftlichkeit über das Gesamtprojekt wurden Vorerfahrungen in die Planung, und insbesondere die Finanzplanung, integriert. Es galt zu prüfen und einzuschätzen, inwieweit die Annahme auf das Projekt SHARQ übertragbar und damit eine verlässliche Planung gegeben war.

Lösung

Die Projekterfahrungen sind eine wichtige Grundlage zur Formulierung der Corporate Governance des Linde-Konzerns. Bestandteil ist ein zentrales Integrated Management System (IMS) für Linde Engineering, das Produktions- und Unterstützungsprozesse konsolidiert, optimiert und dokumentiert, um sie über ein Prozessportal Neuprojekten zur Verfügung zu stellen.

Zusätzlich zog das IT-Management in persönlichen Gesprächen Erfahrungen aus ähnlichen, gegebenenfalls auch kleineren Vorprojekten hinzu, um sie in die Entscheidungsprozesse zu integrieren. Eine Neubewertung und Dimensionierung auf das Projekt SHARQ war erforderlich und wurde umgesetzt.

Im Rahmen der Integration der Corporate Governance nimmt die IT auf Grund ihrer Nähe zu den Themen Prozesse und Sicherheit eine führende Rolle ein. Sie tritt als Moderator zwischen den Fachbereichen auf und integriert die Vorgaben in das Projektumfeld. Sie verantwortete ebenso die Erfüllung der Linde-Prozessstandards im Projektverlauf. Wurden Abweichungen des Projektplans vom Standard erforderlich, holte die IT die Zustimmung der Projektleitung ein.

Erfahrung

Durch den strukturierten Einbezug der Konzernerfahrungen über das IMS war es möglich die Wirtschaftlichkeit des Projekts zu optimieren und es auf eine verlässliche Planungsbasis zu stellen.

Zur Integration der Standardprozesse und Sicherheitsanforderungen in das Projekt sind gleichermaßen ein Verständnis für die IT und Kenntnisse über Geschäftsprozesse erforderlich, um beide Bereiche zu integrieren. Hinsichtlich der Qualifikation der IT-Mitarbeiter ist daher neben der technischen Grundlage auch die Fähigkeit zur Abstimmung, Optimierung und Dokumentation von Prozessen nach den Unternehmensstandards erforderlich. Letzteres verlangt ein hohes Maß an Soft Skills wie z. B. internationaler Kommunikation und interkulturellem Verständnis.

Die einbezogenen Vorerfahrungen sind geprüft und als Projektvorlage freigegeben. Sie erleichterten und beschleunigten so die Entscheidungsfindung, da sie als verlässliche Grundlage dienen und nicht wiederholt hinterfragt werden. Dies führt zu einer Entlastung der IT-Mitarbeiter, insbesondere in der intensiven Anfangsphase des Projekts.

Vorbereiteter Projektstart

Situation

Gleichzeitig mit Projektbeginn am Standort Al Jubail war die IT gefordert, den Standort ab dem ersten Tag mit IT-Infrastruktur zu versorgen und so die unmittelbare Arbeitsfähigkeit der Fachbereiche zu ermöglichen.

Die gestellten Anforderungen waren zu einem großen Teil bereits im Vorfeld bekannt. Zur Identifikation der erforderlichen Dienstleistungen, Applikationen und Infrastruktur, die im Moment des Projektstarts erforderlich sind, kann auf die Erfahrungen aus Vorprojekten des Linde-Konzerns zurückgegriffen werden.

Herausforderung

Es galt die Ausweitung der IT auf den Produktionsstandort für die Fachbereiche unterbrechungsfrei sicherzustellen. Die hierzu erforderlichen Aktivitäten waren im Vorfeld der Integration zu identifizieren und zu planen.

Zu berücksichtigen war, dass gerade für den Projektstart in Al Jubail die Anforderungen an die IT-Unterstützung in besonderem Maß umfangreich, intensiv und für den Gesamtprojekterfolg entscheidend waren.

Lösung

Das IT-Management verfolgte das Ziel, strategische IT-Themen und die Applikationsentwicklung im Vorfeld der Produktion in Saudi-Arabien abzuschließen, um während der Produktion vorrangig einen zuverlässigen IT-Betrieb zu gewährleisten.

Die Ergebnisse der IT-Strategie für das Projekt wurden in einem 90-Tage-Plan dokumentiert. Dieser benannte die erforderlichen Aktivitäten und definierte ihre Zeitpunkte der Umsetzung.

Bestandteil war darüber hinaus eine Applikationsliste, die mit den Fachbereichen abgestimmt wurde und die für das Projekt erforderlichen Anwendungen in einem strukturierten Verfahren gesamtheitlich ermittelte. Maßgabe war, sich in der Auswahl möglichst stark an den Konzernstandards von Linde zu orientieren und auf erprobte Tools zu vertrauen. Die Applikationen wurden in folgenden Kategorien ermittelt:

* Process Engineering/P&I/Equipment
* Instrumentation/Electrical
* Plant Design
* Procurement (Eigenentwicklungen von Linde)
* Construction (Eigenentwicklungen von Linde)
* Project Controls & Plant Data Management

Der 90-Tage-Plan wurde durch den Kunden SABIC bestätigt und Teil der Leistungsbeschreibung des Angebots.

Erfahrung

In der Formulierung des 90-Tage-Plans für den Projektstart sollte beachtet werden, dass im Zuge der Standardisierung die spezifischen Anforderungen des Zielprojekts berücksichtigt werden. Dies gelingt beispielsweise durch eine frühe Integration der Experten aus den Fachbereichen in die Definition der Applikationen.

Im Projektverlauf reduziert die Vorbereitung die Konzentration der Aufgaben für die IT im Moment des Projektstarts und ermöglicht die IT-Ressourcen konstanter und damit wirtschaftlicher auszulasten.

Im Projekt SHARQ erzielte die Vorplanung den gewünschten Effekt, dass die Fachbereiche am Produktionsstandort vom ersten Tag an arbeitsfähig waren und nicht durch fehlende IT-Infrastruktur behindert wurden.

4.6.1.3   Prozesse
Adaption von Standardframeworks
Situation
Neben konzerninternen Vorerfahrungen bieten Standardframeworks (z. B. ITIL) eine Möglichkeit Best/Good Practices in das Projekt zur Effizienzsteigerung einzubinden. Die Frameworks sind darauf ausgelegt, den Beitrag der IT zur Erreichung der Geschäftsziele eines Unternehmens zu maximieren.

Herausforderung
Eine Eigenschaft eines Projekts wie SHARQ ist seine zeitliche Dimension. Hierauf sind die Standardframeworks nicht vorbereitet, da sie sich aus dem eher statischen Unternehmens- kontext entwickelt haben. Für das Projekt gilt es geeignete Anpassungen vorzunehmen, die zukünftige Veränderungen im Projektverlauf abbilden können.

Neben der Flexibilität bestand wenig Zeit die Frameworks im Betrieb anzuwenden. Die Vorbereitung und Planung musste daher dem Anspruch gerecht werden, die Ergebnisse direkt, ohne aufwendiges Integrationsprojekt, in SHARQ zu integrieren.

Die betrachteten Frameworks berücksichtigten nicht die speziellen Anforderungen an die Serviceerbringung, die sich durch die beiden Standorte Dresden und Al Jubail erge- ben. Beispielsweise sind abweichende Arbeitszeiten oder unterschiedliche Arbeitskulturen nicht berücksichtigt. Die spezielle Projektkonstellation hatte große Auswirkungen auf die Prozesse der SHARQ-IT und musste im Rahmen der Adaption einbezogen werden.

Lösung
Die Standardframeworks finden indirekt über das Linde-IMS Anwendung im Projekt: ITIL für das IT-Servicemanagement, GDPdU zur Aufbewahrung digitaler Unterlagen und ISO 9001 für das Qualitätsmanagement. Das IMS wird auf Grundlage der ISO 9001 durch den TÜV alle 2 Jahre auditiert und zertifiziert (Abb. 4.36).

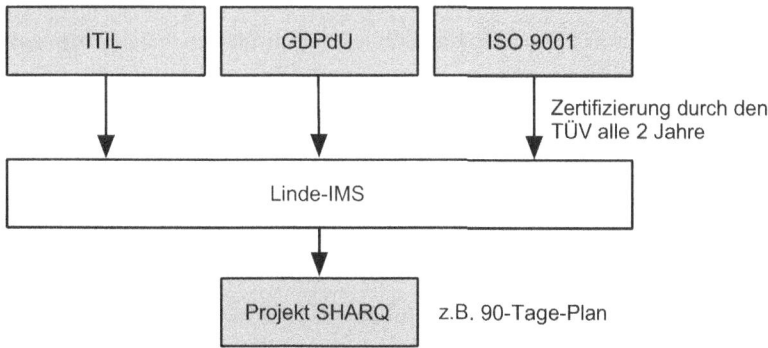

Abb. 4.36 Integration der Standardframeworks über das IMS

Die Anpassung dieser Frameworks auf das Projekt SHARQ verlief in zwei unabhängigen Schritten. Das IMS als Prozessframework für Linde ist inspiriert von den Industriestandards, integriert aber die Aspekte Zeit und Integrationsgeschwindigkeit, die sich typischerweise in Anlagebauprojekten ergeben. Speziell für das Projekt SHARQ wurden im nachfolgenden Schritt ausgehend von den Linde-Standards die Projektstandards detailliert und beispielsweise im 90-Tage-Plan für den Baubeginn dokumentiert.

Erfahrung

Standardframeworks der IT bieten als Vorlagen effiziente und erprobte Prozessabläufe. Sie sind auf Grund ihrer Ausrichtung auf Unternehmen indes nicht direkt für die Projektumgebung geeignet.

Im Prozess der Adaption hat es sich als vorteilhaft gezeigt, zunächst einen Unternehmensstandard zu schaffen und ausgehend von diesem Projektstandards zu definieren. Die Abweichung der Projekt- zu den Unternehmensstandards ist so erwartungsgemäß gering und die Anpassung kann schnell und zuverlässig erfolgen.

Tests und Verifikation der Applikationen

Situation

Im Kontext der hervorgehobenen Stellung des Projekts SHARQ waren auch ein intensives Testen und die Verifikation der eingesetzten Applikationen Teil der Projektstrategie, um Risiken in diesem Bereich zu minimieren. Grundlage der eingesetzten Konzepte liefert das QSE[6]-Managementsystem der im Projekt involvierten Linde-Divisionen.

Herausforderung

Für das Projekt SHARQ galt es neue Softwareapplikationen am Produktionsstandort zu integrieren. Die umgesetzten Tests der Produktionsumgebung sollten eine maximale Zuverlässigkeit des IT-Betriebs und der Arbeitsgrundlage für die Fachbereiche gewährleisten.

Lösung

Die Anforderungen für Tests und Verifikation leiten sich aus den Geschäftsprozessen, der Anzahl der Nutzer, der Häufigkeit der Nutzung und den Entwicklungs- und Zielplattformen ab.

Grundlage für die Applikationstests waren die zu unterstützenden Geschäftsprozesse und die darin definierten geschäftlichen Anforderungen. Zur Realisierung der Anforderungen wurde ein IT-Projektplan je Applikation erstellt. Typischerweise am Ende jeder Phase, vor Erreichen eines Meilensteins, wurde ein strukturierter Test nach folgendem Muster durchgeführt.

Ein erster, funktionaler Test maß die Erfüllung der geschäftlichen Anforderungen. Der folgende Performancetest prüfte, ob die Antwortzeiten der Applikation angemessen waren. Dieser wurde nachfolgend auf eine Mehrbenutzerumgebung übertragen, um die Ska-

---

[6] QSE: Quality Software Engineering.

lierung der Applikation auf das Produktivitätsniveau zu bestimmen. Der Endbenutzertest prüfte, ob die Applikation durch Anwender, die nicht Teil des Entwicklungsteams waren, einfach anzuwenden war. Ein finaler Test vervollständigte den Verifikationsprozess durch die Prüfung anhand von ausgewählten Anwendungsfällen.

Erfahrung

Der gesamte Test- und Verifikationsverlauf gewährleistete, dass die eingesetzten Applikationen produktiv, zuverlässig und auf Basis der Geschäftsanforderungen einsetzbar waren.

Die in den Entwicklungsprozess einbezogenen Kernanwender je Applikation traten in der Schnittstelle zwischen der IT und den Fachbereichen auf. Ihr tiefes geschäftliches Prozessverständnis ermöglichte ihnen neue Funktionalitäten schnell und zuverlässig zu bewerten und Änderungsbedarf direkt zu erfassen. Hiervon profitierte der gesamte Prozess, da aufwendige und damit kostenintensive Korrekturen zu einem späteren Zeitpunkt vermieden wurden.

Dimensionierung der IT

Situation

Die IT für SHARQ war als Dienstleister für die Fachbereiche positioniert. Sie verfolgte vorrangig die Aufgabe, eine zuverlässige IT-Plattform für die Fachbereiche bereitzustellen. Zusätzlich waren am Produktionsstandort Al Jubail bisher unbekannte Gegebenheiten mit einzubeziehen, wie beispielsweise Regen, Bodenbeschaffenheit und Klima, die nicht mit europäischen Maßstäben vergleichbar waren.

Die dienstleisterorientierte Positionierung, die erzielten Vorerfahrungen und die untypischen Naturgegebenheiten am Produktionsstandort waren Grundlage zur Dimensionierung der für das Projekt erforderlichen IT.

Im Projektverlauf zeigte sich, dass der Bau der Anlage mehr Zeit als zunächst geplant in Anspruch nehmen würde.

Herausforderung

Die Herausforderung bestand in der Abwägung der beiden bezüglich der IT-Dimensionierung konkurrierenden Ziele – der Zuverlässigkeit und des erforderlichen IT-Budgets.

Die Planung der zur Erzielung der Zuverlässigkeit erforderlichen Mittel war insbesondere durch die bisher unbekannten Naturgegebenheiten erschwert, die darüber hinaus erst im Projektverlauf vollständig bekannt wurden.

Als unterstützender Dienstleister war die IT aus Sicht des Auftraggebers indirekt am Gesamtprojekterfolg beteiligt und stand weniger in seinem Fokus. Ihre Dimensionierung sollte als Beitrag zu einem wirtschaftlichen Gesamtprojekt daher möglichst gering sein.

Die Verzögerung des Baus belastete das IT-Budget, da die hierfür anfallenden Kosten, wie beispielsweise für Datenleitungen, nur teilweise durch die Reduzierung der Leistung kompensiert werden konnten.

Lösung

Die IT war auf Basis der zu erfüllenden Anforderungen schlank dimensioniert. Das IT-Budget war ausreichend kalkuliert und wurde als Teil des Gesamtangebots auf sein realistisches Minimum – unter Wahrung der IT-Zuverlässigkeit – reduziert

Wie gezeigt, waren die Geschäftsprozesse und in der Folge die Applikationsauswahl vorrangiges Planungsinstrument. Die Zusammenarbeit zwischen der IT und den Fachbereichen gestaltete sich damit softwarebezogen und die Umsetzung der IT-Infrastruktur konnte nach Plan erfolgen. Mit dem bewussten Einsatz redundanter Systeme konnte die Prozesstreue sichergestellt werden.

Zur präzisen und knappen Kalkulation der IT-Kosten für das Projekt konnten Vorerfahrungen genutzt werden. Für bekannte Unwägbarkeiten, wie z. B. die in Al Jubail gegebenen Produktionsbedingungen, wurde eine realistische Reserve angelegt.

Die Verlängerung der Projektlaufzeit war nicht im IT-Budget vorgesehen. Durch eine Neudimensionierung der erforderlichen IT-Infrastruktur wurde erkannt, dass die Anforderungen ab dem Jahr 2007 auch durch eine preiswertere Datenleitung erfüllt werden konnten. Dies schaffte den nötigen Raum für die Projektverlängerung.

Erfahrung

Im Bereich der IT sind die eigene Effizienz und realisierte Vorerfahrungen die größten Treiber zur Kostenreduktion. In ihrer Rolle als Dienstleister sollte sie das erforderliche Budget auf ein Minimum reduzieren.

Die Glaubwürdigkeit der IT sollte über die Projekte hinweg wachsen und gesichert sein. So entwickelt sich das Vertrauen seitens der Projektleitung und eine zuverlässige Planungsbasis für zukünftige Vorhaben entsteht.

4.6.1.4   Umsetzung
Lokale Infrastrukturservices

Situation

Das Projekt SHARQ verteilte sich auf die beiden Standorte Dresden und Al Jubail. Es bestand daher der Bedarf, Lösungen zu finden, um eine gemeinsame Arbeitsumgebung an den beiden über 4.000 km voneinander entfernt liegenden Standorten bereitzustellen. Die Fachbereiche äußerten den Wunsch, eine dem Büro am Konzernstandort entsprechende Arbeitsumgebung am Produktionsstandort zur Verfügung gestellt zu bekommen.

Am Standort Deutschland konnte das Projekt auf ein umfassendes und hoch verfügbares Angebot an IT-Infrastruktur und zugehörigen Dienstleistungen zurückgreifen. Es bestanden darüber hinaus Erfahrungen der Zusammenarbeit, so dass ein hohes Maß an Zuverlässigkeit gegeben war.

In Al Jubail existierten diese Partnerschaften noch nicht und mussten erst mit dem Projekt entwickelt werden. Das Marktumfeld der IT-Beschaffung hinsichtlich Angebot und Preisen war deutlich schwieriger.

Herausforderung

Die Entfernung erforderte die Vernetzung der Standorte. Hierbei galt es zu berücksichtigen, dass in Saudi-Arabien kein differenzierter Markt für IT-Lösungen besteht, der die Verfügbarkeit und das Preisniveau nach europäischen Maßstäben ermöglichte. Der Import der erforderlichen IT-Infrastruktur wurde durch Zollbestimmungen erheblich erschwert. Im Ergebnis übersteigen die Preise für die Basis-IT-Infrastruktur das deutsche Niveau um ein Vielfaches. Beispielsweise forderte der Markt zum Zeitpunkt des Projekts für die Internetanbindung einen um das 100-Fache höheren Preis als in Deutschland.

Zusätzlich entspricht die Zuverlässigkeit, beispielsweise hinsichtlich der Termintreue, nicht den europäischen Standards und war so nur schwer in der IT-Realisierung kalkulierbar.

Lösung

Erforderliche Komponenten der IT-Infrastruktur wurden mit erhöhtem Aufwand lokal am Produktionsstandort erworben. Hierbei wurden auch hohe Einkaufspreise am Produktionsstandort zur Vermeidung von Importrisiken (z. B. Blockade durch den Zoll) in Kauf genommen. Der Zentraleinkauf des Linde-Konzerns unterstützte die Projekt-IT bei dem Vergleich und der Bewertung lokaler Preise.

Die IT trug aktiv zur Projektwirtschaftlichkeit bei, indem sie alternative Lösungen einbrachte. Beispielsweise wurde auf ein kabelgebundenes Netzwerk zwischen dem Standort der Baustelle und der 2 km entfernten Vormontage verzichtet und dieses durch eine Richtfunkverbindung ersetzt. Die darauf aufbauende VPN-Verbindung sicherte die Datenübermittlung ab und gewährleistete die Einhaltung der Governance-Richtlinien. So gelang es witterungsbedingte Risiken durch Kabel in nassem Sandboden zu vermeiden.

Zur Senkung der Kosten durch ein eigenständiges Netz für Telefonie wurde das bestehende LAN und WAN auch für Sprachdienste per Voice over IP genutzt. Der Einsatz und die Bewertung unkonventioneller Ansätze erfolgten auch hier stets unter dem Gesichtspunkt, die Zuverlässigkeit der Infrastruktur und Services in jedem Fall sicherzustellen.

Die in hohem Maß erfolgskritischen IT-Services Applikationsentwicklung und Telekommunikation wurden vollständig innerhalb des Projekts erbracht. Die Services Backup, SAN und weitere Baustellendienste wurden als Outtasking an den externen Partner Bechtle vergeben. Hierfür setzte Bechtle eigene Mitarbeiter am Produktionsstandort ein. Ein langfristig bestehender Rahmenvertrag mit Linde konnte hierfür genutzt und unmittelbar auf das bestehende Know-how aus Vorprojekten aufgesetzt werden. Xerox übernahm alle Services um das Dokumentenmanagement und Drucken, die, wie in Bauprojekten üblich, besondere Relevanz haben.

Erfahrung

Es erwies sich hinsichtlich der IT-Services als vorteilhaft, auf verlässliche, erprobte Partnerschaften auch am Produktionsstandort, wie mit Bechtle und Xerox, zurückzugreifen. Vertriebs- und Terminaussagen von lokalen Dienstleistern sollten kritisch geprüft und nicht nach europäischen Maßstäben bewertet werden.

Mit dieser Erfahrung sollte erfolgskritische IT-Infrastruktur am Standort durch die Projektgesellschaft erworben werden. Leasing von Hardware erscheint nachteilig, da die Projektlaufzeit im Vorfeld nicht eindeutig feststeht und dies Leasingraten schwer kalkulierbar macht.

Social Skills in fremden Kulturkreisen

Situation

Das Projekt SHARQ fügt sich mit seinem Produktionsstandort Al Jubail in die Kultur Saudi-Arabiens ein. Zu unterscheiden ist dabei die Mentalität des Kunden SABIC, der sich mehrheitlich (zu 70 %) im Besitz des saudi-arabischen Staates befindet und damit als einheimisch/staatlich angesehen werden kann, von der Mentalität der Dienstleister, die nahezu ausschließlich Pakistaner und Inder waren.

Herausforderung

Der Kunde SABIC war erfahren in internationalen Projekten und zeigte eine hohe Anspruchshaltung gegenüber Linde nach US-amerikanischem Muster. Die IT-Services des Produktionsstandortes galt es den lokalen Arbeitszeiten inklusive Zeitverschiebung anzupassen und sie auch an deutschen Feiertagen wie Weihnachten zu erbringen. Da die Kernservices zunächst vollständig in Dresden etabliert waren, mussten diese Anforderungen dort erfüllt werden.

Die Arbeitskultur der Dienstleister verbietet die direkte Kommunikation von Fehlern oder Kritik an Vorgesetzten. Hierdurch entstehen Risiken, da Fehler nicht oder zu spät erkannt werden und Optimierungspotenziale ungenutzt bleiben. Es galt Wege zu finden, um die Kommunikation auf Augenhöhe im Projekt zu etablieren und kulturelle Unterschiede zu überwinden.

Lösung

In Umsetzung des Kundenwunsches und zum Ausgleich der Zeitverschiebung und Wochenarbeitszeit wurde ein Mitarbeiter auf der Baustelle in das lokale Arbeitsumfeld integriert. Dieser agierte als Schnittstelle zwischen Al Jubail und Dresden und löste einfache Serviceanfragen direkt vor Ort. Auch der Standort Dresden passte sich hinsichtlich der Arbeitszeiten und Feiertage vollständig den Anforderungen des Kunden an.

In der Kommunikation mit Dienstleistern passte sich die IT an die lokale Arbeitskultur an und verzichtete beispielsweise auf Schuldzuweisungen im Problemfall. Zur Verifikation der durch Dienstleister berichteten Projektergebnisse wurde wiederholt und über verschiedene Quellen nachgefragt und damit die Information abgesichert. Gleichzeitig wurde in Coachings die Kritikfähigkeit seitens der IT-Mitarbeiter und Dienstleister gestärkt. Die Coachings erhöhten die Motivation, Zuständigkeitsgrenzen zu überwinden, ohne dabei zu bevormunden.

Die IT übernahm hierbei die Verantwortung für das Coaching und die gezielte Förderung der lokalen Projektteilnehmer. Daraus entwickelte sich innerhalb des Projekts die Position eines IT-Koordinators. Auch im Anschluss an das Projekt SHARQ brachte dieser seine Erfahrungen als IT-Manager für weitere Projekte der Linde-Standorte Dresden und Pullach (bei München) in der Region Middle East ein.

Erfahrung

Mit dem Ziel hoher Umsetzungsqualität und Termintreue ist es zunächst erforderlich die Arbeitsmentalität des Landes zu verstehen. Auf dieser Grundlage sollten die europäischen Standards überdacht und nachfolgend die Kommunikationsprozesse angepasst werden. Beispielsweise sollten sich die geforderten Reaktionszeiten realistisch an die lokalen Gegebenheiten und das Marktumfeld anpassen.

Im Projekt SHARQ zeigte sich, dass IT auch Verantwortung für die interne und externe Projektkommunikation übernehmen sollte, um Risiken aus falschverstandenen Absprachen zu minimieren.

4.6.2 Auswertung

4.6.2.1 Erfahrungsschwerpunkte

Die folgenden Erfahrungsschwerpunkte sind für das Projekt Polyethylenanlage SHARQ charakteristisch:

- Der vorbereitete Projektstart in Form des 90-Tage-Programms half den Zeitdruck der IT zum Projektstart zu minimieren.
- Ausgehend von den IT-Standardframeworks sind die Linde-Projekterfahrungen in Corporate-Standards dokumentiert.
- Auch wenn die IT schlank am Bedarf dimensioniert ist, kann sie das Projekt zuverlässig unterstützen.
- Sind fremde Kulturkreise am Projekt beteiligt, sind die Social Skills der Projektmitarbeiter erfolgskritisch.

4.6.2.2   Einflussfaktoren (Tab. 4.13)

Tab. 4.13 Auswertung der Einflussfaktoren für das Projekt Polyethylenanlage SHARQ

Name	Ergebnis	Erläuterung
Projektvolumen	◑	Das Gesamtprojektvolumen betrug 900 Mio. €.
Zeitdruck aus Sicht der IT	◑	Das Gesamtprojektende war verbindlich geplant. Das 90-Tage-Programm reduzierte den Zeitdruck der IT zum Projektbeginn.
Anwendbare IT-Vorerfahrungen	◑	Vorerfahrungen und Vorlagen standen dem Projekt zur Verfügung und konnten angewandt werden. Das Linde-MIS war der zentrale Ort der Prozessdokumentation.
Internationalität des Projekts	●	Mit dem Projektstandort in Dresden und dem Produktionsstandort in Al Jubail war das Projekt in zwei verschiedenen Kulturkreisen angesiedelt.
Eigenständigkeit des Projekts	◑	Die Projektrealisierung erfolgte als konzerngebundene Projektgesellschaft. Die Linde AG war der einzige Anteilseigner. Zentrale Konzernstrukturen standen dem Projekt zur Verfügung.
IT-Bezug des Gesamtprojekts	◑	Organisatorisch ist die IT als eigenes Gewerk in das Projekt integriert. Sie kann als wesentlicher Faktor des Gesamtprojekts angesehen werden.

4.7   Zusammenfassende Auswertung

Die vergleichende Fallstudienanalyse ist Ergebnis der Praxisauswertung und kombiniert die einzelnen Fallstudien zu einer Gesamtaussage (s. Yin 2002, S. 107 f.). Der Vergleich erfolgt entlang der charakteristischen Einflussfaktoren und identifiziert die für das Referenzmodell relevanten Unterschiede zwischen den Projekten.

4.7.1 Vergleich nach Projektdaten

Die quantitativen Projektdaten wie Projektdauer, Projektvolumen, IT-Budget und Mitarbeiteranzahl sind in allen Projekten innerhalb des Projektvertrags vorgegeben (Tab. 4.14).

Alle Projekte wurden zwischen 2004 und 2014 durchgeführt. Es kann daher davon ausgegangen werden, dass ihnen jeweils der gleiche Stand hinsichtlich Industriestandards und methodischer Grundlagen für ihr Informationsmanagement zur Verfügung stand.

Die Anzahl der Mitarbeiter, welche die Projekte maximal erreichten, liegt bei allen Projekten vergleichbar um 200. Die Anzahl der Mitarbeiter für den Bereich IT schwankt hingegen stark zwischen 2 und 25. Es erscheint insgesamt zweckmäßiger, den IT-Bezug auf Basis des Umfangs der IT-Aufgaben innerhalb des Projekts zu bewerten, da häufig IT-Aufgaben durch Ressourcen erbracht werden, die nicht ursächlich als Teil der IT-Abteilung angesehen werden (z. B. verantwortete der Projektleiter im Beispiel Elbphilharmonie Hamburg wesentliche Aspekte des Informationsmanagements). Eine Bewertung des IT-Bezugs der Projekte erfolgte auf Basis der IT-Aufgaben im Rahmen der Einleitung zu jeder Fallstudie.

Analog gilt für das IT-Budget, dass häufig IT-Aufgaben nicht dem eigentlichen IT-Budget des Projekts zugeordnet werden. Dies erklärt die Ausweisung sehr unterschiedlicher IT-Budgets, wenngleich eine Tendenz zu erkennen ist, dass Projekte mit höherer Vorerfahrung weniger IT-Budget benötigen. Kostenintensive Erfahrungen aus früheren Projekten können als Grundlage in neue Projekte übertragen werden und dort die Kosten reduzieren.

Tab. 4.14 Vergleich der Fallstudien nach quantitativen Projektdaten

	Digitalfunk BOS	Elbphilharmonie Hamburg	Fossiles Kraftwerk	Nord-Stream-Pipeline	Polyethylenanlage SHARQ
Branche	IT/Telekommunikation	Konstruktion/Facility Management	Energieerzeugung	Infrastruktur/Anlagenbau	Chemie/Anlagenbau
Zeitraum	2007–2010	2007–2014		2006–2012	2004–2008
Projektdauer	3 Jahre	7 Jahre		6 Jahre	4 Jahre
Projektvolumen [Mio. €]	300	450 Bau + 14 FM	k. A.	8.500	900
IT-Budget [Mio. €]	27	1,5	k. A.	28	1,8
Max. Anzahl Mitarbeiter [FTE]	170	170	k. A.	220	200
Max. Anzahl Mitarbeiter der IT [FTE]	25	2	k. A.	4	10

Hinsichtlich des Projektvolumens ist das Projekt Nord-Stream-Pipeline mit Abstand das größte. Es ist im industriellen Bereich zu berücksichtigen, dass typischerweise ein sehr unterschiedlich hoher Anteil des Projektvolumens für den Bau einer Anlage aufgebracht wird. Im Beispiel Nord Stream betrifft dies den Einkauf und die Verarbeitung des Stahls zu Rohren und die Verlegung.

Das Projekt Fossiles Kraftwerk von Siemens basiert auf einem Referenzprodukt. Daher ist keine quantitative Aussage zu den Projektdaten möglich, sondern lediglich eine qualitative Einordnung gemäß den Einflussfaktoren.

4.7.2   Vergleich nach Einflussfaktoren

Die Einflussfaktoren sind die qualitativen Parameter des Projektinformationsmanagements, die sich im Rahmen der Fallstudienerhebung als charakteristisch erwiesen haben.

Der Einflussfaktor mit der größten Auswirkung auf das Informationsmanagement ist die anwendbare IT-Vorerfahrung. Fällt diese gering aus, ist das IT-Setup von Grund auf für das Projekt zu konzipieren und ein erheblicher Anteil der Ressourcen ist hierfür erforderlich. Sind viele IT-Vorerfahrungen für das Projekt anwendbar, ist das Unternehmen in der Lage, die Projekt-IT im Sinne des integrierten Informationsmanagements industrialisiert, zentral und über mehrere gleichartige Projekte hinweg zu erbringen. Dies zeigt sich sowohl in unterschiedlichen Erfahrungen als auch in einer vollständig anderen Projektaufbauorganisation [s. FOS] (Tab. 4.15).

Tab. 4.15 Vergleich der Fallstudien nach qualitativen Einflussfaktoren

	Digitalfunk BOS	Elbphilharmonie Hamburg	Fossiles Kraftwerk	Nord-Stream-Pipeline	Polyethylenanlage SHARQ
Projektvolumen	◔	◔	◐	●	◕
Zeitdruck aus Sicht der IT	●	◐	◔	◕	◐
Anwendbare IT-Vorerfahrungen	○	◔	●	○	◐
Internationalität des Projekts	○	○	◐ (avg)	◕	●
Eigenständigkeit des Projekts	●	◐	◔ (min)	●	◕
IT-Bezug des Gesamtprojekts	●	◔	◐	◐	◐

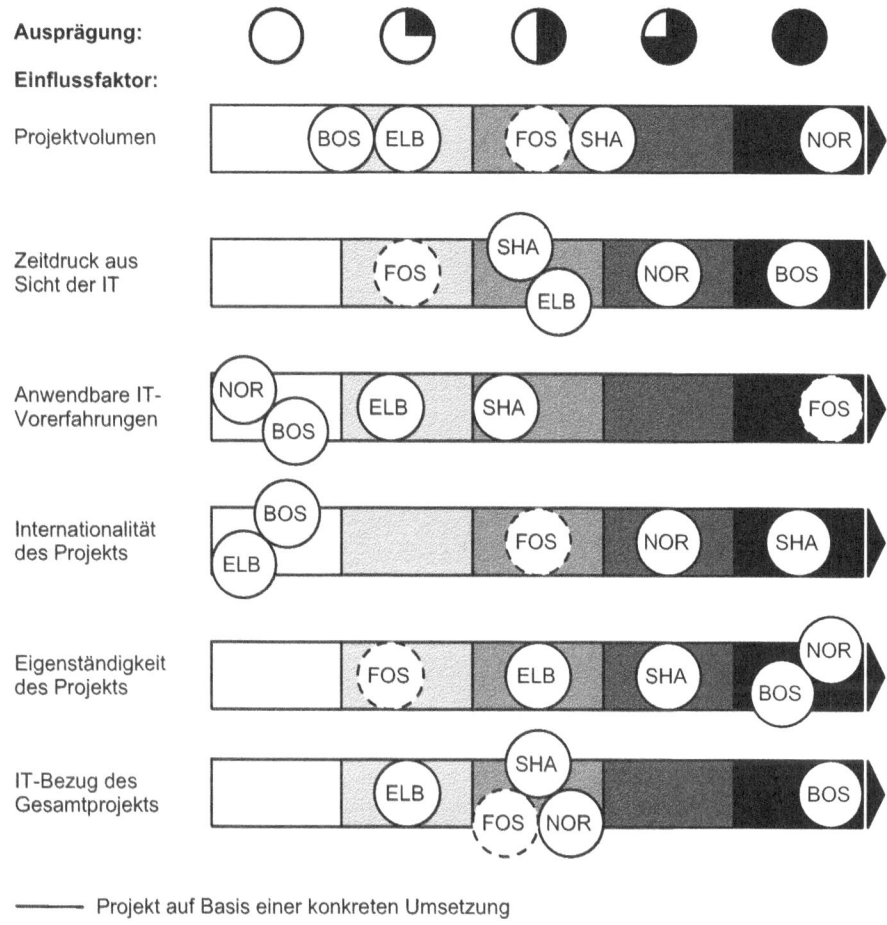

Abb. 4.37 Lineare Gegenüberstellung der Fallstudien (qualitativ)

Stellt man die Fallstudien entlang der Einflussfaktoren linear gegenüber, zeigt sich, dass sie generell über das Analysespektrum homogen verteilt sind, was dafür spricht, dass das gewählte Sampling valide Aussagen innerhalb des Kontexts von Großprojekten der Industrie zulässt (siehe hierzu die detaillierten Sampling-Parameter) (Abb. 4.37).

Einschränkend sei hier erwähnt, dass Siemens mit dem Projekt Fossiles Kraftwerk rein auf einem generischen Referenzprodukt basiert. Dieses Projekt markiert hinsichtlich der anwendbaren IT-Vorerfahrung ein Extremum, da die IT hier als maximal industrialisiert und in hohem Maße effizient angesehen werden kann. Das Projekt Polyethylenanlage SHARQ stellt eine Übergangsform zwischen beiden Ausprägungen dar, mit Elementen der projektindividuellen Strategie und Prozessen nach Konzernvorlagen, aber auch mit industrialisierten Elementen, wie beispielsweise einem IT-Leistungskatalog [s. SHA]. Im Unterschied dazu gewannen die weiteren Projekte ihre Erfahrungen maßgeblich innerhalb des eigenen Projekts [s. NOR, BOS, ELB].

Zusammenfassung

Das Referenzmodell zeigt und beantwortet die Frage, wie die bestehenden Konzepte des Informationsmanagements im speziellen Kontext von Großprojekten der Industrie angewendet werden können.

Es überträgt hierfür die Gliederungsebenen Strategie, Prozesse und Umsetzung des Business Engineerings und identifiziert neun erfolgskritische Handlungsfelder für das Projektinformationsmanagement. Für jedes der Felder wurden konkrete Handlungsempfehlungen auf Basis von sechs Einflussfaktoren abgeleitet und Erfolgsfaktoren sowie charakteristische Herausforderungen benannt.

Dieser Abschnitt dokumentiert die Validierung des Referenzmodells und fasst die Ergebnisse als Mehrwert für die Praxis zusammen.

5.1 Validierung des Referenzmodells

Zur Validierung des Referenzmodells wurde nach seiner Fertigstellung ein Experteninterview mit Herrn Dr. Armin Urban, Direktor Informationstechnologie der GAZPROM Germania, geführt. Im Gespräch wurden die Inhalte des Referenzmodells vorgestellt und vor dem Hintergrund der umfassenden Erfahrung von Herrn Dr. Urban in Projekten der Gasindustrie (z. B. Implementierung eines Gashandelssystems, Einführung von SAP FC zur Konzernkonsolidierung, Abbildung von Geschäftsprozessen auf einem elektronischen Workflowsystem) diskutiert und überprüft. Die Gesprächsergebnisse sind im Folgenden zusammengefasst:

Die Struktur des Referenzmodells, bestehend aus neun erfolgskritischen Handlungsfeldern entlang der Gestaltungsebenen Strategie, Prozesse und Umsetzung, sowie die charakteristischen Einflussfaktoren wurden im Gespräch bestätigt. Die Strategieentwicklung sollte mindestens einer Zieldefinition der IT für den Umfang des Projekts entsprechen (z. B. auf Basis des Target Operating Model). Der Einflussfaktor der rechtlichen Eigenständigkeit des Projekts erscheint von besonderer Relevanz, da er sich in hohem Maß auf die IT-Aufbau- und -Ablauforganisation des Projekts auswirkt.

Eine differenzierte Rolle der IT im Business-IT-Alignment ist, wie im Referenzmodell vorgeschlagen, gegenüber einer statischen Festlegung auf IT-zentral, Business-drives-IT oder IT-enables-Business zu präferieren. Entscheidungskriterien sind der Anteil der IT im Projekt und das Erfordernis zur individuellen Anpassung der IT-Lösung. Ist der Anteil der IT gering, ihr Beitrag unterstützend und die Lösung als Commodity-Dienstleistung zu realisieren, ist eine Positionierung gemäß IT-zentral vorteilhaft. Trägt die IT einen wesentlichen Teil im Projekt und sind spezielle Anforderungen der Fachbereiche zu integrieren, erscheint ein Ansatz gemäß Business-drives-IT oder IT-enables-Business passend. Die Entscheidung für eine der beiden Positionierungen kann auf Basis der Wissensverteilung zwischen Geschäft und IT getroffen werden: Erstere ist für Situationen geeignet, in denen seitens der Fachbereiche bekannte Prozesse durch IT zu unterstützen sind, Letztere, wenn die IT auf Basis ihrer Technologiekompetenz Lösungsvorschläge für Problemstellungen der Fachbereiche entwickelt. Eine anzustrebende Weiterentwicklung der IT-Positionierung von IT-zentral zu IT-enables-Business, wie sie das Referenzmodell empfiehlt, konnte im Gespräch nicht bestätigt werden.

Social Skills sind für eine erfolgreiche IT-Unterstützung in Projekten erfolgskritisch. Zum einen ist es in internationalen Projekten erforderlich, über die Sprache hinaus, auch die Kultur der Projektteilnehmer zu verstehen, um Verhandlungen, Entscheidungsfindungen und Arbeitsprozesse zu erleichtern. Andererseits ist selbst in lokalen Projekten des gleichen Kulturkreises die Fähigkeit zur Motivation der Projektteilnehmer – neben der fachlichen Qualifikation – für den Projekterfolg entscheidend. Das Referenzmodell priorisiert analog den Aspekt der Social Skills als Erfolgsfaktor für die IT in Großprojekten.

In Projekten finden häufig Teilnehmer unterschiedlicher Interessen zusammen und bilden gemeinsam eine komplexe Projektorganisation. Dies erschwert die Entscheidungsfindung zum Projektbeginn und macht eine wiederholte Bewertung und Lösungsfindung der IT, gegebenenfalls auf Basis von Annahmen, für das Projekt erforderlich. Ebenso wie im Referenzmodell vorgeschlagen, sollten zunächst geschäftliche Interessen abgestimmt und Vereinbarungen als Projektgrundlage getroffen werden. Auf dieser Basis kann die IT verlässliche Aussagen zu Lösungsoptionen, Projektphasen, Integrationsdauer und Budgets treffen.

In der Praxis kommt einer dem Projekt folgenden Betriebsphase typischerweise zu wenig Beachtung im Rahmen der Planung zu. Idealerweise werden der Betrieb sowie die Übergabephase (Service Transition) zum Projektbeginn aus der Perspektive des Gesamtprojektlebenszyklus berücksichtigt. Insbesondere in der Übergabephase liegt Potenzial für Fehler, aber auch die Chance für einen erfolgreichen Betrieb. Der Ansatz des Gesamtprojektlebenszyklus bestätigt das Referenzmodell, das ebenso empfiehlt, zu Projektbeginn auch die bekannten Folgephasen in die Planung zu integrieren.

In der Umsetzung der Informationssicherheitsrichtlinie für das Projekt sollte auf die Akzeptanz, Durchsetzbarkeit und Überprüfbarkeit von Mindeststandards Wert gelegt werden. Das Referenzmodell greift diese Aspekte in seiner Empfehlung für Mitarbeitertrainings, den Verzicht auf restriktive Vorgaben und transparente IT-Sicherheitslösungen auf.

5.2 Ergebnisse für die Praxis

Das entwickelte Referenzmodell für das Projektinformationsmanagement unterscheidet sich von den klassischen Modellen des Informationsmanagements. Es berücksichtigt die Anforderungen des speziellen Kontexts von Großprojekten der Industrie:

- **Positionierung der IT als Prozessintegrator im technischen Industrieumfeld**
  In industriellen Branchen wird IT häufig als Hard- und Softwarelieferant verstanden. Das Referenzmodell zeigt die Vorteile einer Positionierung auf Augenhöhe mit den Fachbereichen und gibt Handlungsempfehlungen, um die IT als Prozessintegrator zu positionieren und aktiv das Gesamtprojektmanagement zu unterstützen.
- **Definition charakteristischer Einflussfaktoren für Großprojekte**
  Projekte sind charakteristischen Einflussfaktoren unterworfen. Das Referenzmodell benennt ihre Auswirkungen auf das Projekt und stellt dar, wie Erfahrungen für zukünftige Projekte genutzt werden können. Hierzu zeigt es die Evolutionsstufen der Projekt-IT.
- **Beachtung des schnellen IT-Setups und-Abbaus in der Projektsituation**
  Die IT im Projekt kann auf keine ausgereiften IT-Prozess- und Systemlandschaften zurückgreifen. Das Referenzmodell zeigt die Priorität und zeitliche Reihenfolge der erforderlichen IT-Management- und IT-Infrastruktur-Strukturen und schlägt darüber hinaus Hilfsmittel vor, das IT-Setup bereits nach Möglichkeit vor Projektbeginn vorzubereiten. Analog ist es zum Projektende erforderlich, die IT für die Betriebsphase zu transformieren oder sie, falls das Projekt abgeschlossen ist, in kurzer Zeit abzubauen.
- **Adaption von Frameworks und Standards auf die Projekt-IT**
  Klassische IT-Frameworks und -Standards fokussieren auf die Optimierung der operativen IT-Prozesse in ausgewachsenen IT-Strukturen, jedoch nicht auf ihren schnellen, zuverlässigen Auf- und Abbau, wie er im Projektumfeld erforderlich ist. Das Referenzmodell gibt einen Adaptionsprozess zur Einführung vor und berücksichtigt eine Detaillierung nach Erfordernis im Projektverlauf. Es definiert Rollen und Prozesse für die Projekt-IT.
- **Einbezug der Flexibilität zur kontinuierlichen Neuausrichtung der IT**
  Projekte sind in ihrer Vorbereitung und im Projektverlauf häufigen Änderungen unterworfen, die direkte Auswirkungen auf die IT haben. Das Referenzmodell berücksichtigt die ständige Möglichkeit zur schnellen Anpassung der IT an neue Projektgegebenheiten (Flexibilität und Agilität).
- **Berücksichtigung der Anforderungen an Projekte im öffentlichen Fokus**
  Die Projektgesellschaft und damit ihre IT steht unter hohem öffentlichem und politischem Druck. Das Referenzmodell berücksichtigt daher besonders die Aspekte Risikomanagement, Informationssicherheit und Innovationsstrategie, die eine zuverlässige, fehlerfreie Projektdurchführung, insbesondere aus Sicht der Öffentlichkeit, fördern.

Literatur

Aron, D.: IT strategy: a CIO success kit, Gartner executive programs, Stamford (2009)

Babin, R., Briggs, S., Nicholson, B.: Emerging markets – corporate social responsibility and global IT outsourcing – how to improve IT outsourcing relationships while doing good for society. Commun. ACM **54**(9), 28–30 (2010)

Bai, X., Krishnan, R., Padman, R.: Design of risk management strategies in business process information flow, proceedings of the International Conference on Information Systems (ICIS 2007), Montreal (2007)

Balzert, H.: Lehrbuch der Software-Technik: Software Entwicklung. Spektrum Akademischer, Heidelberg (1996)

Banker, R., Hu, N., Pavlou, P., Luftman, J.: CIO reporting structure, strategic positioning and firm performance. MIS Quart. **35**(2), 487–504 (2011)

Barua, A., Kriebel, C., Mukhopadhyay, T.: Information technology and business value: an analytic empirical investigation. Inf. Syst. Res. **6**(1), 3–23 (1995)

Baumöl, U., Österle, H., Winter, R.: Business Engineering in der Praxis. Springer, Berlin (2005)

Benbasat, I., Zmud, R.W.: Empirical research in information systems – the practice of relevance. MIS Quart. **23**(1), 3–16 (1999)

Biethahn, J., Mucksch, H., Ruf, W.: Ganzheitliches Informationsmanagement – Band 1: Grundlagen. Oldenbourg, München (2004)

Boutellier, R., Völker, R.: Erfolg durch innovative Produkte. Carl Hanser, München (1997)

BPMN 2.0 – Business Process Model and Notation, BPM offensive Berlin. http://www.bpmb.de/images/BPMN2_0_Poster_DE.pdf (2011). Zugegriffen: 2. Mai 2013

Brenner, C.: Konzepte des Informationsmanagements, Habilitation. Universität St. Gallen, St. Gallen (1993)

Brenner, C.: Techniken und Metamodell des Business Engineering, Dissertation, Difo-Druck, Bamberg (1995)

Brown, C.V.: Examining the emergence of hybrid IS governance solutions: evidence from a single case site. Inf. Syst. Res. **8**(4), 321–327 (1997)

Brown, C.V., Magill, S.L.: Alignment of the IS functions with the enterprise: toward a model of antecedents. MIS Quart. **18**(4), 371–403 (1994)

Brynjolfsson, E.: The productivity paradoxon of information technology: review and assessment. Commun. ACM **36**(12), 66–77 (1993)

Buhl, H.U.: Der Beitrag der Wirtschaftsinformatik zur Früherkennung und Vermeidung von „Black Swans" bei IT-Projekten. Wirtschaftsinformatik **54**(2), 53–57 (2012)

Buhl, H.U., Meier, M.C.: Die Verantwortung der Wirtschaftsinformatik bei IT-Großprojekten. Wirtschaftsinformatik **53**(2), 59–62 (2011)

Bundesministerium für Wirtschaft und Technologie (BMWi): Bruttostromerzeugung, Energiedaten Tabelle 22, Berlin (2011)

Bundesministerium für Wirtschaft und Technologie (BMWi), Bundesministerium für Umwelt (BMU): Naturschutz und Reaktorsicherheit, Energiekonzept für eine umweltschonende, zuverlässige und bezahlbare Energieversorgung vom 28.09.10, Berlin (2010)

Chen, A.Q., Mocker, M., Preston, D.S.: Information systems strategy: reconceptualization, measurement, and implications. MIS Quart. **34**(2), 233–259 (2010)

Chen, P., Kataria, G., Krishnan, R.: Correlated failes, diversification, and information security risk management. MIS Quart. **35**(2), 397–422 (2011)

Clemons, E., Weber, B.: Strategic information technology investments: some guidelines for division making. J. Manage. Inf. Syst. **7**(2), 9–28 (1990)

Coleman, P., Papp, R.: Strategic alignment: analysis of perspectives, proceedings of the 2006 Southern Association for Information Systems Conference (2006)

Denzin, N.K., Lincoln, Y.S.: Handbook of Qualitative Research. Sage Publications, Thousand Oaks (1994)

Destatis: Statistisches Bundesamt, Fachserie 4, Reihe 3.1, Wiesbaden (2007)

Dhillon, G., Moores, S.: Computer crimes: theorizing about the enemy within. Comput. Secur. **20**(8), 715–723 (2001)

Dous, M.: Kundenbeziehungsmanagement für interne IT-Dienstleister – Strategischer Rahmen, Prozessgestaltung und Optionen für die Systemunterstützung, Dissertation. Deutscher Universitäts-Verlag, Wiesbaden (2007)

Earl, M.J.: Management Strategies for Information Technology. Prentice Hall, London (1989)

Eisenhardt, K.M.: Building theories from case study research. Acad. Manage. Rev. **14**(4), 532–550 (1989)

El Sawy, O.A., Pavlou, P.A.: IT-enabled business capabilities for turbulent environments. MIS Quart. **7**(3), 139–150 (2003)

Ferstl, O.K., Sinz, E.J.: Grundlagen der Wirtschaftsinformatik, 3. Aufl. Oldenbourg, München (1998)

Fettke, P., Loos, P.: Der Beitrag der Referenzmodellierung zum Business Engineering, HMD Praxis der Wirtschaftsinformatik: Business Engineering, Nr. 241. dpunkt. verlag, Heidelberg (2005)

Fitoussi, D., Gurbaxani, V.: IT outsourcing contracts and performance measurement, Inf. Syst. Res. **23**(1), 129–143 (2012)

Fleisch, E.: Das Netzwerkunternehmen – Strategien und Prozesse zur Steigerung der Wettbewerbsfähigkeit in der „Networked Economy". Springer, Berlin (2001)

Flyvbjerg, B., Budzier, A.: Double whammy – how ICT projects are fooled by randomness and screwed by political intent. http://users.ox.ac.uk/~mast2876/WP_2011_08_15.pdf (2011). Zugegriffen: 21. Nov. 2012

Gemmel, G.: Erfolgreiche IT-Projekte sind kein Zufall. Immobilien Zeitung (26), 13 (2010)

Grochla, E.: Grundlagen der organisatorischen Gestaltung. Schäffer-Poeschel, Stuttgart (1995)

Gropal, A., Sivaramakrishnan, K., Krishnan, M., Mukhopadhyay, T.: Contract in offshore software development: an empirical analysis. Manage. Sci. **49**(12), 1671–1683 (2003)

Gutzwiller, T.: Das CC RIM-Referenzmodell für den Entwurf von betrieblichen, transaktionsorientierten Informationssystemen. Physica, Heidelberg (1994)

Haller, B.A., Bullinger, A.C., Möslein, K.M.: Innovationswettbewerbe: Ein IT-gestütztes Instrument des Innovationsmanagements. Wirtschaftsinformatik **53**(2), 105–108 (2011)

Haubenstock, M.: The operational risk management framework. In: Alexander, C. (Hrsg.) Operational Risks: Regulation, Analysis and Management. Prentice Hall, Upper Saddle River (2003)

Heinrich, L.J.: Informationsmanagement – Planung, Überwachung und Steuerung der Informationsinfrastruktur. Oldenbourg, München (2002)

Heinrich, L.J., Stelzer, D.: Informationsmanagement: Grundlagen, Aufgaben, Methoden. Oldenbourg, München (2009)

Heinzl, A., Leidner, D.: Informationssysteme und kulturelle Einflussfaktoren – Die Welt wird kleiner, Kulturunterschiede bleiben bestehen. Wirtschaftsinformatik (3) (2012)

Henderson, J.C., Venkatraman, N.: Strategic alignment: leveraging information technology for trans-
forming organizations. IBM Syst. J. **32**(2), 4–16 (1993)

Henderson, J.C., Venkatraman, N.: Strategic alignment: leveraging information technology for trans-
forming organizations. IBM Syst. J. **32**, 472–484 (1999)

Horton, F.W.: The Information Management Workbook: IRM Made Simple. Information Management Press, Washington DC (1981)

Horváth, P.: Controlling. Vahlen, München (2002)

ISO: Discover ISO: why standards matter. http://www.iso.org/iso/about-discover-iso_why-stan-
dards-matter.html (2011). Zugegriffen: 3. Okt. 2011

ISO/IEC 17799: Information technology – code of practice for information security management,
Genf (2000)

ISO/IEC TR 13335-1: Information technology – guidelines for the management of IT Security – part
1: concepts and models for IT security, Genf (1996)

Jouanne-Diedrich, H. von, Zarnekow, R., Brenner, W.: Industrialisierung des IT-Sourcings. HMD –
Praxis der Wirtschaftsinformatik **42**(245), 18–27 (2005)

Kaczmarek, J.: Wir brauchen eine Kultur des Scheiterns, Gründerszene Magazin. http://www.gruen-
derszene.de/allgemein/scheitern (2013). Zugegriffen: 11. April 2013

Kambil, A., Henderson, J.C., Mohsenzadeh, H.: Strategic management of information technology
investments: an options perspective, Massachusetts Institute of Technology, CISR WP No. 222
(1991)

Kemerer, C.F., Sosa, G.L.: Systems development challenges in strategic use of information systems:
some cautionary lessons from experience (186), MIT (1989)

Kendrick, T.: Avoiding black swans: managing risks using the PERIL database. www.failureproofpro-
jects.com/BlackSwan2008.pdf (2008). Zugegriffen: 21. Nov. 2012

Kleis, J., Chwelos, P., Raminez, R.V., Cockburn, I.: Information technology and intangible output: the
impact of IT investment on innovation productivity. Inf. Syst. Res. **23**(1), 42–59 (2012)

Kolbe, L., Österle, H., Brenner, W.: Customer Knowledge Management – Kundenwissen erfolgreich
einsetzen. Springer, Berlin (2003)

Krcmar, H.: Informationsmanagement. Springer, Berlin (2010)

Landauer, T.: The Trouble with Computers. MIT, Cambridge (1995)

Li, C., Peters, G.F., Richardson, V.J., Watson, M.W.: The consequences of information technology
control weaknesses on management information systems: the case of Sarbanes-Oxley internal
control reports. MIS Quart. **36**(1), 179–203 (2012)

Luftman, J.N.: Managing the Information Technology Resource: Leadership in the Information Age
(eBook). Prentice Hall, Upper Saddle River (2009)

McNurlin, B.: Trends in Information Technology. Andersen Consulting, Chicago (1991)

McNurlin, B., Sprague, R.H. Jr., Bui, T.: Information Systems Management in Practice. Prentice Hall,
Upper Saddle River (2009)

Mieritz, L.: Survey Shows Why Projects Fail. Gartner Research, Stamford (2012)

Mintzberg, H.: The strategic concept I: five Ps for strategy. Calif. Manage. Rev. **30**(1), 11–24 (1987)

Muehlen, M. zur, Rosemann, M.: Integrating risks in business process models, proceedings of the
16th Australasian Conference on Information Systems (ACIS 2005), Sydney (2005)

Nord Stream: Hintergrundinformationen, Zug (2011a)

Nord Stream: Fact Sheet, Zug (2011b)

OGC: ITIL – best practice for ICT infrastructure management, Office of Government Commerce,
The Stationary Office, Norwich (2002)

Österle, H.: Erfolgsfaktor Informatik: Umsetzung der Informationstechnik in der Unternehmensführung. Inf. Manage. **2**(3), 24–31 (1987)

Österle, H., Winter, R.: Business Engineering – Auf dem Weg zum Unternehmen des Informationszeitalters, 2. Aufl. Springer, Berlin (2003)

Österle, H., Brenner, W., Hilbers, K.: Unternehmensführung und Informationssystem – Der Ansatz des St. Galler Informationssystem-Managements. B.G. Teubner, Stuttgart (1991)

Österle, H., Brenner, W., Hilbers, K.: Unternehmensführung und Informationssystem – Der Ansatz des St. Galler Informationssystem-Managements. B.G. Teubner, Stuttgart (1992)

Österle, H., Brenner, W., Hilbers, K.: Unternehmensführung und Informationssystem – Der Ansatz des St. Galler Informationssystem-Managements. B.G. Teubner, Stuttgart (1995)

Pearlson, K.E., Saunders, C.S.: Strategic Management of Information Systems. Wiley, Singapore (2013)

Picot, A., Reichwald, R., Wigand, R.T.: Die grenzenlose Unternehmung. Information, Organisation und Management, 3. Aufl. Gabler, Wiesbaden (1998)

Pietsch, T., Martiny, L., Klotz, M.: Strategisches Informationsmanagement – Bedeutung, Konzeption und Umsetzung. Erich Schmidt, Berlin (2004)

Pohl, H.: Taxonomie und Modellbildung in der Informationssicherheit. Datenschutz und Sicherheit **28**(11), 678–685 (2004)

Prahalad, C.K., Ramaswamy, V.: Co-creating unique value with customers. Strategy Leadersh. **32**(3), 4–9 (2004)

PRINCE2: Office of Government Commerce (UK). http://www.prince-officialsite.com/ (2013). Zugegriffen: 2. Mai 2013

Rechenberger, P., Pomberger, G.: Informatik-Handbuch. Carl Hanser, München (2004)

Reich, B.H., Sauer, C.: Roles of the external IT projekt manager, Commun. ACM **53**(5), 126–129 (2010)

Riempp, G.: Integrierte Wissensmanagement-Systeme – Architektur und praktische Anwendung. Springer, Berlin (2004)

Ross, J.W., Weill, P., Robertson, D.: Enterprise Architecture as Strategy: Creating a Foundation for Business Execution. Harvard Business School Press, Boston (2006)

Rotaru, K., Wilkin, C., Churilov, L., Neigher, D., Ceglowski, A.: Formalizing process-based risk with value-focused process engineering. Inf. Syst. E-Bus. Manage. **9**(4), 447–474 (2011)

Rouse, W.B., Baba, M.L.: Enterprise transformation. Commun. ACM **49**(7), 67–72 (2006)

SAP: CIO: Wie Unternehmen von einer einheitlichen IT-Strategie profitieren, SAP Deutschland AG und Co. KG, 27.04.2010 (2010)

Sarker, A., Sarker, S., Sahaym, A., Andersen, N.B.: Exploring value cocreation in relationships between an ERP vendor and its partners: a revelatory case study. MIS Quart. **36**(1), 317–338 (2012)

Scandizzo, S.: Risk mapping and key risk indicators in operational risk management. Econ. Notes **34**(2), 231–256 (2005)

Scheer, A.-W.: Wirtschaftsinformatik – Referenzmodelle für industrielle Geschäftsprozesse, Studienausgabe. Springer, Berlin (1995)

Schlienger, T.: Informationskultur: Messung, Planung, Steuerung. Datenschutz und Datensicherheit (DuD) **31**(7), 487–491 (2007)

Schmidt, K.: Der IT Security Manager. Carl Hanser, München (2006)

Schramm, W.: Notes on case studies of instructional media projects, Working paper for the Academy of Educational Development, Washington, DC (1971)

Schwaber, K., Sutherland, J.: The Scrum Guide – The Definitive Guide to Scrum: The Rules of the Game. Scrum.org (2011)

Semmelhaak, B., Sprenger, J., Breitner, M.: Ein ganzheitliches Konzept für Informationssicherheit unter besonderer Berücksichtigung des Schwachpunkts Mensch, IWI Diskussionsbeiträge, Nr. 39 (2010)

Senger, E., Österle, H.: PROMET – Business Engineering Cases Studies (BECS), Version 2.0. Universität St. Gallen, St. Gallen (2004)

Shirley, R.: Internet security glossary, RFC 2828 (informational) (2000)

Sia, S.K., Soh, X., Weill, P.: Global IT management – structuring for scale, responsiveness and innovation. Commun. ACM **53**(3), 59–64 (2010)

Siemens: Jahresabschluss der Siemens AG zum 30. September 2011, München (2011)

Siponen, M.T.: Critical analysis of different approaches to minimizing user-related faults in information systems security: implications for research and practice. Inf. Manage. Comput. Secur. 8(5), 197–210 (2000)

Spears, J.L., Barki, H.: User participation in information systems security risk management. MIS Quart. 34(3), 503–522 (2010)

Stake, R.E.: The Art of Case Study Research. Sage Publications, London (1995)

Strahringer, S.: HMD Praxis der Wirtschaftsinformatik: Business Engineering, Nr. 241. dpunkt.verlag, Heidelberg (2005)

Strassmann, P.: The Squandered Computer. The Information Economic Press, New Canaan (1997)

Stratopoulos, T., Dehning, B.: Does successful investment in information technology solve the productivity paradoxon? Inf. Manage. 38, 103–117 (2000)

Supply Chain Council: Supply chain operations reference-model: overview version 6.0. Supply Chain Council Inc., Pittsburgh (2003)

Szyperski, N., Eschenröder, G.: Information-resource-management. In: Kay, R. (Hrsg.) Management betrieblicher Informationsverarbeitung, S. 11–37. Oldenbourg, München (1983)

Tai, L.A., Phelps, R.: CEO and CIO perceptions of information systems strategy: evidence from Hong Kong. Eur. J. Inf. Syst. 9(3), 163–172 (2000)

Tallon, P.P., Pinsonneault, A.. Competing perspectives on the link between strategic information technology alignment and organizational agility: insights from a mediation model. MIS Quart. 35(2), 464–486 (2011)

Tanriverdi, H., Rai, A., Venkatraman, N.: Reframing the dominant quests of information systems strategy research for complex adaptive business systems. Inf. Syst. Res. 21(4), 822–834 (2010)

Umapathy, K., Purao, S., Bagby, J.: Empirical analysis of anticipatory standardization processes: a case study. Inf. Syst. E-Bus. Manage. 10(3), 325–350 (2012)

Urbach, N., Würz, T.: Effektives steuern von IT-Outsourcingdienstleistern – Entwicklung und Überprüfung eines Referenzmodells für Steuerungsprozesse im IT-Outsourcing. Wirtschaftsinformatik 54(5), 237–250 (2012)

Wade, J.: The weak link in IT security. Risk Manage. 51(7), 32–37 (2004)

Weill, P.: The relationship between investment in information technology and revenue contributing factors in large corporations, Doctoral Dissertation, Walden University (1992)

White, G.B., Dietrich, G., Goles, T.: Cyber security exercises: testing an organization's ability to prevent, detect and respond to cyber security events. Proceedings of the 37th Hawaii International Conference on System Sciences, Los Alamitos, CA, IEEE Computer Society (2004)

Wissel, G.: Konzeption eines Managementsystems für die Nutzung von internen sowie externen Wissen zur Generierung von Innovation. Cuvillier, Göttingen (2001)

Wollnik, M.: Ein Referenzmodell des Informationsmanagements. Inf. Manage. 3, 34–43 (1988)

Woolfe, R., McNurlin, B., Taylor, P.: Tactical strategy, Wentworth research program (1999)

Xue, L., Ray, G., Gu, B.: Environmental uncertainty and IT infrastructure governance: a curvilinear relationship. Inf. Syst. Res. 22(2), 389–399 (2011)

Yin, R.K.: Case Study Research – Design and Methods, 3. Aufl. Sage Publications, Thousand Oaks (2003)

Zarnekow, R.: Produktionsmanagement von IT-Dienstleistungen – Grundlagen, Aufgaben und Prozesse. Springer, Berlin (2007)

Zarnekow, R., Brenner, W.: Auf dem Weg zu einem produkt- und dienstleistungsorientierten IT-Management. HMD – Praxis der Wirtschaftsinformatik 40(232), 7–17 (2003)

Zarnekow, R., Brenner, W., Grohmann, H.H.: Informationsmanagement – Konzepte und Strategien für die Praxis. dpunkt.verlag, Heidelberg (2004)

Zarnekow, R., Brenner, W., Pilgram, U.: Integriertes Informationsmanagement – Strategien und Lösungen für das Management von IT-Dienstleistern. Springer, Berlin (2005)

The manufacturer's authorised representative in the EU is Springer
Nature Customer Service Centre GmbH, Europaplatz 3, 69115 Heidelberg,
Germany. If you have any concerns regarding our products, please
contact ProductSafety@springernature.com

Printed and bound by CPI Group (UK) Ltd, Croydon, CR0 4YY